레전드 러시아어 필수단어

랭귀지북스

NEW **레전드**

러시아어 필수단어

개정2판 1쇄 **발행** 2023년 12월 20일
개정2판 1쇄 **인쇄** 2023년 12월 10일

저자 강라나(Кан Светлана)
감수 이올레샤(Ли Олеся)
기획 김은경
편집 이지영
디자인 IndigoBlue
삽화 서정임
성우 불리니아 나탈리아(Булыня Наталья)·오은수
녹음 Charm (주)참미디어

발행인 조경아
총괄 강신갑
발행처 랭귀지북스
등록번호 101-90-85278 **등록일자** 2008년 7월 10일
주소 서울시 마포구 포은로2나길 31 벨라비스타 208호
전화 02.406.0047 **팩스** 02.406.0042
이메일 languagebooks@hanmail.net
MP3 다운로드 blog.naver.com/languagebook

ISBN 979-11-5635-212-9 (13790)
값 18,000원

쉽고 재미있게 시작하는 **러시아어** 필수 **단어**

Здравствуйте! 즈드라스트부이쩨!

안녕하세요!

러시아는 톨스토이, 차이콥스키, 메치니코프와 같은 세계적으로 유명한 문학가, 음악가, 과학자를 배출한 국가입니다. 이렇게 예술과 학문의 발달만큼 풍부하고 깊이 있게 발달한 러시아어는 배우기가 여간 쉽지 않습니다. 철자와 발음도 생소하고 변형이 많아 상당한 노력과 인내심을 요구하지만, 커다란 성취감과 성과를 얻을 수 있는 매력적인 언어입니다. 또한 러시아뿐만 아니라 CIS 여러 국가들(카자흐스탄, 키르기스스탄, 우즈베키스탄 등)에서도 사용하고 있어 그 활용도가 상당히 높습니다.

외국어를 배울 때는 어휘 공부가 아주 중요합니다. 주제와 상황에 맞게 뉘앙스를 살린 대화를 한다는 것은 쉽지 않기 때문입니다. 이 점을 고려하여 러시아 현지 회화에서 많이 사용하는 실용 단어들을 이 책에 실었습니다. 그리고 수년간 현장에서 러시아어를 가르친 경험을 바탕으로 러시아어를 처음 접하는 한국인들과 초·중급 수준에서 어휘 정리가 어려운 학습자들을 위한 노하우도 함께 담았습니다. 이 책을 통해 튼튼한 실력을 쌓는 데 큰 도움이 될 것입니다.

멀리 러시아에서 많은 도움을 준 Олеся 올레샤, 사랑하는 부모님과 가족에게 감사의 말을 전합니다.

Желаю огромных успехов! 즐라유 아그롬느(ㅎ) 우스뻬하(ㅍ)!

큰 성과를 얻으시길 바랍니다!

저자 강라나

러시아에서 가장 많이 쓰는 필수 어휘를 엄선하여 모았습니다. 일상생활에 꼭 필요한 어휘 학습을 통해, 다양한 회화 구사를 위한 기본 바탕을 다져 보세요.

1. 러시아어 필수 어휘 약 3,300개!

왕초보부터 초·중급 수준의 러시아어 학습자를 위한 필수 어휘집으로, 일상생활에서 꼭 필요한 대표적인 주제 24개를 선정하였고, 추가로 11개의 주제를 포함하여 약 3,300여 개의 어휘를 담았습니다.

24개 주제별 어휘 학습 후 '꼭 써먹는 실전 회화'의 짧고 재미있는 상황을 통해 회화에서 실제로 어떻게 응용되는지 확인해 보세요. 그리고 6개 챕터의 마지막에는 간단한 '연습 문제'가 있어 테스트도 할 수 있습니다.

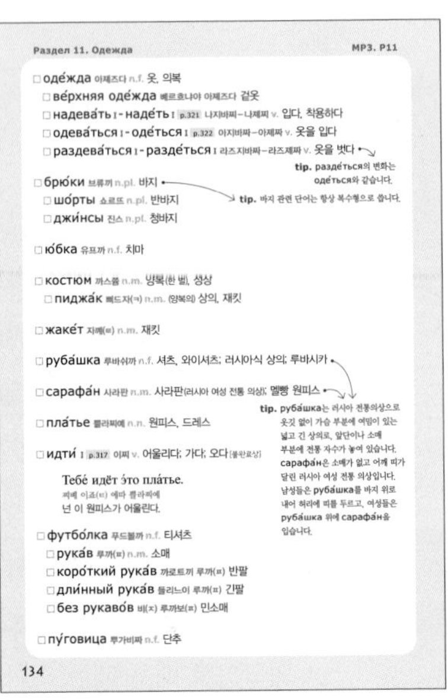

Раздел 11. Одежда MP3. P11

□ оде́жда 아제즈다 n.f. 옷, 의복
□ ве́рхняя оде́жда 베르흐냐야 아제즈다 겉옷
□ надева́ть I - наде́ть I p.321 나지바찌–나제찌 v. 입다, 착용하다
□ одева́ться I - оде́ться I p.322 아지바짜–아제짜 v. 옷을 입다
□ раздева́ться I - разде́ться I 라즈지바짜–라즈제짜 v. 옷을 벗다

tip. разде́ться의 변화는 оде́ться와 같습니다.

□ брю́ки 브류끼 n.pl. 바지
□ шо́рты 쇼르뜨 n.pl. 반바지
□ джи́нсы 진스 n.pl. 청바지

tip. 바지 관련 단어는 항상 복수형으로 씁니다.

□ ю́бка 유프까 n.f. 치마

□ костю́м 까스뜜 n.m. 양복(한 벌), 정장
□ пиджа́к 삐드자(ㅋ) n.m. (양복의) 상의, 재킷

□ жаке́т 자께(ㅌ) n.m. 재킷

□ руба́шка 루바쉬까 n.f. 셔츠, 와이셔츠; 러시아식 상의; 루바시카

□ сарафа́н 사라판 n.m. 사라판(러시아 여성 전통 의상); 멜빵 원피스

□ пла́тье 쁠라찌예 n.n. 원피스, 드레스

□ идти́ I p.317 이찌 v. 어울리다; 가다; 오다 [불완료상]

Тебе́ идёт э́то пла́тье.
찌베 이죠(ㅌ) 에따 쁠라찌에
넌 이 원피스가 어울린다.

tip. руба́шка는 러시아 전통의상으로 옷깃 없이 가슴 부분에 여밈이 있는 넓고 긴 상의로, 앞단이나 소매 부분에 전통 자수가 놓여 있습니다. сарафа́н은 소매가 없고 어깨 띠가 달린 러시아 여성 전통 의상입니다. 남성들은 руба́шка를 바지 위로 내어 허리에 띠를 두르고, 여성들은 руба́шка 위에 сарафа́н을 입습니다.

□ футбо́лка 푸드볼까 n.f. 티셔츠
□ рука́в 루까(ㅍ) n.m. 소매
□ коро́ткий рука́в 까로트끼 루까(ㅍ) 반팔
□ дли́нный рука́в 들리느이 루까(ㅍ) 긴팔
□ без рукаво́в 비(ㅈ) 루까보(ㅍ) 민소매

□ пу́говица 푸가비짜 n.f. 단추

134

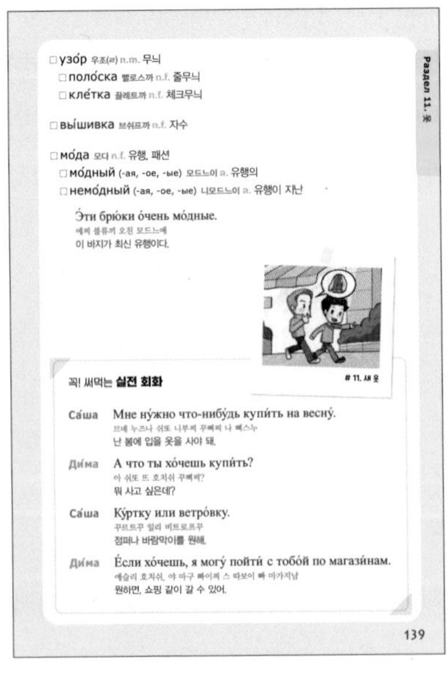

Раздел 11. 옷

□ узо́р 우조(ㄹ) n.m. 무늬
□ поло́ска 빨로스까 n.f. 줄무늬
□ кле́тка 끌레트까 n.f. 체크무늬

□ вы́шивка 브쉬프까 n.f. 자수

□ мо́да 모다 n.f. 유행, 패션
□ мо́дный (-ая, -ое, -ые) 모드느이 a. 유행의
□ немо́дный (-ая, -ое, -ые) 니모드느이 a. 유행이 지난

Э́ти брю́ки о́чень мо́дные.
에찌 블류끼 오친 모드느예
이 바지가 최신 유행이다.

11. 새 옷

꼭! 써먹는 **실전 회화**

Са́ша Мне ну́жно что-нибу́дь купи́ть на весну́.
므녜 누즈나 쉬또 니부찌 꾸삐찌 나 베스누
난 봄에 입을 옷을 사야 돼.

Ди́ма А что ты хо́чешь купи́ть?
아 쉬또 뜨 호치쉬 꾸삐찌?
뭐 사고 싶은데?

Са́ша Ку́ртку или ветро́вку.
꾸르트꾸 일리 비트로프꾸
점퍼나 바람막이를 원해.

Ди́ма Е́сли хо́чешь, я могу́ пойти́ с тобо́й по магази́нам.
예슬리 호치쉬, 야 마구 빠이찌 스 따보이 빠 마가지남
원하면, 쇼핑 같이 갈 수 있어.

139

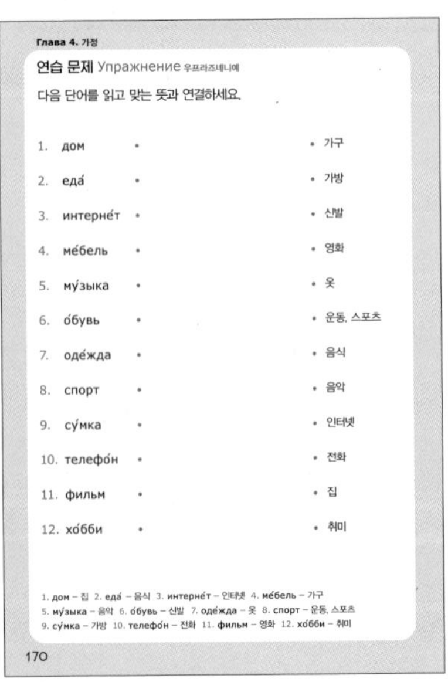

Глава 4. 가정

연습 문제 Упражнение 우프라즈녜니예

다음 단어를 읽고 맞는 뜻과 연결하세요.

1. дом • • 가구
2. еда́ • • 가방
3. интерне́т • • 신발
4. ме́бель • • 영화
5. му́зыка • • 옷
6. о́бувь • • 운동, 스포츠
7. оде́жда • • 음식
8. спорт • • 음악
9. су́мка • • 인터넷
10. телефо́н • • 전화
11. фильм • • 집
12. хо́бби • • 취미

1. дом – 집 2. еда́ – 음식 3. интерне́т – 인터넷 4. ме́бель – 가구
5. му́зыка – 음악 6. о́бувь – 신발 7. оде́жда – 옷 8. спорт – 운동, 스포츠
9. су́мка – 가방 10. телефо́н – 전화 11. фильм – 영화 12. хо́бби – 취미

170

2. 눈에 쏙 들어오는 그림으로 기본 어휘 다지기!

1,000여 컷 이상의 일러스트와 함께 기본 어휘를 쉽게 익힐 수 있습니다. 재미있고 생생한 그림과 함께 학습하는 기본 어휘는 기억이 오래 남습니다.

Раздел 11.

옷 Одежда 아제즈다

□ оде́жда 아제즈다
n.f. 옷, 의복

□ одева́ться I - оде́ться I p.322
아지바짜-아제짜
v. 옷을 입다

□ раздева́ться I - разде́ться I
라즈지바짜-라즈제짜
v. 옷을 벗다

□ брю́ки 브류끼
n.pl. 바지

□ шо́рты 쇼르뜨
n.pl. 반바지

□ джи́нсы 진스
n.pl. 청바지

□ ю́бка 유프까
n.f. 치마

□ костю́м 까스쯈
n.m. 양복(한 벌), 정장

□ жаке́т 자껫(ㅌ)
n.m. 재킷

□ руба́шка 루바쉬까
n.f. 셔츠, 와이셔츠; 러시아식 상의; 루바시카

□ сарафа́н 사라판
n.m. 사라판 (러시아 여성 전통 의상); 멜빵 원피스

□ пла́тье 쁠라찌예
n.n. 원피스, 드레스

130

3. 바로 찾아 즉시 말할 수 있는 한글 발음 표기!

기초가 부족한 초보 학습자가 러시아어를 읽을 수 있는 가장 쉬운 방법은 바로 한글로 발음을 표기하는 것입니다. 러시아어 발음이 우리말과 일대일로 대응하지 않지만, 여러분의 학습에 편의를 드리고자 러시아에서 사용하는 표준 발음과 최대한 가깝게 한글로 표기하였습니다. 초보자도 자신 있게 말할 수 있습니다.

4. 말하기 집중 훈련 MP3!

이 책에는 러시아어 알파벳부터 기본 단어, 기타 추가 단어까지 원어민의 정확한 발음으로 녹음한 파일이 들어 있습니다.

러시아어만으로 구성된 **'러시아어' R버전**과 러시아어와 한국어를 이어서 들을 수 있는 **'러시아어+한국어' K버전**, 두 가지 파일을 제공합니다. 학습자 수준과 원하는 구성에 따라 파일을 선택하여, 자주 듣고 큰 소리로 따라 하며 학습 효과를 높여 보세요.

MP3

blog.naver.com/languagebook

Содержание 사지르자니예 **차례**

기초 다지기

Глава 1 인사

Глава 2 사람

Глава 3 자연

Глава 4 가정

Глава 5 장소

Глава 6 여행

Глава 7 기타

찾아보기

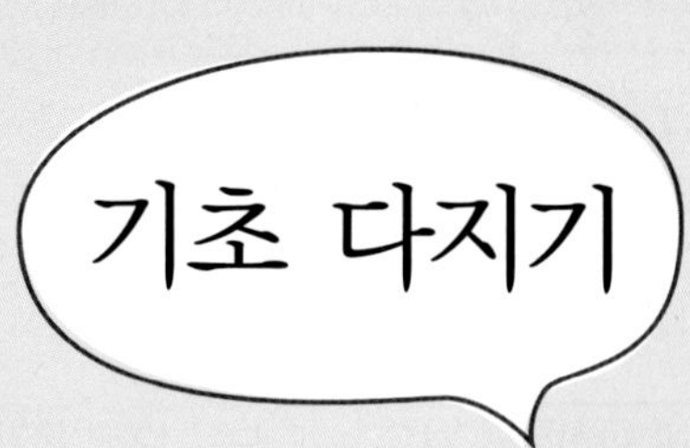

1. 러시아어 알파벳
2. 발음 규칙
3. 인칭 대명사

러시아에 관하여

- ✔ **국가명** 러시아 연방(**Росси́йская Федера́ция** 라시이스까야 피지라쯔야)
- ✔ **수도** 모스크바(**Москва́** 마스크바, 인구 1,268만 명)
- ✔ **인구** 1억 4,275만 명(2022년 기준)
- ✔ **면적** 1,709만 ㎢(한반도의 78배, 세계 1위)
- ✔ **종교** 러시아 정교, 이슬람교, 유대교, 가톨릭교 등
- ✔ **정치** 대통령중심제
- ✔ **언어** 러시아어(**Русский** 루스끼)
- ✔ **화폐** 루블(RUB)

*출처: www.mofa.go.kr

기초 다지기

1. 러시아어 알파벳 Русский алфавит 루스끼 알파비(ㅌ) MP3. P00

러시아어 알파벳은 자음 21개, 모음 10개, 음가가 없는 부호 2개로 총 33자입니다.

tip. 러시아어의 정식 표기에는 강세 표시가 없습니다. 그러나 강세에 따라 모음 발음이 달라지기 때문에 이 책에는 초급 학습자를 위해 강세 표시를 하였습니다. (단, 제목에는 정식 표기법으로 강세 표기를 생략합니다.) 러시아에서도 어린이 책이나 외국인을 위한 초·중급 교재까지는 강세 표시가 있습니다.

А / а 아	Б / б 베	В / в 붸	Г / г 게	Д / д 데
а́дрес 아드리(ㅅ) 주소	**б**а́бушка 바부쉬까 할머니	**в**ода́ 바다 물	**г**ора́ 가라 산	**д**ом 돔 집
Е / е 예	Ё / ё 요	Ж / ж 줴	З / з 제	И / и 이
есть 예스찌 먹다	**ё**ж 요쉬 고슴도치	**ж**урна́л 주르날 잡지	**з**онт 존(ㅌ) 우산	**и**гру́шка 이그루쉬까 장난감
Й / й 이 끄라트까예	К / к 까	Л / л 엘	М / м 엠	Н / н 엔
йо́гурт 요구르(ㅌ) 요구르트	**к**от 꼬(ㅌ) 고양이	**л**а́мпа 람빠 전등, 램프	**м**а́ма 마마 엄마	**н**ос 노(ㅅ) 코
О / о 오	П / п 뻬	Р / р 에(ㄹ)	С / с 에(ㅆ)	Т / т 떼
о́блако 오블라까 구름	**п**арк 빠르(ㅋ) 공원	**р**ы́ба 르바 물고기, 생선	**с**лон 슬론 코끼리	**т**орт 또르(ㅌ) 케이크

У / у 우	Ф / ф 에(ㅍ)	Х / х 하	Ц / ц 쩨	Ч / ч 체
у́тка 우트까 오리	**ф**о́то 포따 사진	**х**леб 흘례(ㅍ) 빵	**ц**ена́ 쯔나 가격, 값	**ч**ай 차이 차
Ш / ш **샤**	**Щ / щ** **쌰**	**ъ** **뜨보르드이 즈나(ㅋ)**	**ы** **의**	**ь** **먀흐끼 즈나(ㅋ)**
ша́пка 샤프까 모자	**щ**ётка 쑈트까 솔	об**ъ**явле́ние 아브이블례니예 광고, 공고	с**ы**р 스(ㄹ) 치즈	мат**ь** 마찌 어머니
Э / э 에	Ю / ю 유	Я / я 야		
экра́н 에크란 화면	**ю́**бка 유프까 치마	**я́**блоко 야블라까 사과		

(1) 모음 Гласные 글라스느예

러시아어 모음은 총 10개이며 경자음 표시모음과 연자음 표시모음이 있습니다. 경자음 표시모음은 이 모음 앞에 오는 자음을 경자음으로, 연자음 표시모음은 앞에 오는 자음을 연자음으로 발음한다는 의미를 표시합니다.

'경자음'은 혀 가운데 부분을 입천장(경구개)쪽으로 올리지 않고 소리내는 자음인 반면, '연자음'은 기본적인 조음과 함께 혀 가운데 부분을 입천장쪽으로 높이 올려 소리내는 자음입니다.

〈모음 조음위치 표〉

경자음 표시모음	А / а 아	О / о 오	У / у 우	Э / э 에	*ы 의
연자음 표시모음	Я / я 야	Ё / ё 요	Ю / ю 유	Е / е 예	И / и 이

* 모음 **ы**는 우리말 [의]와 유사하지만, 실제는 단모음으로 발음해 이 책에는 [으]로 표기합니다.

(2) 자음 Согласные 사글라스느예

러시아어 자음은 21개입니다. 성대의 진동 없이 내는 무성자음과 성대를 울려 소리 내는 유성자음이 있습니다.

〈자음 조음위치 표〉

유성자음	б [ㅂ]	в [ㅂ]	г [ㄱ]		д [ㄷ]	з [ㅈ]		ж [ㅈ]			л [ㄹ]	м [ㅁ]	н [ㄴ]	р [ㄹ]	й [이]
무성자음	п [ㅃ]	ф [ㅍ]	к [ㄲ]	х [ㅎ]	т [ㄸ]	с [ㅅ]	ц [ㅆ]	ш [쉬]	ч [ㅊ]	щ [쒸]					

① **입술소리**: 두 입술을 붙였다 떼고 내는 소리

• П / п 뻬

무성음이며 [ㅃ]과 비슷한 발음입니다. 단어 맨 끝이나 뒤에 다른 자음이 있을 때는 [ㅍ]에 가까운 소리입니다.

- [ㅃ] **п**арк 빠르(ㅋ) 공원
- [ㅍ] су**п** 수(ㅍ) 수프, 국 / а**п**те́ка 아프쩨까 약국

• Б / б 베

유성음이며 [ㅂ]과 비슷한 발음입니다.

- [ㅂ] **б**рат 브라(ㅌ) 형제 / **б**а́бушка 바부쉬까 할머니

• М / м 엠

유성음이며 [ㅁ]과 비슷한 발음입니다.

- [ㅁ] **м**о́ре 모례 바다 / **м**а́ма 마마 엄마

② **이입술소리**: 아랫입술을 윗니 끝에 대고 바람을 통과시키면서 내는 소리

- **Ф / ф** 에(ㅍ)

무성음이며 [ㅍ]과 비슷한 발음입니다.

▪ [ㅍ] фо́то 포따 사진 / фо́рма 포르마 유니폼

- **В / в** 붸

유성음이며 [ㅂ]과 비슷한 발음입니다.

▪ [ㅂ] вода́ 바다 물 / ва́за 바자 꽃병

③ **잇소리**: 혀끝과 윗니 뒤쪽에서 내는 소리

- **Т / т** 떼

무성음이며 [ㄸ]과 비슷한 발음입니다. 단어 맨 끝이나 뒤에 다른 자음이 있을 때는 [ㅌ]에 가까운 발음입니다. 혀끝을 윗니 뒤쪽에 붙였다가 떨어뜨리면서 소리를 냅니다.

▪ [ㄸ] там 땀 저기에

▪ [ㅌ] рот 로(ㅌ) 입 / страна́ 스트라나 나라, 국가

- **Д / д** 데

유성음이며 [ㄷ]과 비슷한 발음입니다. 혀끝을 윗니 뒤쪽에 붙였다가 떨어뜨리면서 소리를 냅니다.

▪ [ㄷ] дом 돔 집 / да́та 다따 날짜, 연월일

- **С / с** 에(ㅆ)

무성음이며 [ㅅ]과 비슷한 발음입니다. 혀끝을 윗니 뒤쪽에 붙여 그 사이에 생긴 좁은 틈을 통해 바람을 통과시키면서 내는 소리입니다.

▪ [ㅅ] слон 슬론 코끼리 / са́хар 사하(ㄹ) 설탕

• **З / з** 제

유성음이며 [ㅈ]과 비슷한 발음입니다. 혀끝을 윗니 뒤쪽에 붙여 그 사이에 생긴 좁은 틈을 통해 바람을 통과시키면서 내는 소리입니다.

· [ㅈ]　　**з**онт 존(ㅌ) 우산 / **з**уб 주(ㅍ) 이

• **Н / н** 엔

유성음이며 [ㄴ]과 비슷한 발음입니다. 혀끝을 윗니 뒤쪽에 붙여 소리를 냅니다.

· [ㄴ]　　**н**ос 노(ㅅ) 코 / **н**ога 나가 다리; 발

• **Л / л** 엘

유성음이며 [ㄹ]과 비슷한 발음입니다. 혀끝을 윗니 뒤쪽에 붙여 소리를 냅니다.

· [ㄹ]　　**л**óжка 로쉬까 숟가락 / **л**имóн 리몬 레몬

④ **잇몸소리**: 혀끝을 윗잇몸에 대고 내는 소리

• **Р / р** 에(ㄹ)

유성음이며 [ㄹ]과 비슷한 발음입니다. 혀끝을 윗잇몸에 대고 여러 번 진동시켜 굴리는 소리를 냅니다.

· [ㄹ]　　**р**ы́ба 르바 물고기, 생선 / **р**óза 로자 장미

• **Ш / ш** 샤

무성음이며 [쉬]와 비슷한 발음입니다. 혀를 숟가락 모양으로 하고 혀끝을 윗잇몸에 가까이 대고 그 사이에 생긴 좁은 틈을 통해 공기를 내보내며 소리를 냅니다.

· [쉬]　　**ш**áпка 샤프까 모자 / **ш**кóла 쉬꼴라 학교

• Ж / ж 줴

유성음이며 [ㅈ]과 비슷한 발음입니다. 혀를 숟가락 모양으로 하고 혀끝을 윗잇몸에 가까이 대어 그 사이에 생긴 좁은 틈을 통해 공기를 내보내며 소리를 냅니다.

- [ㅈ] **ж**ена́ 즈나 아내 / **ж**ить 즈찌 살다

• Ц / ц 쩨

무성음이며 [ㅉ]과 비슷한 발음입니다. 혀끝을 윗잇몸에 붙였다 떼면서 마찰과 파열을 일으켜 내는 소리입니다.

- [ㅉ] **ц**вето́к 쯔비또(ㅋ) 꽃 / **ц**ена́ 쯔나 가격, 값

⑤ **센입천장소리**: 혀의 앞부분을 센 입천장에 붙였다가 떼면서 내는 소리

• Ч / ч 체

무성음이며 [ㅊ]와 비슷한 발음입니다.

- [ㅊ] **ч**ай 차이 차 / **ч**а́шка 차쉬까 찻잔, 공기

• Щ / щ 쌰

무성음이며 [쒸]와 비슷한 발음입니다.

- [쒸] **щ**ётка 쑈트까 솔 / **щ**ека́ 쒸까 볼, 뺨

• Й / й 짧은 이 (и кра́ткое 이 끄라트까예)

유성음이며 й는 항상 모음과 결합하는 반자음입니다. 모음 앞에서 이중모음을 형성해 йа [야], йо [요], йу [유], йэ [예]가 되며, 모음 뒤에 있을 때 [이]로 표기합니다.

- [요] **й**о́гурт 요구르(ㅌ) 요구르트
- [이] ма**й** 마이 5월

⑥ **여린입천장소리**: 혀의 뿌리 부분을 여린 입천장에 대었다가 떼면서 내는 소리

• К / к 까

무성음이며 [ㄲ]와 비슷한 발음입니다. 단어 맨 끝이나 뒤에 다른 자음이 있을 때는 [ㅋ]으로 소리납니다.

- [ㄲ] **к**от 꼬(ㅌ) 고양이
- [ㅋ] со**к** 소(ㅋ) 주스, 음료 / о**к**но́ 아크노 창문

• Г / г 게

유성음이며 [ㄱ]와 비슷한 발음입니다.

- [ㄱ] **г**о́род 고라(ㅌ) 도시 / **г**олова́ 갈라바 머리

• Х / х 하

무성음이며 [ㅎ]와 비슷하지만 더 강하게 발음합니다.

- [ㅎ] **х**о́лодно 홀라드나 춥다 / **х**леб 흘례(ㅍ) 빵

(3) 경음 부호 Ъ (твёрдый знак 뜨뵤르드이 즈나(ㅋ))

일종의 부호로 무음입니다. 한 단어 내에서 자음 뒤에 я, ё, ю, е(연자음 표시모음)이 오면 그 사이에 ъ를 써서, 연음 없이 각각 떼어 읽습니다. 연자음 표시모음 앞에 있는 자음이 연자음화가 되지 않도록 하기 위함입니다.

- об**ъ**явле́ние 아브이블례니예 광고, 공고 / с**ъ**есть 스예스찌 먹다

(4) 연음 부호 Ь (мя́гкий знак 먀흐끼 즈나(ㅋ))

일종의 부호로 무음입니다. 한 단어 내에서 자음 뒤에 ь가 오면, 그 자음을 연자음화하여 혀의 가운데 부분을 입천장쪽으로 올려 발음합니다. 짧게 내는 [이]와 비슷해 이 책에서는 한글발음을 대부분 [이]로 표기합니다. 단, 자음 뒤에 오는 일부 경우는 표기하지 않았습니다.

- мат**ь** 마찌 어머니 / сем**ья́** 시미야 가족 / ден**ь** 젠 낮, 하루

2. 발음 규칙 Правила произношения 쁘라빌라 쁘라이즈나셰니야

(1) 모음의 발음

① 강세 있는 모음

음절이 두 개 이상인 단어의 경우, 한 음절에 강세가 생깁니다. 강세는 모음에 있으며, 원래의 음을 유지하면서 강세가 없는 모음보다 상대적으로 더 길게 발음합니다.

② 모음 약화

강세가 없는 모음 a, я, o, e를 짧게 발음하면, 소리가 약화되어 철자 원래의 소리와 달라집니다.

✓ a, o의 약화

강세 없는 a, o가 단어의 첫글자 또는 강세 바로 앞의 음절에 올 때는 [아]와 [어]의 중간소리 [a], 다른 위치에서 강세가 없으면 더 약화되어 [어]와 [으]의 중간소리 [ə]가 됩니다. 이 책에서는 강세 없는 a, o도 편의상 [아]로 한글발음을 표시합니다.

- [아, a] **а**ку́ла [**а**ку́лə] 아꿀라 상어 / н**о**га́ [н**а**га́] 나가 다리; 발
- [아, ə] о́бл**а**к**о** [о́бл**ə**к**ə**] 오블라까 구름 / м**о**локо́ [м**ə**лако́] 말라꼬 우유

✓ e, я의 약화

기본적으로 강세 없는 e, я는 [이]로 발음됩니다. 단, 단어의 첫글자 e, я에 강세가 없으면 [йи] (국제 발음 기호 [ji], 편의상 [이])로 소리납니다. 강세 없는 끝글자 e는 문법에 따라 발음이 달라질 수 있지만 동일하게 [예]로, 강세 없는 끝글자 я는 [야]와 [여]의 중간 소리(편의상 [야])로 표기합니다.

- [이] м**е**тро́ [м**и**тро́] 미트로 지하철
- [이] **я**йцо́ [**йи**йцо́] 이이쪼 달걀 / за́н**я**то [за́н**и**тə] 자니따 비어 있지 않다
- [예] мо́р**е** 모례 바다
- [야] вре́м**я** 브례먀 시간

✓ 강세 없는 ча, ща

강세 없는 ча, ща는 각각 [치], [쒸]로 발음됩니다.

- [치] **ча**сы́ [**чи**сы́] 치스 시계
- [쒸] пло́**ща**дь [пло́**щи**ть] 쁠로쒸찌 광장

(2) 자음의 발음

러시아어 단어는 경우에 따라 유성자음이 무성음화, 무성자음이 유성음화됩니다. 이때 유성자음과 무성자음은 б [ㅂ] ↔ п [ㅃ], в [ㅂ] ↔ ф [ㅍ], д [ㄷ] ↔ т [ㄸ], г [ㄱ] ↔ к [ㄲ], з [ㅈ] ↔ с [ㅅ], ж [ㅈ] ↔ ш [쉬]로 호응됩니다. (자음 조음위치표 참조)

① 무성음화

✔ 유성자음이 단어 끝철자인 경우

- хле**б** → [хле**п**] 흘례(ㅍ) 빵 → **tip.** 단어 끝에 [п ㅃ]를 [ㅍ]로 표기합니다.
- рука́**в** → [рука́**ф**] 루까(ㅍ) 소매 → **tip.** 이입술소리인 [ф ㅍ]입니다.
- го́ро**д** → [го́рə**т**] 고라(ㅌ) 도시 → **tip.** 단어 끝에 [т ㄸ]를 [ㅌ]로 표기합니다.
- дру**г** → [дру**к**] 드루(ㅋ) 친구 → **tip.** 단어 끝에 [к ㄲ]를 [ㅋ]로 표기합니다.
- гла**з** → [гла**с**] 글라(ㅅ) 눈
- но**ж** → [но**ш**] 노쉬 칼

✔ 단어 끝 유성자음에 연음 부호가 붙어도 무성음화되는 경우

- дь → [ть] пло́ща**дь** 쁠로쒸찌 광장
- вь → [фь] любо́**вь** 류보피 사랑

✔ 유성자음이 무성자음 앞에 오는 경우

- вт → [фт] за́**вт**ра 자프트라 내일 → **tip.** [т ㄸ]는 다른 자음 앞에서 [ㅌ]로 표기합니다.
- вч → [фч] **вч**ера́ 프치라 어제
- вк → [фк] остано́**вк**а 아스따노프까 버스 정류장
- бк → [пк] ю́**бк**а 유프까 치마 → **tip.** [п ㅃ]는 다른 자음 앞에서 [ㅍ]로 표기합니다.
- жк → [шк] ло́**жк**а 로쉬까 숟가락

② 유성음화

✔ 무성자음이 л, м, н, р를 제외한 유성자음 앞에 오는 경우

- кз → [гз] э**кз**а́мен 에그자민 시험
- сд → [зд] **сд**а́ча 즈다차 거스름돈

✓ **유성자음 в는 예외로 앞에 오는 무성자음을 유성음화하지 않음**

- **св**ет 스볘(ㅌ) 빛
- **кв**арти́ра 끄바르찌라 아파트

tip. 참고로 в는 무성자음 앞에서 무성음화됩니다.

③ 경자음

ж, ш, ц는 항상 경자음입니다. 뒤에 연자음 표시모음 е, и가 와서 же, ше, це, жи, ши, ци가 되더라도 각각 경자음 표시모음 жэ, шэ, цэ, жы, шы, цы으로 발음합니다. 그리고 뒤에 강세 없는 е가 오면 ы[으]로 발음합니다.

- жи → [жы] **жи**ть 즈찌 살다, 거주하다, 생활하다
- ши → [шы] ма**ши́**на 마쉬나 자동차
- це → [цэ] **це**нтр 쩬트(ㄹ) 중앙
- ше → [шэ] **ше**сть 셰스찌 6, 여섯
- же → [жы] **же**на́ 즈나 아내

tip. ть의 발음 표기는 편의상 [찌]로 표기합니다.

④ 연자음

연자음이란 호응하는 경자음에서 혀의 가운데 부분을 입천장 쪽으로 올리며 구개음 [이]를 같이 내는 듯한 소리를 내는 자음입니다. 자음이 연자음 표시모음인 я, ё, ю, е, и이나 연음 부호 ь 앞에 올 때 연자음이 됩니다.

tip. 자음 т와 д가 연자음일 때 한글 발음표기는 다음과 같습니다.

- тя [쨔], тё [쬬], тю [쮸], те [쪠], ти [찌], ть [찌]
- дя [쟈], дё [죠], дю [쥬], де [졔], ди [지], дь [지]

⑤ 묵음

한 단어 내에서 자음이 3개 이상 연속할 때, 그중 하나는 묵음이 되기도 합니다.

- вств → [ств] здра́**вств**уйте 즈드라스트부이쩨 안녕하세요
- лнц → [нц] со́**лнц**е 손쩨 해, 태양

3. 인칭 대명사

인칭	단수	복수
1인칭	я 나는	мы 우리는
2인칭	ты 너는	вы 너희들은, 당신은(존칭), 당신들은
3인칭	он 그는, 그것은(남성) она́ 그녀는, 그것은(여성) оно́ 그것은(중성)	они́ 그들은, 그것들은

모든 명사들이 자신의 성을 가지고 있어 그 성에 따라 3인칭 단수 인칭대명사가 정해집니다. 즉, 남성형 он 혹은 여성형 она́는 사람뿐만 아니라 사물을 나타내는 명사에도 사용될 수 있습니다. 또한 러시아어 명사는 6가지 격에 따라 변화되는데 인칭대명사도 6가지 격 형태를 갖고 있습니다.

품사 표기법

러시아어 명사는 남성, 여성, 중성으로 성별 구분하여 품사를 표시했으며, 동사는 [불완료상-완료상] 순으로 표기했습니다. 이 책에서 사용된 품사 표기법을 참고하세요.

n.m.	남성 명사	n.f.	여성 명사	n.n.	중성 명사	n.pl.	복수형 명사
v.	동사	a.	형용사	ad.	부사	prep.	전치사
conj.	접속사						

✓ **동사 표기법**

러시아어 동사는 '동사 인칭변화'라 하여 인칭과 수에 따라 형태가 바뀝니다. 그 방식에는 1식, 2식 또는 1식/2식 혼합형이 있습니다. 이를 구분하기 위해 1식 동사 뒤에는 로마자 **I**, 2식 뒤에는 **II**, 1식/2식 혼합형 뒤에는 **I/II**를 표기했습니다. 그밖에 불완료상 동사의 인칭변화는 현재시제(예외로 불완료상 동사 **быть**는 미래시제 변화), 완료상 동사의 인칭변화는 미래시제입니다.

또한 동사가 변하면서 자음이나 접미사의 교체 또는 탈락이 일어날 수 있는데, 이를 쉽게 알아보기 위해 동사 옆에 표기하였습니다. 단, 별도의 교체 표기가 없으면 자음교체가 없는 규칙 변화입니다.

① 1식 동사의 자음이나 접미사의 교체 : 모든 인칭

예 писа́ть I **(с-ш)** – написа́ть I (с-ш) v. 쓰다

1식 동사 표시 자음 교체 표시

(현재시제) Я пишу́, Ты пи́шешь, Он пи́шет, Мы пи́шем,
Вы пи́шете, Они́ пи́шут

예 путеше́ствовать I **(ова-у)** v. 여행하다 [불완료상]

1식 동사 표시 접미사 교체 표시

tip. 동사원형의 어간이 접미사 -ова/-ева로 끝나면,
현재시제(단일미래시제)와 명령법에서 -ова/-ева가 생략되고 –у(-ю)가 들어갑니다.

(현재시제) Я путеше́ствую, Ты путеше́ствуешь,
Он путеше́ствует, Мы путеше́ствуем,
Вы путеше́ствуете, Они́ путеше́ствуют

② 2식 동사의 자음 교체 : 1인칭 단수(Я)

예 ви́деть II **(д-ж)** – уви́деть II (д-ж) v. 보이다, 보다, 만나다

2식 동사 표시 자음 교체 표시

(현재시제) Я ви́жу, Ты ви́дишь, Он ви́дит, Мы ви́дим,
Вы ви́дите, Они́ ви́дят

③ 접미사가 탈락되는 경우 : 1식

예 дава́ть I **(ва -)** – дать I/II v. 주다

1식 동사 표시 접미사 -ва 탈락

(현재시제) Я даю́, Ты даёшь, Он даёт, Мы даём, Вы даёте, Они́ даю́т

④ 기타 불규칙 변화
: Раздел 35. 동사 변화 참조

예 брать I p.316 - взять I p.320 v. 잡다

해당 페이지 표시

Глава 1

Раздел 01 소개

Раздел 02 감사&사과

소개 Представление 쁘리즈따블례니예

□ представле́ние 쁘리즈따블례니예
n.n. 소개

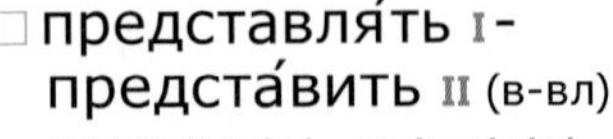

□ представля́ть I - предста́вить II (в-вл)
쁘리즈따블랴찌 – 쁘리즈따비찌
v. (다른 사람을) 소개하다

□ представля́ться I - предста́виться II (в-вл)
쁘리즈따블랴짜 – 쁘리즈따비짜
v. (자신을) 소개하다

□ и́мя 이먀
n.n. 이름

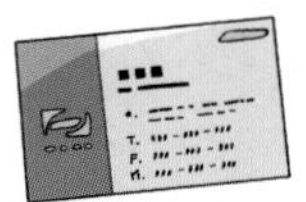

□ визи́тная ка́рточка
비지트나야 까르따츠까 명함

□ пол 뽈
n.m. 성별

□ мужчи́на 무쒸나
n.m. 남자, 남성

□ же́нщина 젠쒸나
n.f. 여자, 여성

□ мужско́й (-а́я, -о́е, -и́е) 무쉬스꼬이
a. 남성의

□ же́нский (-ая, -ое, -ие) 젠스끼
a. 여성의

□ господи́н 가스빠진 n.m., госпожа́ 가스빠자 n.f.
~씨(이름·성·직위 앞에 쓰는 존칭어)

□ во́зраст 보즈라스(ㅌ)
n.m. 나이

□ день рожде́ния 젠 라즈졔니야
생일

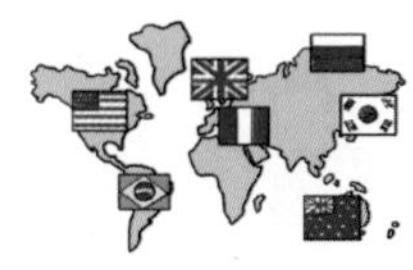

□ страна́ 스트라나
n.f. 나라, 국가

□ гражда́нство 그라즈단스트바
n.n. 국적

□ язы́к 이즈(ㅋ)
n.m. 언어

□ рели́гия 릴리기야
n.f. 종교

□ специа́льность 스삐쯔알나스찌
n.f. 전공, 전문분야; 직업

□ профе́ссия 쁘라폐시야
n.f. 직업

□ а́дрес 아드리(ㅅ)
n.m. 주소

□ приве́тствие 쁘리볘쯔트비예
n.n. (만날 때) 인사

□ здоро́ваться I - поздоро́ваться I
즈다로바짜—빠즈다로바짜
v. (만날 때) 인사하다, 인사를 나누다

□ проща́ние 쁘라쌰니예
n.n. 작별 인사

□ проща́ться I - попроща́ться I
쁘라쌰짜—빠프라쌰짜
v. 작별 인사하다, 작별 인사를 나누다

□ Приве́т! 쁘리볘(ㅌ)!
안녕! (친구, 가까운 사이에서 만날 때)

□ Здра́вствуйте! 즈드라스트부이쪠!
안녕하세요!

□ До́брое у́тро! 도브라예 우트라!
안녕하세요! (아침 인사)

□ До́брый день! 도브르이 젠!
안녕하세요! (오후 인사)

□ До́брый ве́чер! 도브르이 볘치(ㄹ)!
안녕하세요! (저녁 인사)

□ Как (ва́ши) дела́?
까(ㅋ) (바쉬) 질라?
어떻게 지내세요?
(당신의 일들이 어떻게 되고 있어요?)

□ Хорошо́. 하라쇼
잘 지내요. (좋아요.)

□ Всё в поря́дке. 프쇼 프 빠랴트꼐
모든 것이 잘 되고 있어요.
(모든 것이 질서 있다.)

□ Так себе́. 따(ㅋ) 시볘
그저 그래요. / 별일 없어요.

□ Рад/Ра́да вас ви́деть.
라(ㅌ)/라다 바(ㅅ) 비지찌
만나서 반갑습니다.
(정중하게 남성/여성이 말할 때)

□ Рад/Ра́да тебя́ ви́деть.
라(ㅌ)/라다 찌뱌 비지찌
만나서 반가워.
(친구, 가까운 사이에서 남성/여성이 말할 때)

□ Давно́ не ви́делись!
다브노 니 비질리시!
오랜만이에요!

□ До свида́ния! 다 스비다니야!
안녕히 가세요! / 안녕히 계세요!

□ До за́втра! 다 자프트라!
내일 봐요!

□ До встре́чи! 다 프스트례치!
다음에 만나요!

□ Всего́ до́брого! 프시보 도브라바!
잘 지내세요!

□ Пока́! 빠까!
안녕! / 잘 있어! / 잘 가!
(친구, 가까운 사이에서 헤어질 때)

□ свида́ние 스비다니예
n.n. 만남; 데이트

□ встреча́ть I -
встре́тить II (т-ч)
프스트리차찌–프스트례찌찌
v. (~를) 만나다; 마중 나가다, 맞이하다

□ друг 드루(ㅋ) n.m.,
подру́га 빠드루가 n.f. 친구

□ гость 고스찌
n.m. 손님

□ представле́ние 쁘리즈따블례니예 n.n. 소개

□ представля́ть I - предста́вить II (в-вл)
쁘리즈따블랴찌 – 쁘리즈따비찌 v. (다른 사람을) 소개하다

□ представля́ться I - предста́виться II (в-вл)
쁘리즈따블랴짜 – 쁘리즈따비짜 v. (자신을) 소개하다

□ знако́мство 즈나꼼스트바 n.n. (서로의) 친분; 서로 알게 됨

□ знако́мить II (м-мл) - познако́мить II (м-мл)
즈나꼬미찌 – 빠즈나꼬미찌 v. 알게 하다, 소개하다

□ знако́миться II (м-мл) - познако́миться II (м-мл)
즈나꼬미짜 – 빠즈나꼬미짜 v. (~와/서로) 알게 되다; 사귀다

□ и́мя 이먀 n.n. 이름

□ фами́лия 파밀리야 n.f. (이름) 성

□ де́вичья фами́лия 제비치야 파밀리야 (결혼 전) 여자의 성

tip. 러시아 여성들은 결혼을 하면 성을 남편의 것으로 바꾸는데, 원하지 않으면 자신의 성을 그대로 씁니다.

□ о́тчество 오치스트바 n.n. 부칭

□ непо́лное и́мя 니뽈나예 이먀 애칭, 줄인 이름

tip. 러시아 이름은 '이름+부칭+성'으로 구성돼요. '부칭'은 아버지 이름을 따른 '누구의 아들', '누구의 딸'이란 뜻입니다. 공식 서류, 신분증 등에서 '성+이름+부칭' 순서로 씁니다.

□ господи́н 가스빠진 n.m., госпожа́ 가스빠자 n.f.
~씨(이름·성·직위 앞에 쓰는 존칭어)

□ визи́тная ка́рточка 비지트나야 까르따츠까 명함

tip. 회화에서 '명함'을 визи́тка 비지트까로 줄여 말하기도 합니다.

□ пол 뽈 n.m. 성별

□ мужчи́на 무쒸나 n.m. 남자, 남성

□ мужско́й (-а́я, -о́е, -и́е) 무쉬스꼬이 a. 남성의

□ же́нщина 젠쒸나 n.f. 여자, 여성

□ же́нский (-ая, -ое, -ие) 젠스끼 a. 여성의

tip. 러시아어 형용사는 성에 따라 형태가 변합니다. 이 책에서는 남성을 기본형으로 배우며, 여성, 중성, 복수 형태를 만드는 어미 순서로 괄호 안에 표기했습니다.

□ во́зраст 보즈라스(ㅌ) n.m. 나이

□ рожда́ться I - роди́ться II (д-ж) 라즈다짜 – 라지짜 v. 태어나다

□ рожде́ние 라즈제니예 n.n. 탄생, 출생

□ день рожде́ния 젠 라즈제니야 생일

□ страна́ 스트라나 n.f. 나라, 국가

□ гражда́нство 그라즈단스트바 n.n. 국적

□ граждани́н 그라즈다닌 n.m., гражда́нка 그라즈단까 n.f. 국민

□ ро́дина 로지나 n.f. 고향; 모국, 본국

□ язы́к 이즈(ㅋ) n.m. 언어

tip. 두 언어를 구사하는 사람을 били́нгв 빌린크(ㅍ)라 합니다.

□ родно́й язы́к 라드노이 이즈(ㅋ) 모국어

Мой родно́й язы́к - ру́сский.
모이 라드노이 이즈(ㅋ) 루스끼
나의 모국어는 러시아어입니다.

□ религия 릴리기야 n.f. 종교

□ ве́ра 볘라 n.f. 믿음; 신앙

Кака́я у вас рели́гия?
까까야 우 바(ㅅ) 릴리기야?
당신은 종교가 무엇입니까?

□ правосла́вие 쁘라바슬라비예 n.n. 정교

□ Ру́сская правосла́вная це́рковь 루스까야 쁘라바슬라브나야 쩨르까피 러시아 정교회

tip. 러시아 정교회는 988년 비잔틴에서 전래되어, 현재 러시아에 가장 많은 신자가 있습니다.

□ правосла́вный 쁘라바슬라브느이 n.m., правосла́вная 쁘라바슬라브나야 n.f. 정교도

□ христиа́нство 흐리스찌안스트바 n.n. 기독교

□ христиани́н 흐리스찌아닌 n.m., христиа́нка 흐리스찌안까 n.f. 기독교도

□ католици́зм 까딸리쯔즘 n.m. 가톨릭교

□ като́лик 까똘리(ㅋ) n.m., католи́чка 까딸리츠까 n.f. 가톨릭교도

□ исла́м 이슬람 n.m. 이슬람교

□ мусульма́нин 무술마닌 n.m., мусульма́нка 무술만까 n.f. 이슬람교도

□ будди́зм 부지즘 n.m. 불교

□ будди́ст 부지스(ㅌ) n.m., будди́стка 부지스까 n.f. 불교도

□ иудаи́зм 이우다이즘 n.m. 유대교

□ иудаи́ст 이우다이스(ㅌ) n.m., иудаи́стка 이우다이스까 n.f. 유대교도

□ атеи́зм 아떼이즘 n.m. 무신론

□ атеи́ст 아떼이스(ㅌ) n.m., атеи́стка 아떼이스까 n.f. 무신론자

□ а́дрес 아드리(ㅅ) n.m. 주소

□ жи́тельство 즈찔스트바 n.n. 거주

□ жить I p.316 즈찌 v. 살다, 거주하다, 생활하다 [불완료상]

Где вы живёте?

tip. 단어에 ё 요가 있으면 강세가 항상 ё에 있습니다.

그졔 브 시뵤쪠?

댁이 어디세요? (어디에 살고 있어요?)

□ специа́льность 스삐쯔알나스찌 n.f. 전공, 전문분야; 직업

Кака́я у вас специа́льность?

까까야 우 바(ㅅ) 스삐쯔알나스찌?

당신은 전공이 무엇입니까?

□ профе́ссия 쁘라폐시야 n.f. 직업

Кто вы по профе́ссии?

끄또 브 빠 쁘라폐시이?

직업이 무엇입니까?

□ приве́тствие 쁘리볘쯔트비예 n.n. (만날 때) 인사

□ здоро́ваться I - поздоро́ваться I 즈다로바짜-빠즈다로바짜

v. (만날 때) 인사하다, 인사를 나누다

□ проща́ние 쁘라쌰니예 n.n. 작별 인사

□ проща́ться I - попроща́ться I 쁘라쌰짜-빠프라쌰짜

v. 작별 인사하다, 작별 인사를 나누다

Приве́т!

쁘리볘(ㅌ)!

안녕! (친구, 가까운 사이에서 만날 때)

Здра́вствуйте!

즈드라스트부이쪠!

안녕하세요!

Добрoе у́тро!
도브라예 우트라!
안녕하세요! (아침 인사)

До́брый день!
도브르이 젠!
안녕하세요! (오후 인사)

До́брый ве́чер!
도브르이 베치(ㄹ)!
안녕하세요! (저녁 인사)

Споко́йной но́чи!
스빠꼬이나이 노치!
안녕히 주무세요!

Добро́ пожа́ловать!
다브로 빠잘라바찌!
어서 오십시오!

Как (ва́ши) дела́? → **tip.** дела́ 질라는 명사 де́ло 젤라(일)의 복수형입니다.
까(ㅋ) (바쉬) 질라?
어떻게 지내세요? (당신의 일들이 어떻게 되고 있어요?)

Хорошо́.
하라쇼
잘 지내요. (좋아요.)

Всё в поря́дке. → **tip.** 남성명사 поря́док 빠랴다(ㅋ)는 '질서'입니다.
프쇼 프 빠랴트꼐
모든 것이 잘 되고 있어요. (모든 것이 질서 있다.)

Так себе́.
따(ㅋ) 시베
그저 그래요. / 별일 없어요.

□ **ви́деть** II (д-ж) - **уви́деть** II (д-ж) 비지찌–우비지찌 v. 보이다, 보다, 만나다

Рад / Ра́да вас ви́деть.
라(ㅌ) / 라다 바(ㅅ) 비지찌
만나서 반갑습니다. (정중하게 남성/여성이 말할 때)

Рад / Ра́да тебя́ ви́деть.
라(ㅌ) / 라다 찌뱌 비지찌
만나서 반가워. (친구, 가까운 사이에서 남성/여성이 말할 때)

Давно́ не ви́делись!
다브노 니 비질리시!
오랜만이에요!

= Ско́лько лет, ско́лько зим!
스꼴까 례(ㅌ), 스꼴까 짐!
(많은 여름과 겨울이 지나갔다!)

□ передава́ть I (ва -) - переда́ть I/II p.323 приве́т
삐리다바찌 – 삐리다찌 쁘리볘(ㅌ) v. 안부를 전하다

До свида́ния!
다 스비다니야!
안녕히 가세요! / 안녕히 계세요!

tip. 전치사 до 도는 '~까지'입니다.

До за́втра!
다 자프트라!
내일 봐요!

До встре́чи!
다 프스트례치!
다음에 만나요!

Всего́ до́брого!
프시보 도브라바!
잘 지내세요!

Пока́!
빠까!
안녕! / 잘 있어! / 잘 가! (친구, 가까운 사이에서 헤어질 때)

□ рад (-а, -о, -ы) 라(ㅌ) a. 반갑다(술어)
□ раду́шно 라두쉬나 ad. 반갑게

tip. рад는 술어로 사용되는 형용사이며, 주어의 성과 수에 따라 형태가 변합니다.

□ свида́ние 스비다니예 n.n. 만남; 데이트

□ встре́ча 프스트례차 n.f. 만남; 회견; 응접
□ встреча́ть I - встре́тить II (т-ч) 프스트리차찌 – 프스트례찌찌
v. (~를) 만나다; 마중 나가다, 맞이하다
□ встреча́ть - встре́тить раду́шно 프스트리차찌 – 프스트례찌찌 라두쉬나
환영하다(반갑게 맞이하다)

□ встреча́ть - встре́тить хле́бом-со́лью
프스트리차찌 – 프스트례찌찌 흘례밤 솔리유 환대하다(빵과 소금으로 맞이하다)

tip. 'хлебом-солью 흘례밤 솔리유'는 빵과 소금으로, 이 두가지를 들고 귀한 손님을 맞이하는 러시아 옛날 풍습에서 유래한 환대의 표시입니다. 중간에 붙임표는 '~와'로 두단어를 연결합니다.

□ друг 드루(ㅋ) n.m., подру́га 빠드루가 n.f. 친구

□ сосе́д 사세(ㅌ) n.m., сосе́дка 사세트까 n.f. 이웃

□ гость 고스찌 n.m. 손님

01. 인사

꼭! 써먹는 **실전 회화**

Са́ша Со́ня, приве́т!
소냐, 쁘리볘(ㅌ)!
소냐, 안녕!

Со́ня Приве́т, Са́ша! Как твои́ дела́?
쁘리볘(ㅌ), 사샤! 까(ㅋ) 뜨바이 질라?
안녕, 사샤! 어떻게 지내?

Са́ша Норма́льно. А твои́?
나르말나. 아 뜨바이?
잘 지내. 너는?

Со́ня У меня́ всё в поря́дке.
우 미냐 프쇼 프 빠랴트꼐
잘 지내. (모든 게 잘 되고 있어.)

tip. 러시아 사람들 대부분은 애칭이 있습니다. 예를 들어 Алекса́ндр 알리크산드(ㄹ)는 'Са́ша 사샤, Са́ня 사냐, Шу́ра 슈라', Со́фья 소피야는 'Со́ня 소냐'라 불립니다.

감사&사과 Благодарность и Извинения 블라가다르나스찌 이 이즈비녜니야

□ благода́рность 블라가다르나스찌
n.f. 감사

□ благодари́ть II - поблагодари́ть II
블라가다리찌 – 빠블라가다리찌
v. (~에게) 감사하다

□ спаси́бо 스빠시바
particle. 고맙다 n.n. 감사

□ (Большо́е) спаси́бо.
(발쇼예) 스빠시바
(대단히) 고맙습니다.

□ Благодарю́ вас.
블라가다류 바(ㅅ)
고맙습니다. (격식)

□ по́мощь 뽀마쒸
n.f. 도움

□ помога́ть I - помо́чь I p.324
빠마가찌 – 빠모(ㅊ)
v. 돕다

□ молоде́ц 말라졔(ㅉ)
n.m. 무엇이든 잘하는 사람
int. 잘했어!

□ понима́ние 빠니마니예
n.n. 이해

□ понима́ть I - поня́ть I p.324
빠니마찌 – 빠냐찌
v. 이해하다

□ сове́т 사볘(ㅌ)
n.m. 충고, 조언

□ сове́товать I (ова-у) - посове́товать I (ова-у)
사볘따바찌 – 빠사볘따바찌
v. 충고하다, 조언하다; 권유하다, 추천하다

□ внима́ние 브니마니예
n.n. 주의, 관심

□ забо́та 자보따
n.f. 보살핌

□ забо́титься II (т-ч) - позабо́титься II (т-ч)
자보찌짜–빠자보찌짜
v. 보살피다, 돌보다

□ про́сьба 쁘로지바
n.f. 부탁, 요청

□ проси́ть II (с-ш) - попроси́ть II (с-ш)
쁘라시찌–빠프라시찌
v. 부탁하다, 요청하다

□ доброта́ 다브라따
n.f. 호의, 친절

□ до́брый (-ая, -ое, -ые) 도브르이
a. 친절한, 착한, 호의적인; 좋은

□ поздравле́ние 빠즈드라블례니예
n.n. 축하

□ поздравля́ть I - поздра́вить II (в-вл)
빠즈드라블랴찌–빠즈드라비찌
v. 축하하다

□ пожела́ние 빠즐라니예
n.n. 소원, (축원의) 바람

□ жела́ть I - пожела́ть I
즐라찌–빠즐라찌
v. 바라다, 축원하다

□ извине́ние 이즈비녜니예
n.n. 사과

□ извиня́ться I - извини́ться II
이즈비냐짜–이즈비니짜
v. 사과하다

□ проще́ние 쁘라쎼니예
n.n. 용서

□ проща́ть I - прости́ть II (ст-щ)
쁘라쌰찌–쁘라스찌찌
v. 용서하다

□ опозда́ние 아빠즈다니예
n.n. 지각

□ опа́здывать I - опозда́ть I
아빠즈드바찌–아빠즈다찌
v. 늦다; 지각하다

□ ждать I p.316 즈다찌
v. 기다리다 [불완료상]

□ комфо́рт 깜포르(ㅌ)
n.m. 편안, 안락

□ комфо́ртный (-ая, -ое, -ые)
깜포르트느이
= удо́бный (-ая, -ое, -ые) 우도브느이
a. 편안한

□ комфо́ртно 깜포르트나
= удо́бно 우도브나
ad. 편안하게, 편안하다 (술어부사)

□ неудо́бство 니우도프스트바
n.n. 불편

□ неудо́бный (-ая, -ое, -ые)
니우도브느이
a. 불편한

□ неудо́бно 니우도브나
ad. 불편하게, 불편하다

□ вмеша́тельство 브미샤찔스트바
n.n. 참견, 방해

□ вме́шиваться I - вмеша́ться I
브메쉬바짜–브미샤짜
v. 끼어들다

□ отвлека́ть I - отвле́чь I p.322
아트블리까찌–아트블레(ㅊ)
v. 방해하다

□ беспоко́йство 비스빠꼬이스트바
n.n. 걱정, 근심

□ беспоко́иться II - обеспоко́иться II
비스빠꼬이짜–아비스빠꼬이짜
v. 걱정하다, 염려하다

□ обвине́ние 아브비녜니예
n.n. 비난

□ обвиня́ть I - обвини́ть II
아브비냐찌–아브비니찌
v. 비난하다

□ жа́лоба 잘라바
n.f. 불평

□ жа́ловаться I (ова-у) - пожа́ловаться I (ова-у)
잘라바짜–빠잘라바짜
v. 불평하다; 호소하다

□ оши́бка 아쉬프까
n.f. 실수

□ вина́ 비나
n.f. 잘못

□ винова́тый (-ая, -ое, -ые)
비나바뜨이
a. 잘못이 있는

□ благода́рность 블라가다르나스찌 n.f. 감사

□ благодари́ть II - поблагодари́ть II 블라가다리찌–빠블라가다리찌 v. (~에게) 감사하다

tip. 'particle.'은 품사 '소사'로 어형변화를 하지 않는 단어입니다.

□ спаси́бо 스빠시바 particle. 고맙다 n.n. 감사

tip. '~에 고맙다'는 'Спаси́бо за~. 스빠시바 자~.'입니다.

(Большо́е) спаси́бо.
(발쇼예) 스빠시바
(대단히) 고맙습니다.

tip. большо́е 발쇼예는 형용사 большо́й 발쇼이(큰, 커다란)의 중성형입니다. спаси́бо 스빠시바는 중성명사로 이를 수식하는 형용사도 중성형으로 사용합니다.

Благодарю́ вас.
블라가다류 바(ㅅ)
고맙습니다. (격식)

□ пода́рок 빠다라(ㅋ) n.m. 선물

Спаси́бо за пода́рок.
스빠시바 자 빠다라(ㅋ)
선물에 고맙습니다.

□ пожа́луйста 빠잘루스따 particle. 천만에요, 별말씀을요; 네, 하세요(허락); 제발, 부디(정중한 부탁)

Пожа́луйста.
빠잘루스따
천만에요. (감사에 대한 답변)

= Не́ за что.
녜 자 쉬따

= Не сто́ит.
니 스또이(ㅌ)

Мо́жно войти́? Пожа́луйста.
모즈나 바이찌? 빠잘루스따
들어가도 됩니까? 네, 들어오세요.

Да́йте, пожа́луйста, ко́фе.
다이쪠, 빠잘루스따, 꼬폐
커피 좀 주세요.

□ по́мощь 뽀마쒸 n.f. 도움

□ помога́ть I - помо́чь I p.324 빠마가찌－빠모(ㅊ) v. 돕다

Вам помо́чь?
밤 빠모(ㅊ)?
도와 드릴까요?

□ комплиме́нт 깜쁠리멘(ㅌ) n.m. 칭찬

tip. '어떤 일을 잘했다'라고 하는 칭찬은 похвала́ 빠흐발라 입니다.

Спаси́бо за комплиме́нт.
스빠시바 자 깜쁠리멘(ㅌ)
칭찬에 고맙습니다.

□ молоде́ц 말라졔(ㅉ) n.m. 무엇이든 잘하는 사람 int. 잘했어!

□ понима́ние 빠니마니예 n.n. 이해

□ понима́ть I - поня́ть I p.324 빠니마찌－빠냐찌 v. 이해하다

□ приглаше́ние 쁘리글라셰니예 n.n. 초대

□ приглаша́ть I - пригласи́ть II (с-ш) 쁘리글라샤찌－쁘리글라시찌 v. 초대하다

□ письмо́ 삐시모 n.n. 편지

□ пи́сьменное приглаше́ние 삐시미나예 쁘리글라셰니예 초대장

= пригласи́тельное 쁘리글라시찔나예 n.n.

□ пригласи́тельная откры́тка 쁘리글라시찔나야 아트크르트까 초대 카드

□ сове́т 사볘(ㅌ) n.m. 충고, 조언

□ сове́товать I (ова-у) - посове́товать I (ова-у) 사볘따바찌－빠사볘따바찌 v. 충고하다, 조언하다; 권유하다, 추천하다

□ внима́ние 브니마니예 n.n. 주의, 관심

□ забо́та 자보따 n.f. 보살핌

□ забо́титься II (т-ч) - позабо́титься II (т-ч) 자보찌짜－빠자보찌짜 v. 보살피다, 돌보다

□ про́сьба 쁘로지바 n.f. 부탁, 요청

□ проси́ть II (с-ш) - попроси́ть II (с-ш) 쁘라시찌－빠프라시찌 v. 부탁하다, 요청하다

□ доброта́ 다브라따 n.f. 호의, 친절

□ до́брый (-ая, -ое, -ые) 도브르이 a. 친절한, 착한, 호의적인; 좋은

tip. 정중히 부탁할 때, 'Бу́дьте добры́, 부쩨 다브르＋명령문. (~해 주세요, 부탁합니다)'으로 표현합니다.

□ о́чень 오친 ad. 매우

Спаси́бо, вы о́чень добры́.
스빠시바, 브 오친 다브르
감사합니다, 정말 친절하십니다.

□ вообще́ 바아프쎄 ad. 대개; 전혀, 결코 ~아닌 (부정사와 함께)

□ поздравле́ние 빠즈드라블레니예 n.n. 축하

□ поздравля́ть I - поздра́вить II (в-вл) 빠즈드라블랴찌－빠즈드라비찌 v. 축하하다

□ пра́здновать I (ова-у) - отпра́здновать I (ова-у) 쁘라즈나바찌－아트프라즈나바찌 v. 기념하다; 축하하다

□ справля́ть I - спра́вить II (в-вл) 스프라블랴찌－스프라비찌 v. 기념하다(회화)

(Поздравля́ю) с днём рожде́ния!
(빠즈드라블랴유) 즈 드뇸 라즈졔니야!
생일 축하합니다!

□ пожела́ние 빠즐라니예 n.n. 소원, (축원의) 바람

□ жела́ть I - пожела́ть I 즐라찌－빠즐라찌 v. 바라다, 축원하다

□ сча́стье 샤스찌예 n.n. 행복

tip. сч를 [щ]로 발음합니다.

□ успе́х 우스뻬(ㅎ) n.m. 성공

Жела́ю успе́хов!
즐라유 우스뻬하(ㅍ)!
성공하기를 바랍니다!

□ здоро́вье 즈다로비예 n.n. 건강

□ здоро́вый (-ая, -ое, -ые) 즈다로브이 a. 건강한

tip. 러시아에서 재채기를 하면 옆 사람이 'Бу́дьте здоро́вы! 부쩨 즈다로브! (건강하세요!)'라 합니다. 그러면 'Спаси́бо. 스빠시바(감사합니다.)'라 대답합니다.

□ извине́ние 이즈비녜니예 n.n. 사과

□ извиня́ться I - извини́ться II 이즈비냐짜-이즈비니짜 v. 사과하다

□ проще́ние 쁘라쎼니예 n.n. 용서

□ проща́ть I - прости́ть II (ст-щ) 쁘라쌰찌-쁘라스찌찌 v. 용서하다

= извиня́ть I - извини́ть II 이즈비냐찌-이즈비니찌

□ Извини́те (за~) 이즈비니쩨 (자~) (~대해) 죄송합니다

Извини́те.
이즈비니쩨
실례합니다. (죄송합니다.)

= Прости́те.
쁘라스찌쩨

tip. 큰 잘못이나 죄에 대한 용서를 빌 때 'Прости́те(용서해주세요)'라고 합니다.

Ничего́.
니치보
괜찮아요.

□ опозда́ние 아빠즈다니예 n.n. 지각

□ опа́здывать I - опозда́ть I 아빠즈드바찌-아빠즈다찌 v. 늦다; 지각하다

Извини́те за опозда́ние.
이즈비니쩨 자 아빠즈다니예
늦어서 죄송합니다.

□ ждать I p.316 즈다찌 v. 기다리다[불완료상]

□ заставля́ть I - заста́вить II (в-вл)
자스따블랴찌-자스따비찌 v. ~을 시키다, 부득이 ~하게 하다

tip. 비즈니스나 공식석상과 같이 상대방을 정중히 표현할 때, 2인칭 복수대명사 첫글자를 대문자로 쓸 수 있습니다. 단, 상대방이 1명일 때입니다.

Извини́те, что заста́вил/заста́вила Вас ждать.
이즈비니쩨, 쉬또 자스따빌/자스따빌라 바(ㅅ) 즈다찌
부득이 기다리게 해서 죄송합니다. (남자/여자가 말할 때)

□ комфо́рт 깜포르(ㅌ) n.m. 편안, 안락

□ комфо́ртный (-ая, -ое, -ые) 깜포르트느이 a. 편안한

= удо́бный (-ая, -ое, -ые) 우도브느이

□ комфо́ртно 깜포르트나 ad. 편안하게, 편안하다(술어부사)

= удо́бно 우도브나

tip. 술어부사란 형태는 부사이지만 술어 역할을 하는 부사입니다. 이 책에서 술어부사의 경우, 품사 표시는 '**ad.**'로 해석은 부사와 술어 모두 표기합니다.

□ неудо́бство 니우도프스트바 n.n. 불편

□ неудо́бный (-ая, -ое, -ые) 니우도브느이 a. 불편한

□ неудо́бно 니우도브나 ad. 불편하게, 불편하다

□ вмеша́тельство 브미샤찔스트바 n.n. 참견, 방해

□ вме́шиваться I - вмеша́ться I 브메쉬바짜－브미샤짜 v. 끼어들다

□ отвлека́ть I - отвле́чь I p.322 아트블리까찌－아트블례(ㅊ) v. 방해하다

□ перебива́ть I - переби́ть I p.323 삐리비바찌－삐리비찌 v. (말을) 가로채다

□ беспоко́йство 비스빠꼬이스트바 n.n. 걱정, 근심

□ беспоко́иться II - обеспоко́иться II 비스빠꼬이짜－아비스빠꼬이짜 v. 걱정하다, 염려하다

Извини́те за беспоко́йство.
이즈비니쪠 자 비스빠꼬이스트바
폐를 끼쳐 죄송합니다. (걱정시켜 죄송합니다.)

□ уще́рб 우쎄르(ㅍ) n.m. 손해, 손실

□ обвине́ние 아브비녜니예 n.n. 비난

□ обвиня́ть I - обвини́ть II 아브비냐찌－아브비니찌 v. 비난하다

□ жа́лоба 잘라바 n.f. 불평

□ жа́ловаться I (ова-у) - пожа́ловаться I (ова-у) 잘라바짜－빠잘라바짜 v. 불평하다; 호소하다

□ оши́бка 아쉬프까 n.f. 실수

□ де́лать I - сде́лать I 젤라찌－즈젤라찌 v. 하다

□ вина́ 비나 n.f. 잘못

□ винова́тый (-ая, -ое, -ые) 비나바뜨이 a. 잘못이 있는

Я винова́т/винова́та.
야 비나바(ㅌ)/비나바따
제 잘못이에요. (남자/여자가 말할 때)

□ неча́янно 니차이나 ad. 고의가 아니게

□ наро́чно 나로쉬나 ad. 고의적으로, 일부러

Я сде́лал/сде́лала э́то неча́янно.
야 즈젤랄/즈젤랄라 에따 니차이나
고의가 아니었어요. (남자/여자가 말할 때)

02. 감사 인사

꼭! 써먹는 **실전 회화**

Ивано́в Благодарю́ вас за то, что вы удели́ли нам своё вре́мя.
블라가다류 바(ㅅ) 자 또, 쉬또 브 우질릴리 남 스바요 브례먀
오늘 시간 내 주셔서 감사합니다.

Петро́в Не сто́ит благода́рности.
니 스또이(ㅌ) 블라가다르나스찌
천만에요.

Ивано́в Извини́те, но мне на́до уже́ уходи́ть.
이즈비니쩨, 노 므녜 나다 우제 우하지찌
실례지만, 지금은 떠나야 합니다.

Петро́в Не беспоко́йтесь. Всего́ до́брого!
니 비스빠꼬이찌시. 프시보 도브라바!
괜찮아요. 좋은 하루 되세요!

연습 문제 Упражнение 우프라즈녜니예

다음 단어를 읽고 맞는 뜻과 연결하세요.

1. а́дрес	•	• 감사
2. благода́рность	•	• 나라, 국가
3. во́зраст	•	• 나이
4. извине́ние	•	• 만남; 데이트
5. и́мя	•	• 부탁, 요청
6. представле́ние	•	• 사과
7. приве́тствие	•	• 소개
8. про́сьба	•	• 용서
9. профе́ссия	•	• 이름
10. проще́ние	•	• 인사
11. свида́ние	•	• 주소
12. страна́	•	• 직업

1. а́дрес – 주소 2. благода́рность – 감사 3. во́зраст – 나이
4. извине́ние – 사과 5. и́мя – 이름 6. представле́ние – 소개
7. приве́тствие – 인사 8. про́сьба – 부탁, 요청 9. профе́ссия – 직업
10. проще́ние – 용서 11. свида́ние – 만남; 데이트 12. страна́ – 나라, 국가

Глава 2

Раздел 03.

신체 Тело 쩰라

□ те́ло 쩰라
n.n. 신체

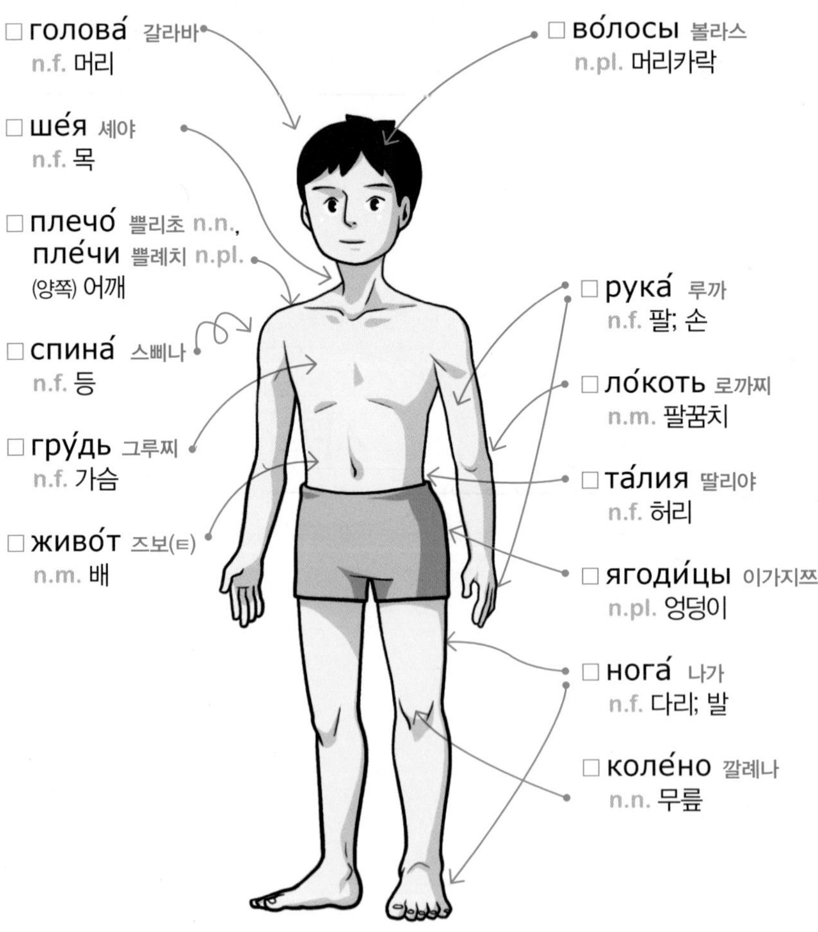

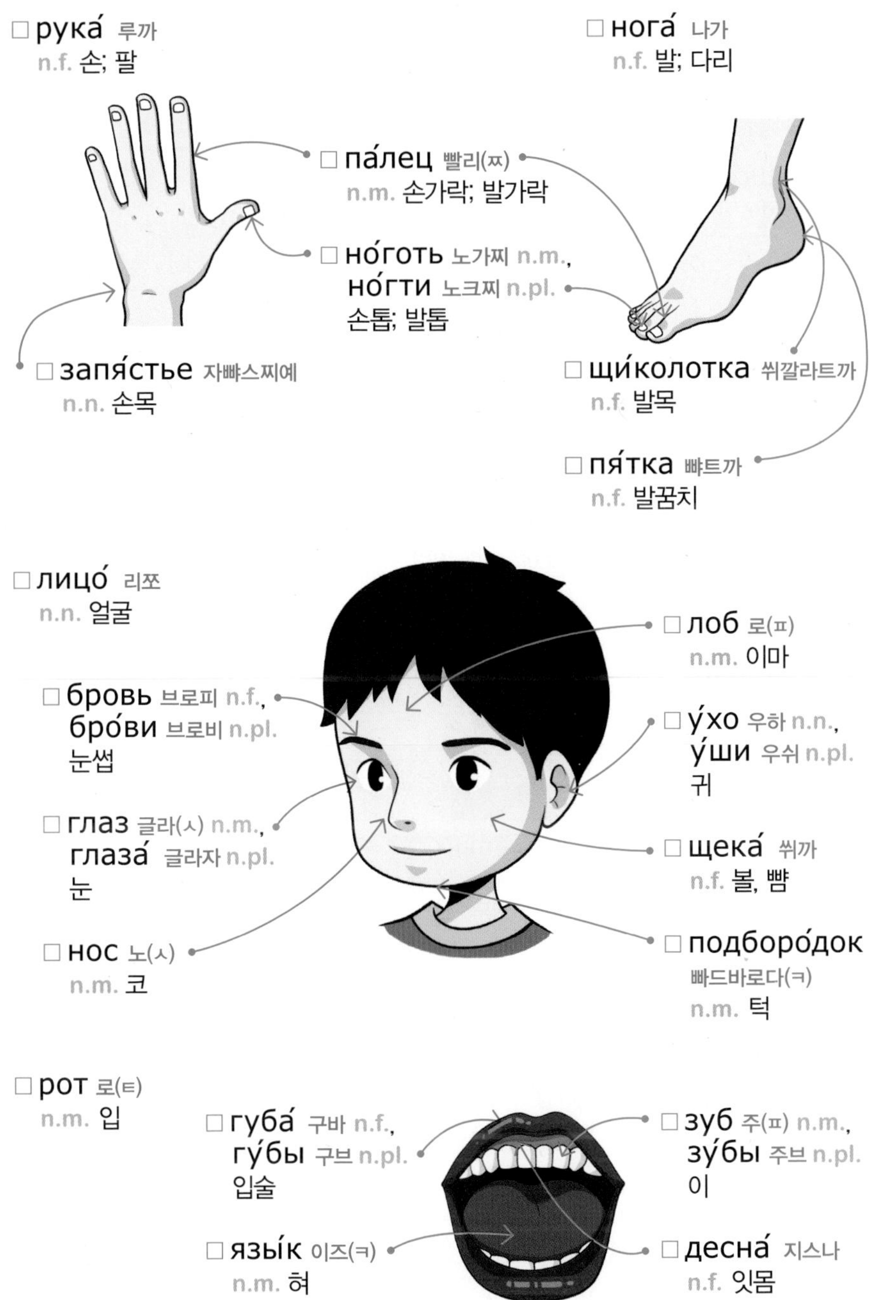
□ рука́ 루까
n.f. 손; 팔
□ нога́ 나가
n.f. 발; 다리
□ па́лец 빨리(ㅉ)
n.m. 손가락; 발가락
□ но́готь 노가찌 n.m.,
но́гти 노크찌 n.pl.
손톱; 발톱
□ запя́стье 자빠스찌예
n.n. 손목
□ щи́колотка 쒸깔라트까
n.f. 발목
□ пя́тка 빠트까
n.f. 발꿈치
□ лицо́ 리쪼
n.n. 얼굴
□ лоб 로(ㅍ)
n.m. 이마
□ бровь 브로피 n.f.,
бро́ви 브로비 n.pl.
눈썹
□ у́хо 우하 n.n.,
у́ши 우쉬 n.pl.
귀
□ глаз 글라(ㅅ) n.m.,
глаза́ 글라자 n.pl.
눈
□ щека́ 쒸까
n.f. 볼, 뺨
□ нос 노(ㅅ)
n.m. 코
□ подборо́док
빠드바로다(ㅋ)
n.m. 턱
□ рот 로(ㅌ)
n.m. 입
□ губа́ 구바 n.f.,
гу́бы 구브 n.pl.
입술
□ зуб 주(ㅍ) n.m.,
зу́бы 주브 n.pl.
이
□ язы́к 이즈(ㅋ)
n.m. 혀
□ десна́ 지스나
n.f. 잇몸

□ большо́й
(-а́я, -о́е, -и́е) 발쇼이
a. 큰

□ ма́ленький
(-ая, -ое, -ие) 말린끼
a. 작은

□ рост 로스(ㅌ)
n.m. 키

□ высо́кий
(-ая, -ое, -ие) 브소끼
a. (키가) 큰; 높은

□ ни́зкий
(-ая, -ое, -ие) 니스끼
a. (키가) 작은; 낮은

□ вес 베(ㅅ)
n.m. (몸)무게, 체중

□ тяжёлый
(-ая, -ое, -ые) 찌졸르이
a. 무거운; 힘든

□ лёгкий
(-ая, -ое, -ие) 료흐끼
a. 가벼운; 쉬운

□ то́лстый
(-ая, -ое, -ые)
똘스뜨이
a. 뚱뚱한

□ по́лный
(-ая, -ое, -ые)
뽈느이
a. 살찐

□ худо́й
(-а́я, -о́е, -ы́е)
후도이
a. 마른

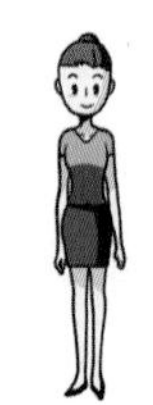

□ стро́йный
(-ая, -ое, -ые)
스트로이느이
a. 날씬한

□ ко́жа 꼬자
n.f. 피부; 가죽

□ прыщ 쁘르쒸
n.m. 여드름

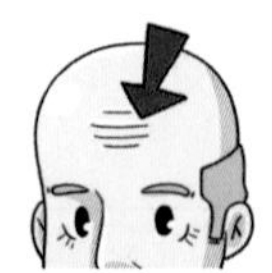

□ морщи́на 마르쒸나
n.f. 주름

□ я́мочка 야마츠까 n.f., я́мочки 야마츠끼 n.pl.
보조개

□ весну́шка 비스누쉬까 n.f., весну́шки 비스누쉬끼 n.pl.
주근깨

□ усы́ 우스
n.pl. 콧수염

□ борода́ 바라다
n.f. 턱수염

□ вне́шность 브녜쉬나스찌
n.f. 외모

□ краси́вый
(-ая, -ое, -ые)
끄라시브이
a. 예쁜, 아름다운

□ симпати́чный
(-ая, -ое, -ые)
심빠찌츠느이
a. 잘생긴; 예쁜 (남·여 모두 사용)

□ некраси́вый
(-ая, -ое, -ые)
니크라시브이
a. 못생긴(예쁘지 않은)

□ хоро́шенький
(-ая, -ое, -ие) 하로쉰끼
a. 귀여운

□ привлека́тельный
(-ая, -ое, -ые) 쁘리블리까찔느이
a. 매력적인

□ челове́к 칠라볘(ㅋ) n.m. 사람, 인간

□ те́ло 쪨라 n.n. 신체

□ голова́ 갈라바 n.f. 머리

□ во́лосы 볼라스 n.pl. 머리카락; (사람의) 털, 체모

□ кудря́вые во́лосы 꾸드랴브예 볼라스 곱슬머리

□ прямы́е во́лосы 쁘리므예 볼라스 생머리

□ чёлка 쵸까 n.f. 앞머리

□ лы́сая голова́ 르사야 갈라바 대머리

□ блонди́н 블란진 n.m., блонди́нка 블란진까 n.f. 금발(사람)

□ брюне́т 브류녜(ㅌ) n.m., брюне́тка 브류녜트까 n.f. 흑발(사람)

tip. 머리카락의 단수형은 남성명사로 'во́лос 볼라(ㅅ) (머리털 한가닥)'가 있지만 주로 복수형을 씁니다.

У неё прямы́е дли́нные во́лосы.
우 니요 쁘리므예 들리느예 볼라스
그녀는 긴 생머리이다.

□ ше́я 셰야 n.f. 목

□ плечо́ 쁠리초 n.n., пле́чи 쁠례치 n.pl. (양쪽) 어깨

□ спина́ 스삐나 n.f. 등

□ гру́дь 그루찌 n.f. 가슴

□ живо́т 즈보(ㅌ) n.m. 배

□ та́лия 딸리야 n.f. 허리

□ ягоди́цы 이가지쯔 n.pl. 엉덩이, 둔부(의학적 의미)

tip. 단수형 여성명사 'ягоди́ца 이가지짜 (엉덩이 한 쪽)'가 있지만 주로 복수형을 쓰며, 회화에서 엉덩이는 по́па 뽀빠 또는 зад 자(ㅌ)입니다.

□ рука́ 루까 n.f. 팔; 손

□ ло́коть 로까찌 n.m. 팔꿈치

□ запя́стье 자빠스찌예 n.n. 손목

□ пра́вая рука́ 쁘라바야 루까 오른손

□ ле́вая рука́ 례바야 루까 왼손

□ па́лец 빨리(ㅉ) n.m. 손가락; 발가락

tip. 엄지손가락은 большо́й па́лец 발쇼이 빠리(ㅉ), 검지손가락은 указа́тельный па́лец 우까자쩰느이 빨리(ㅉ), 중지손가락은 сре́дний па́лец 스례드니 빨리(ㅉ), 약지손가락은 безымя́нный па́лец 비즈마느이 빨리(ㅉ), 새끼손가락은 мизи́нец 미지니(ㅉ)라 합니다.

□ но́готь 노가찌 n.m., но́гти 노크찌 n.pl. 손톱; 발톱

□ нога́ 나가 n.f. 다리; 발

□ коле́но 깔례나 n.n. 무릎

□ таз 따(ㅅ) n.m. 골반

□ бедро́ 비드로 n.n. 넓적다리 (골반에서 무릎까지의 부분)
= ля́жка 랴쉬까 n.f. (회화)

□ щи́колотка 쒸깔라트까 n.f. 발목

□ пя́тка 빠트까 n.f. 발꿈치

□ лицо́ 리쪼 n.n. 얼굴
- □ кру́глое лицо́ 끄루글라예 리쪼 동그란 얼굴
- □ ова́льное лицо́ 아발나예 리쪼 계란형 얼굴
- □ скула́стое лицо́ 스꿀라스따예 리쪼 광대뼈가 나온 얼굴
- □ квадра́тное лицо́ 끄바드라트나예 리쪼 사각턱 얼굴
- □ опу́хшее лицо́ 아뿌흐셰예 리쪼 부은 얼굴
- □ бле́дное лицо́ 블례드나예 리쪼 창백한 얼굴

□ лоб 로(ㅍ) n.m. 이마

□ бровь 브로피 n.f., бро́ви 브로비 n.pl. 눈썹
□ ресни́ца 리스니짜 n.f., ресни́цы 리스니쯔 n.pl. 속눈썹

□ глаз 글라(ㅅ) n.m., глаза́ 글라자 n.pl. 눈
□ зрачо́к 즈라초(ㅋ) n.m., зрачки́ 즈라츠끼 n.pl. 눈동자

□ ве́ко 볘까 n.n., ве́ки 볘끼 n.pl. 눈꺼풀
□ двойна́я скла́дка ве́ка 드바이나야 스끌라트까 볘까 쌍꺼풀
□ глаза́ без скла́дки 글라자 비(ㅅ) 스클라트끼 쌍꺼풀 없는 눈(회화)
□ монго́льская скла́дка 만골스까야 스클라트까 외꺼풀

□ нос 노(ㅅ) n.m. 코
□ прямо́й нос 쁘리모이 노(ㅅ) 곧은 코
□ пло́ский нос 쁠로스끼 노(ㅅ) 납작 코
□ курно́сый нос 꾸르노스이 노(ㅅ) 들창코
□ нос с горби́нкой 노(ㅅ) 가르빈까이 매부리코

tip. 러시아 사람들은 들창코를 'нос карто́шкой 노(ㅅ) 까르또쉬까이(감자 모양의 코)' 라고도 해요.

□ ноздря́ 나즈드랴 n.f. 콧구멍

□ переносица 삐리노시짜 n.f. 콧대

□ щека́ 쒸까 n.f. 볼, 뺨

□ подборо́док 빠드바로다(ㅋ) n.m. 턱

□ я́мочка 야마츠까 n.f., я́мочки 야마츠끼 n.pl. 보조개

□ весну́шка 비스누쉬까 n.f., весну́шки 비스누쉬끼 n.pl. 주근깨

У неё весну́шки и я́мочки.
우 니요 비스누쉬끼 이 야마츠끼
그녀는 주근깨와 보조개가 있다.

□ прыщ 쁘르쒸 n.m. 여드름

□ ро́динка 로진까 n.f. 점

□ морщи́на 마르쒸나 n.f. 주름

□ по́ры 뽀르 n.pl. 모공

tip. 모공의 단수형은 여성명사로 по́ра 뽀라지만 주로 복수형을 사용합니다.

□ усы́ 우스 n.pl. 콧수염

□ борода́ 바라다 n.f. 턱수염

□ бри́ться I p.316 - побри́ться I 브리짜-빠브리짜 v. (자기 얼굴을) 면도하다

tip. побри́ться의 변화는 бри́ться와 같습니다.

□ ко́жа 꼬자 n.f. 피부; 가죽

□ жи́рная ко́жа 즈르나야 꼬자 지성 피부

□ суха́я ко́жа 수하야 꼬자 건성 피부

□ норма́льная ко́жа 나르말나야 꼬자 중성 피부

□ сме́шанная ко́жа 스메샤나야 꼬자 복합성 피부

□ чувстви́тельная ко́жа 추스트비쩰나야 꼬자 민감성 피부

□ рот 로(ㅌ) n.m. 입

□ губа́ 구바 n.f., гу́бы 구브 n.pl. 입술

□ язы́к 이즈(ㅋ) n.m. 혀

□ десна́ 지스나 n.f. 잇몸

□ зуб 주(ㅍ) n.m., зу́бы 주브 n.pl. 이

□ зуб му́дрости 주(ㅍ) 무드라스찌 사랑니

tip. му́дрость 무드라스찌는 '지혜'라는 뜻으로 여성 단수명사입니다.

□ расти́ I p.318 - вы́расти I 라스찌-브라스찌 v. (이가) 나다; (키가) 자라다

У меня́ растёт зуб му́дрости.
우 미냐 라스쬬(ㅌ) 주(ㅍ) 무드라스찌
나는 사랑니가 나고 있어요.

□ у́хо 우하 n.n., у́ши 우쉬 n.pl. 귀

□ рост 로스(ㅌ) n.m. 키

□ большо́й (-а́я, -о́е, -и́е) 발쇼이 a. 큰

□ высо́кий (-ая, -ое, -ие) 브소끼 a. (키가) 큰; 높은

Мой друг высо́кого ро́ста.
모이 드루(ㅋ) 브소까바 로스따
나의 친구는 키가 크다.

□ ма́ленький (-ая, -ое, -ие) 말린끼 a. 작은

□ ни́зкий (-ая, -ое, -ие) 니스끼 a. (키가) 작은; 낮은

□ вес 볘(ㅅ) n.m. (몸)무게, 체중

□ ски́дывать I - ски́нуть I вес 스끼드바찌-스끼누찌 볘(ㅅ) 몸무게를 줄이다

□ дие́та 지에따 n.f. 다이어트

tip. ие를 [иэ]로 발음합니다.

□ худе́ть I - похуде́ть I 후졔찌-빠후졔찌 v. 살이 빠지다

□ толсте́ть I - потолсте́ть I 딸스쪠찌-빠딸스쪠찌 v. 살찌다

□ тяжёлый (-ая, -ое, -ые) 찌졸르이 a. 무거운; 힘든

□ то́лстый (-ая, -ое, -ые) 똘스뜨이 a. 뚱뚱한

□ по́лный (-ая, -ое, -ые) 뽈느이 a. 살찐

□ пу́хлый (-ая, -ое, -ые) 뿌흘르이 a. 통통한

□ лёгкий (-ая, -ое, -ие) 료흐끼 a. 가벼운; 쉬운

tip. лёгкий는 [лёхкий]로 발음합니다.

□ худо́й (-а́я, -о́е, -ы́е) 후도이 a. 마른

□ стро́йный (-ая, -ое, -ые) 스트로이느이 a. 날씬한

□ сла́бый (-ая, -ое, -ые) 슬라브이 a. 약한

□ здоро́вый (-ая, -ое, -ые) 즈다로브이 a. 건강한; 건전한

□ вне́шность 브녜쉬나스찌 n.f. 외모

tip. '외모 지상주의'를 러시아어로 하면 дискримина́ция по вне́шности 지스크리미나쯔야 빠 브녜쉬나스찌입니다. 여기서 дискримина́ция 지스크리미나쯔야는 '차별'이란 뜻입니다.

□ краси́вый (-ая, -ое, -ые) 끄라시브이 a. 예쁜, 아름다운

□ симпати́чный (-ая, -ое, -ые) 심빠찌츠느이 a. 잘생긴; 예쁜(남·여 모두 사용)

□ некраси́вый (-ая, -ое, -ые) 니크라시브이 a. 못생긴(예쁘지 않은)

□ стра́шный (-ая, -ое, -ые) 스트라쉬느이 a. 무서운; 못생긴(회화)

□ хоро́шенький (-ая, -ое, -ие) 하로쉰끼 a. 귀여운

□ ми́лый (-ая, -ое, -ые) 밀르이 a. 사랑스러운

□ привлека́тельный (-ая, -ое, -ые) 쁘리블리까찔느이 a. 매력적인

□ изя́щный (-ая, -ое, -ые) 이쟈쒸느이 a. 우아한

□ интеллектуа́льный (-ая, -ое, -ые) 인찔리크뚜알느이 a. 지적인

□ у́мный (-ая, -ое, -ые) 움느이 a. 똑똑한

□ тупо́й (-а́я, -о́е, -ы́е) 뚜뽀이 a. 멍청한

꼭! 써먹는 **실전 회화**

03. 외모

Со́ня Ле́ра о́чень похо́жа на ма́му.
레라 오친 빠호자 나 마무
레라는 엄마를 너무 닮았어.

Са́ша То́чно.
Она́, как ма́ма, блонди́нка с голубы́ми глаза́ми.
또츠나. 아나, 까(ㅋ) 마마, 블란진까 즈 갈루브미 글라자미
맞아. 엄마처럼 파란 눈에 금발이잖아.

Со́ня Ты её ещё не ви́дел?
Она́ же покра́сила во́лосы в чёрный цвет.
뜨 이요 이쑈 니 비질? 아나 제 빠크라실라 볼라스 프 쵸르느이 쯔베(ㅌ)
넌 그 애를 아직 못 봤니? 그녀는 검은 색으로 염색했어.

Са́ша Пра́вда? А ей идёт чёрный цвет воло́с?
쁘라브다? 아 예이 이죠(ㅌ) 쵸르느이 쯔베(ㅌ) 발로(ㅅ)?
정말? 그녀는 검은 머리가 잘 어울려?

Раздел 04.

감정 & 성격 Чувства и Характер 추스트바 이 하라크찌(ㄹ)

□ хоро́ший (-ая, -ое, -ие) 하로쉬
a. 좋은

□ сча́стье 쌰스찌예
n.n. 행복

□ счастли́вый (-ая, -ое, -ые)
쒸슬리브이
a. 행복한

□ интере́с 인찌례(ㅅ)
n.m. 흥미; 관심

□ интере́сный (-ая, -ое, -ые)
인찌례스느이
a. 흥미로운; 재미있는

□ смея́ться I - засмея́ться I
스미야짜–자스미야짜
v. 웃다 [불완료상]; 웃기 시작하다 [완료상]

□ смеши́ть II - рассмеши́ть II
스미쉬찌–라스미쉬찌
v. 웃기다

□ плохо́й (-а́я, -о́е, -и́е) 쁠라호이
a. 나쁜

□ ра́дость 라다스찌
n.f. 기쁨

□ ра́достный (-ая, -ое, -ые)
라다스느이
a. 기쁜

□ весёлый (-ая, -ое, -ые) 비숄르이
a. 유쾌한, 명랑한

□ ве́село 베실라
ad. 즐겁게, 즐겁다; 흥겹게, 흥겹다

□ улы́бка 울르프까
n.f. 미소

□ улыба́ться I - улыбну́ться I
울르바짜–울르브누짜
v. 미소를 짓다

□ успокое́ние 우스빠까예니예
n.n. 안심, 진정

□ успока́иваться I - успоко́иться II
우스빠까이바짜－우스빠꼬이짜
v. 안심하다, 진정하다

□ ску́чный (-ая, -ое, -ые)
스꾸쉬느이
a. 심심한, 지루한

□ ску́чно 스꾸쉬나
ad. 심심하게, 심심하다;
지루하게, 지루하다

□ грусть 그루스찌
n.f. 슬픔

□ гру́стный (-ая, -ое, -ые) 그루스느이
a. 슬픈, 우울한

□ гру́стно 그루스나
ad. 슬프게, 슬프다

□ слеза́ 슬리자 n.f.,
слёзы 슬료즈 pl.
눈물

□ пла́кать I (к-ч) - запла́кать I (к-ч)
쁠라까지－자플라까지
v. 울다 [불완료상]; 울기 시작하다 [완료상]

□ разочаро́ванный (-ая, -ое, -ые)
라자치로바느이
a. 실망한

□ разочаро́вываться I - разочарова́ться I (ова-у)
라자치로브바짜－라자치라바짜
v. 실망하다

□ злой (-ая, -ое, -ые) 즐로이
a. 화난, 성난

□ зли́ться II - разозли́ться II
즐리짜－라자즐리짜
v. 화내다, 성내다

□ беспоко́иться II - обеспоко́иться II
비스빠꼬이짜－아비스빠꼬이짜
v. 근심하다, 걱정하다

□ му́читься II - изму́читься II
무치짜－이즈무치짜
v. 괴로워하다; 고민하다

□ зави́стливый (-ая, -ое, -ые)
자비슬리브이
a. 부러워하는

□ жа́лкий (-ая, -ое, -ие) 잘끼
a. 불쌍한; 비참한

□ до́брый (-ая, -ое, -ые) 도브르이
a. 친절한, 착한, 호의적인; 좋은

□ че́стный (-ая, -ое, -ые) 체스느이
a. 정직한, 솔직한

□ акти́вный (-ая, -ое, -ые)
아크찌브느이
a. 적극적인

□ позити́вный (-ая, -ое, -ые)
빠지찌브느이
a. 긍정적인

□ пасси́вный (-ая, -ое, -ые)
빠시브느이
a. 소극적인

□ негати́вный (-ая, -ое, -ые)
니가찌브느이
a. 부정적인

□ работя́щий (-ая, -ее, -ие)
라바쨔쒸
a. 근면한, 일 잘하는

□ серьёзный (-ая, -ое, -ые)
시리요즈느이
a. 신중한

□ стесни́тельный (-ая, -ое, -ые)
스찌스니찔리느이
a. 내성적인, 너무 사양하는

□ стесня́ться I - постесня́ться I
스찌스냐짜－빠스찌스냐짜
v. 부끄러워하다; 사양하다

□ ро́бкий (-ая, -ое, -ие) 로프끼
a. 소심한

□ споко́йный (-ая, -ое, -ые)
스빠꼬이느이
a. 차분한

□ ти́хий (-ая, -ое, -ие) 찌히
a. 조용한

□ молчали́вый (-ая, -ое, -ые)
말칠리브이
a. 과묵한, 말수가 적은

□ жа́дный (-ая, -ое, -ые) 자드느이
a. 탐욕스러운, 욕심이 많은

□ го́рдый (-ая, -ое, -ые) 고르드이
a. 오만한; 거만한

□ лени́вый (-ая, -ое, -ые) 리니브이
a. 게으른

□ чу́вство 추스트바 n.n. 감정; 느낌; 감각

□ чу́вствовать I (ова-у) - почу́вствовать I (ова-у)
추스트바바찌–빠추스트바바찌 v. 느끼다

Как вы себя́ чу́вствуете?
까(ㅋ) 브 시뱌 추스트부이쩨?
기분이 어때요? (자기 자신을 어떻게 느끼나요?)

tip. 기분뿐만 아니라 건강 여부도 묻는 표현으로 보통 기분이나 건강이 안좋아 보일 때만 씁니다.

□ настрое́ние 나스트라예니예 n.n. 기분

□ хоро́ший (-ая, -ое, -ие) 하로쉬 a. 좋은

У меня́ сего́дня хоро́шее настрое́ние.
우 미냐 시보드냐 하로셰예 나스트라예니예
나는 오늘 기분이 좋다.

□ плохо́й (-а́я, -о́е, -и́е) 쁠라호이 a. 나쁜

□ сча́стье 샤스찌예 n.n. 행복

□ счастли́вый (-ая, -ое, -ые) 쒸슬리브이 a. 행복한

□ ра́дость 라다스찌 n.f. 기쁨

□ ра́достный (-ая, -ое, -ые) 라다스느이 a. 기쁜

□ ра́доваться I (ова-у) - обра́доваться I (ова-у) 라다바짜–아브라다바짜 v. 기뻐하다

□ ра́довать I (ова-у) - обра́довать I (ова-у) 라다바찌–아브라다바찌 v. 기쁘게 하다

□ дово́льный (-ая, -ое, -ые) 다볼느이 a. 만족한, 만족해 하는

□ удовлетворя́ться I - удовлетвори́ться II
우다블리트바랴짜–우다블리트바리짜 v. 만족하다

□ удовлетворя́ть I - удовлетвори́ть II
우다블리트바랴찌–우다블리트바리찌 v. 만족시키다

□ **интере́с** 인찌례(ㅅ) n.m. 흥미; 관심

□ **интере́сный** (-ая, -ое, -ые) 인찌례스느이 a. 흥미로운; 재미있는

□ **интере́сно** 인찌례스나 ad. 흥미롭게, 흥미롭다; 재미있게, 재미있다

□ **интересова́ться** I (ова-у) - **заинтересова́ться** I (ова-у) 인찌리사바짜–자인찌리사바짜 v. 흥미를 느끼다, 관심을 가지다 [불완료상]; 관심을 갖게 되다 [완료상]

Фильм интере́сный?
필림 인찌례스느이?
영화 재미있어?

□ **весёлый** (-ая, -ое, -ые) 비숄르이 a. 유쾌한, 명랑한

□ **ве́село** 볘실라 ad. 즐겁게, 즐겁다; 흥겹게, 흥겹다

□ **смея́ться** I - **засмея́ться** I 스미야짜–자스미야짜 v. 웃다 [불완료상]; 웃기 시작하다 [완료상]

□ **смеши́ть** II - **рассмеши́ть** II 스미쉬찌–라스미쉬찌 v. 웃기다

□ **смешно́й** (-а́я, -о́е, -ы́е) 스미쉬노이 a. 웃기는, 우스운

□ **смешно́** 스미쉬노 ad. 우습게, 우습다; 웃기게, 웃기다

О́чень смешно́.
오친 스미쉬노
너무 웃긴다.

□ **шу́тка** 슈트까 n.f. 농담

□ **улы́бка** 울르프까 n.f. 미소

□ **улыба́ться** I - **улыбну́ться** I 울르바짜–울르브누짜 v. 미소를 짓다

□ **успокое́ние** 우스빠까예니예 n.n. 안심, 진정

□ **успока́иваться** I - **успоко́иться** II 우스빠까이바짜–우스빠꼬이짜 v. 안심하다, 진정하다

□ **успока́ивать** I - **успоко́ить** II 우스빠까이바찌–우스빠꼬이찌 v. 안심시키다, 진정시키다

□ скýчный (-ая, -ое, -ые) 스꾸쉬느이 a. 심심한, 지루한

tip. чн를 [шн]로 발음합니다.

□ скýчно 스꾸쉬나 ad. 심심하게, 심심하다; 지루하게, 지루하다

□ надоедáть I - надоéсть I/II p.322 나다이다찌—나다예스찌 v. 싫증나게 하다, 싫증나다; 지겨워지다

□ грусть 그루스찌 n.f. 슬픔

□ грýстный (-ая, -ое, -ые) 그루스느이 a. 슬픈, 우울한

□ грýстно 그루스나 ad. 슬프게, 슬프다

□ слезá 슬리자 n.f., слёзы 슬료즈 pl. 눈물(주로 복수형)

□ плакси́вый (-ая, -ое, -ые) 쁠라크시브이 a. 눈물이 많은

□ плáкать I (к-ч) - заплáкать I (к-ч) 쁠라까지—자플라까지 v. 울다 [불완료상]; 울기 시작하다 [완료상]

□ разочарóванный (-ая, -ое, -ые) 라자치로바느이 a. 실망한

□ разочарóвываться I - разочаровáться I (ова-у) 라자치로브바짜—라자치라바짜 v. 실망하다

□ разочарóвывать I - разочаровáть I (ова-у) 라자치로브바찌—라자치라바찌 v. 실망시키다

□ злой (-ая, -ое, -ые) 즐로이 a. 화난, 성난

□ зли́ться II - разозли́ться II 즐리짜—라자즐리짜 v. 화내다, 성내다

□ злить II - разозли́ть II 즐리찌—라자즐리찌 v. 화나게 하다

□ беси́ть II (с-ш) - взбеси́ть II (с-ш) 비시찌—브즈비시찌 v. 짜증나게 하다

□ ворчли́вый (-ая, -ое, -ые) 바르츨리브이 a. 투덜거리는; 잔소리가 많은

□ ворчáть II - поворчáть II 바르차찌—빠바르차찌 v. 투덜거리다; 잔소리하다

□ ворчáние 바르차니예 n.n. 투덜대는 소리; 잔소리

□ пили́ть II 삘리찌 v. 잔소리를 하다; 바가지 긁다(회화); 톱질하다 [불완료상]

tip. 문맥상 '잠시 동안 잔소리하다'는 의미일 때 완료상을 씁니다.

□ беспоко́йство 비스빠꼬이스트바 n.n. 근심, 걱정

□ беспоко́иться II - обеспоко́иться II 비스빠꼬이짜−아비스빠꼬이짜 v. 근심하다, 걱정하다

□ му́читься II - изму́читься II 무치짜−이즈무치짜 v. 괴로워하다; 고민하다

□ зави́стливый (-ая, -ое, -ые) 자비슬리브이 a. 부러워하는

□ зави́довать I (ова−у) - позави́довать I (ова−у) 자비다바찌−빠자비다바찌 v. 부러워하다, 질투하다

□ жа́лкий (-ая, -ое, -ие) 잘끼 a. 불쌍한; 비참한

□ хара́ктер 하라크찌(ㄹ) n.m. 성격

□ до́брый (-ая, -ое, -ые) 도브르이 a. 친절한, 착한, 호의적인; 좋은

□ любе́зный (-ая, -ое, -ые) 류베즈느이 a. 친절한

□ ве́жливый (-ая, -ое, -ые) 베즐리브이 a. 정중한, 예의 바른

□ скро́мный (-ая, -ое, -ые) 스크롬느이 a. 공손한; 겸손한

□ открове́нный (-ая, -ое, -ые) 아트크라베느이 a. 솔직한(생각이나 감정을 털어놓는)

□ че́стный (-ая, -ое, -ые) 체스느이 a. 정직한, 솔직한

□ терпели́вый (-ая, -ое, -ые) 찌르삘리브이 a. 참을성 있는, 인내력이 있는

□ работя́щий (-ая, -ее, -ие) 라바쨔쒸 a. 근면한, 일 잘하는

□ усе́рдный (-ая, -ое, -ые) 우세르드느이 a. 성실한, 열심히 하는

□ усе́рдно 우세르드나 ad. 열심히

□ серьёзный (-ая, -ое, -ые) 시리요즈느이 a. 신중한

□ аккура́тный (-ая, -ое, -ые) 아꾸라트느이 a. 꼼꼼한; 깔끔한

□ чувстви́тельный (-ая, -ое, -ые) 추스트비찔느이 a. 예민한

□ акти́вный (-ая, -ое, -ые) 아크찌브느이 a. 적극적인

□ пасси́вный (-ая, -ое, -ые) 빠시브느이 a. 소극적인

□ позити́вный (-ая, -ое, -ые) 빠지찌브느이 a. 긍정적인

□ негати́вный (-ая, -ое, -ые) 니가찌브느이 a. 부정적인

□ оптими́ст 아프찌미스(ㅌ) n.m. 낙천주의자

□ пессими́ст 삐시미스(ㅌ) n.m. 비관주의자

□ уве́ренный (-ая, -ое, -ые) 우베리느이 a. 자신있는

□ сме́лый (-ая, -ое, -ые) 스멜르이 a. 용감한

□ стесни́тельный (-ая, -ое, -ые) 스찌스니찔리느이 a. 내성적인, 너무 사양하는

□ стесня́ться I - постесня́ться I 스찌스냐짜—빠스찌스냐짜
v. 부끄러워하다; 사양하다

□ ро́бкий (-ая, -ое, -ие) 로프끼 a. 소심한

□ споко́йный (-ая, -ое, -ые) 스빠꼬이느이 a. 차분한

□ ти́хий (-ая, -ое, -ие) 찌히 a. 조용한

□ молчали́вый (-ая, -ое, -ые) 말칠리브이 a. 과묵한, 말수가 적은

□ торопли́вый (-ая, -ое, -ые) 따라플리브이 a. 성급한

□ болтли́вый (-ая, -ое, -ые) 발틀리브이 a. 말 많은, 수다스러운

□ болта́ть I - поболта́ть I 발따찌—빠발따찌 v. 수다 떨다 [불완료상];
(잠시 동안) 수다 떨다 [완료상]

□ хвастли́вый (-ая, -ое, -ые) 흐바슬리브이 a. 자랑하는, 뽐내는

□ хва́статься I - похва́статься I 흐바스따짜—빠흐바스따짜
v. 뽐내다, 자랑하다

□ жа́дный (-ая, -ое, -ые) 자드느이 a. 탐욕스러운, 욕심이 많은

Он жа́дный на рабо́ту.
온 자드느이 나 라보뚜
그가 일에 욕심이 많다.

□ эгоисти́чный (-ая, -ое, -ые) 에가이스찌츠느이 a. 이기적인

□ трусли́вый (-ая, -ое, -ые) 뜨루슬리브이 a. 비겁한
□ трус 뜨루(ㅅ) n.m., труси́ха 뜨루시하 n.f. 겁쟁이, 비겁한 자

□ го́рдый (-ая, -ое, -ые) 고르드이 a. 오만한; 거만한

□ гру́бый (-ая, -ое, -ые) 글루브이 a. 무례한; 난폭한

□ лени́вый (-ая, -ое, -ые) 리니브이 a. 게으른

04. 교통 체증

꼭! 써먹는 **실전 회화**

Со́ня Как мне надое́л э́тот го́род!
까(ㅋ) 므녜 나다옐 에따(ㅌ) 고라(ㅌ)!
이 도시가 너무 진절머리 나!

Са́ша Почему́?
Ты же всегда́ говори́ла, что в го́роде лу́чше жить.
빠치무? 뜨 제 프시그다 가바릴라, 쉬또 브 고라제 루츠셰 즈찌
왜? 도시에 사는 게 더 좋다고 항상 말했잖아.

Со́ня Да, говори́ла. Но меня́ бе́сят э́ти про́бки.
다, 가바릴라. 노 미냐 베샤(ㅌ) 에찌 쁘로프끼
응, 그랬지. 그런데 교통 체증이 짜증나게 해.

Са́ша Поня́тно. Никто́ не лю́бит про́бки.
빠냐트나. 니크또 니 류비(ㅌ) 쁘로프끼
그렇군. 교통 체증을 좋아하는 사람 없지.

사랑 Любовь 류보피

□ любо́вь 류보피
n.f. 사랑

□ люби́ть II (б-бл) 류비찌
v. 사랑하다, 좋아하다 [불완료상]

□ влюбля́ться I - влюби́ться II (б-бл)
블류블랴짜－블류비짜
v. ~에 반하다, 사랑하게 되다

□ признава́ться I (ва -) - призна́ться I
쁘리즈나바짜－쁘리즈나짜
v. 고백하다

□ отноше́ние 아트나셰니예
n.n. 관계

□ идеа́л де́вушки 이지알 졔부쉬끼
= идеа́л же́нщины 이지알 젠쒸느
(여자) 이상형

□ идеа́л па́рня 이지알 빠르냐
= идеа́л мужчи́ны 이지알 무쒸느
(남자) 이상형

□ нра́виться II (в-вл) - понра́виться II (в-вл)
느라비짜－빠느라비짜
v. 마음에 들다 [불완료상];
마음에 들게 되다 [완료상]

□ мой па́рень 모이 빠린
(나의) 남자 친구

□ моя́ де́вушка 마야 졔부쉬까
(나의) 여자 친구

□ встреча́ться I - встре́титься II (т-ч)
프스트리차짜–프스트레찌짜
v. ~와 만나다, 교제하다

□ свида́ние 스비다니예
n.n. 만남; 데이트

□ свида́ние вслепу́ю
스비다니예 프슬리뿌유
소개팅

□ брать - взять за руку
브라찌–브쟈찌 자 루꾸
손을 잡다

□ объя́тие 아브야찌예
n.n. 포옹

□ обнима́ть I - обня́ть I p.322
아브니마찌–아브냐찌
v. 포옹하다

□ поцелу́й 빠쩰루이
n.m. 입맞춤, 키스

□ целова́ть I (ова–у)- поцелова́ть I (ова–у)
쩰라바찌–빠쩰라바찌
v. 입맞추다, 키스하다

□ скуча́ть I 스꾸차찌
v. 그립다, 보고 싶다

□ разлу́ка 라즐루까

n.f. 이별

□ расстава́ться I (ва -) - расста́ться I p.326

라스따바짜－라스따짜

v. (~와) 헤어지다

□ изменя́ть I - измени́ть II

이즈미냐찌－이즈미니찌

v. 배신하다; 바람을 피우다

□ гуля́ть I - загуля́ть I

굴랴찌－자굴랴찌

v. 바람을 피우다(회화)

□ предложе́ние вы́йти за́муж

쁘리들라제니예 브이찌 자무쉬

청혼, 프러포즈

□ де́лать I - сде́лать I предложе́ние

젤라찌－즈젤라찌 쁘리들라제니예

청혼을 하다

□ забыва́ть I - забы́ть I p.321

자브바찌－자브찌

v. 잊다

□ ложь 로쉬

n.f. 거짓말

□ лга́ть I p.317 - солга́ть I

르가찌－살르가찌

v. 거짓말하다

□ помо́лвка 빠몰프까

n.f. 약혼

□ помо́лвиться II (в-вл) 빠몰비짜

v. 약혼하다[완료상]

□ жени́ться II 즈니짜
v. (남성이) 결혼하다 [불완료상 = 완료상]

□ выходи́ть II (д–ж) - вы́йти I p.320 за́муж
브하지찌－브이찌 자무쉬
v. (여성이) 결혼하다, 시집가다

□ брак 브라(ㅋ)
n.m. 결혼

□ бракосочета́ние 브라까사치따니예
n.n. 결혼; 결혼식

□ сва́дьба 스바지바
n.f. 결혼식

□ сва́дебное пригласи́тельное
스바지브나예 쁘리글라시찔리나예
청첩장

□ жени́х 즈니(ㅎ)
n.m. 신랑

□ неве́ста 니베스따
n.f. 신부

□ сва́дебное кольцо́
스바지브나예 깔쪼
결혼 반지

□ сва́дебное пла́тье
스바지브나예 쁠라찌예
웨딩드레스

□ сва́дебный буке́т
스바지브느이 부꼐(ㅌ)
웨딩 부케

□ муж и жена́ 무쉬 이 즈나
= супру́ги 수프루기 n.pl.
부부(남편과 아내)

□ супру́г 수프루(ㅋ)
= муж 무쉬
n.m. 남편

□ супру́га 수프루가
= жена́ 즈나
n.f. 아내

□ любо́вь 류보피 n.f. 사랑

□ люби́ть II (б-бл) 류비찌 v. 사랑하다, 좋아하다 [불완료상]

□ влюбля́ться I - влюби́ться II (б-бл) 블류블랴짜–블류비짜 v. ~에 반하다, 사랑하게 되다

Я тебя́ люблю́.
야 찌뱌 류블류
나는 너를 사랑해.

□ признава́ться I (ва -) - призна́ться I 쁘리즈나바짜–쁘리즈나짜 v. 고백하나

□ отноше́ние 아트나셰니예 n.n. 관계 → **tip.** отношение의 복수형은 'отноше́ния 아트나셰니야'입니다.

□ симпа́тия 심빠찌야 n.f. 호감; 호의

□ впечатле́ние 프삐치뜰례니예 n.n. 인상

□ пе́рвое впечатле́ние 뻬르바예 프삐치뜰례니예 첫인상

□ идеа́л де́вушки 이지알 졔부쉬끼 (여자) 이상형

= идеа́л же́нщины 이지알 젠쒸느

□ идеа́л па́рня 이지알 빠르냐 (남자) 이상형

= идеа́л мужчи́ны 이지알 무쒸느

□ нра́виться II (в-вл) - понра́виться II (в-вл) 느라비짜–빠느라비짜 v. 마음에 들다 [불완료상]; 마음에 들게 되다 [완료상]

□ мой па́рень 모이 빠린 (나의) 남자 친구

□ моя́ де́вушка 마야 졔부쉬까 (나의) 여자 친구

□ бы́вший (-ая, -ое, -ие) 브프쉬 a. 예전의

□ бы́вший па́рень 브프쉬 빠린 전 남자 친구

□ бы́вшая де́вушка 브프샤야 졔부쉬까 전 여자 친구

□ люби́мый 류비므이 n.m., люби́мая 류비마야 n.f. 애인

□ па́ра 빠라 n.f. 한 쌍; 커플, 연인

Э́та па́ра о́чень подхо́дит друг дру́гу.
에따 빠라 오친 빠트호지(ㅌ) 드루(ㅋ) 드루구
그 커플은 서로 잘 어울려.

□ встреча́ться I - встре́титься II (т-ч) 프스트리차짜－프스트레찌짜
v. ~와 만나다, 교제하다

Я встреча́юсь с ним уже́ год.
야 프스트리차유시 스 님 우제 고(ㅌ)
나는 그와 벌써 1년을 만나고 있다.

□ свида́ние 스비다니예 n.n. 만남; 데이트

□ приглаша́ть I - пригласи́ть II (с-ш) на свида́ние
쁘리글라샤찌－쁘리글라시찌 나 스비다니예 데이트 신청을 하다

□ свида́ние вслепу́ю 스비다니예 프슬리뿌유 소개팅

□ сватовство́ 스바따프스트보 n.n. 중매

tip. 부사 вслепу́ю 프슬리뿌유는 '보지 않고'라는 뜻입니다.

□ брать I p.316 - взять I p.320 브라찌－브쟈찌 v. 잡다; 가지고 오다(가다)

□ брать - взять за руку 브라찌－브쟈찌 자 루꾸 손을 잡다

□ объя́тие 아브야찌예 n.n. 포옹

□ обнима́ть I - обня́ть I p.322 아브니마찌－아브냐찌 v. 포옹하다

□ поцелу́й 빠쩰루이 n.m. 입맞춤, 키스

□ целова́ть I (ова–у) - поцелова́ть I (ова–у) 쩰라바찌－빠쩰라바찌
v. 입맞추다, 키스하다

□ целова́ться I (ова–у) - поцелова́ться I (ова–у)
쩰라바짜－빠쩰라바짜 v. ~와 입맞추다, 서로 입맞추다

□ ссо́риться II - поссо́риться II 소리짜－빠소리짜 v. (~와) 다투다

□ мири́ться II - помири́ться II 미리짜－빠미리짜 v. (~와) 화해하다

□ скуча́ть I 스꾸차찌 v. 그립다, 보고 싶다

Я скуча́ю по тебе́.
야 스꾸차유 빠 찌베
난 네가 그립다.

□ вспомина́ть I - вспо́мнить II 프스빠미나찌 – 프스뽐니찌 v. 회상하다

□ разлу́ка 라즐루까 n.f. 이별

□ расстава́ться I (ва -) - расста́ться I p.326 라스따바짜 – 라스따짜 v. (~와) 헤어지다

□ забыва́ть I - забы́ть I p.321 자브바찌 – 자브찌 v. 잊다

□ изменя́ть I - измени́ть II 이즈미냐찌 – 이즈미니찌 v. 배신하다; 바람을 피우다

□ гуля́ть I - загуля́ть I 굴랴찌 – 자굴랴찌 v. 바람을 피우다(회화)

tip. 불완료상은 '산책하다', 완료상은 '바람을 피우기 시작하다'는 의미가 있습니다.

□ ложь 로쉬 n.f. 거짓말

□ лга́ть I p.317 - солга́ть I 르가찌 – 살르가찌 v. 거짓말하다 **tip.** солга́ть의 변화는 лга́ть와 같습니다.

□ обма́нывать I - обману́ть I 아브마느바찌 – 아브마누찌 v. 속이다

□ холостя́к 할라스쨔(ㅋ) n.m. 독신자, 총각

□ холостя́чка 할라스쨔츠까 n.f. (보통 젊지 않은) 독신녀

□ предложе́ние вы́йти за́муж 쁘리들라제니예 브이찌 자무쉬 청혼, 프러포즈

□ де́лать I - сде́лать I предложе́ние 젤라찌 – 즈젤라찌 쁘리들라제니예 청혼을 하다

□ помо́лвка 빠몰프까 n.f. 약혼

□ помо́лвиться II (в-вл) 빠몰비짜 v. 약혼하다 [완료상]

□ жени́ться II 즈니짜 v. (남성이) 결혼하다 [불완료상 = 완료상]

□ жена́тый (-ые) 즈나뜨이 a. (남성) 기혼의

□ нежена́тый (-ые) 니즈나뜨이 a. (남성) 미혼의

tip. 사람 성별이 정해진 형용사는 복수형 변화만 있습니다.

□ выходи́ть II (д–ж) - вы́йти I p.320 за́муж 브하지찌–브이찌 자무쉬

v. (여성이) 결혼하다, 시집가다

□ заму́жняя (-ие) 자무즈냐야 a. (여성) 기혼의

□ незаму́жняя (-ие) 니자무즈냐야 a. (여성) 미혼의

Выходи́ за меня́ за́муж.
브하지 자 미냐 자무쉬
나랑 결혼해 줘. (나에게 시집와.)

□ брак 브라(ㅋ) n.m. 결혼

□ брак по любви́ 브라(ㅋ) 빠 류브비 연애결혼

□ междунаро́дный брак 미즈두나로드느이 브라(ㅋ) 국제결혼

□ бракосочета́ние 브라까사치따니예 n.n. 결혼; 결혼식

□ сва́дьба 스바지바 n.f. 결혼식

У меня́ сва́дьба была́ в це́ркви.
우 미냐 스바지바 블라 프 쩨르크비
난 결혼식을 교회에서 했어. (나는 결혼식이 교회에 있었다.)

tip. 결혼식 전날밤 신부집에서 하는 파티를 деви́чник 지비쉬니(ㅋ), 신랑이 친구들과 하는 파티를 мальчи́шник 말치쉬니(ㅋ)이라 합니다.

□ сва́дебное пригласи́тельное 스바지브나예 쁘리글라시찔리나예 청첩장
= пригласи́тельное на сва́дьбу 브리글라시찔리나예 나 스바지부

□ справля́ть I - спра́вить II (в–вл) сва́дьбу

스프라블랴찌–스프라비찌 스바지부 결혼식을 치르다

□ венча́ть I - повенча́ть I 빈차찌–빠빈차찌

v. 왕관을 씌우다; (정교회 의식으로) 결혼을 시키다

□ венча́ться I - повенча́ться I 빈차짜–빠빈차짜 v. (정교회 의식으로) 결혼하다

tip. 러시아 정교회 방식은 신랑과 신부가 머리에 혼례의 관을 쓰고 결혼식을 합니다.

□ свиде́тельство о заключе́нии бра́ка
스비제찔스트바 아 자클류체니이 브라까 결혼 증명서

tip. свиде́тельство 스비제찔스트바는 '증명서', заключе́ние 자클류체니예는 '체결'이란 뜻입니다.

□ распи́сываться I - расписа́ться I (с-ш) 라스삐스바짜 – 라스삐사짜
v. (~와) 결혼을 등록하다(회화); 서명하다
□ регистра́ция бра́ка 리기스트라쯔야 브라까 결혼 등록

tip. 러시아에서 신랑과 신부는 증인, 가족, 친구들과 함께 신분등록소 ЗАГС 자크(ㅅ)로 가서 예식을 합니다. ЗАГС의 신분등기원 регистра́тор 리기스트라따(ㄹ)이 주례, 결혼 서약, 반지 교환, 결혼 등록을 진행하며, 다른 곳에 모여 있는 나머지 하객들과 저녁부터 피로연을 합니다.

□ жени́х 즈니(ㅎ) n.m. 신랑

□ неве́ста 니볘스따 n.f. 신부

□ свиде́тель 스비제찔 n.m. 신랑 들러리, 신랑 증인; 증인

□ свиде́тельница 스비제찔니짜 n.f. 신부 들러리, 신부 증인; 증인

□ сва́дебный веду́щий 스바지브느이 비두쒸 결혼식 사회자

□ сва́дебное кольцо́ 스바지브나예 깔쪼 결혼 반지
□ обме́н ко́льцами 아브멘 꼴짜미 반지 교환

□ сва́дебное пла́тье 스바지브나예 쁠라찌예 웨딩드레스

□ сва́дебный буке́т 스바지브느이 부꼐(ㅌ) 웨딩 부케

□ го́рько 고리까 ad. (맛이) 쓰게, 쓰다; (가슴이) 아프게, 아프다; 슬프게, 슬프다

tip. 러시아 결혼식에서 하객들이 신랑신부의 키스를 재촉할 때, Го́рько! 고리까!를 외쳐요. 하객들 중에 한 명이 '오늘 술이 왜 그렇게 쓰냐?'라 하면 나머지 하객들이 그 말을 이어 «Го́рько! Го́рько!»라 외치기 시작하고, 신랑신부가 일어나 입맞춤을 해요.

□ банке́т 반꼐(ㅌ) n.m. 피로연

□ сва́дебное путеше́ствие 스바지브나예 뿌찌셰스트비예 신혼여행

□ молодожёны 말라다조느 n.pl. 신혼부부

□ муж и жена́ 무쉬 이 즈나 부부(남편과 아내)

= супру́ги 수프루기 n.pl.

□ супру́г 수프루(ㅋ) n.m. 남편

= муж 무쉬

□ супру́га 수프루가 n.f. 아내

= жена́ 즈나

□ годовщи́на 가다프쒸나 n.f. 기념일

□ годовщи́на сва́дьбы 가다프쒸나 스바지브 결혼기념일

05. 데이트

꼭! 써먹는 **실전 회화**

Ди́ма Мне нра́вится Я́на. Я бы хоте́л с ней встреча́ться.
므녜 느라비짜 야나. 아 브 하쪨 스 녜이 프스트리차짜
난 야나를 좋아해. 그녀와 사귀였으면 좋겠어.

Же́ня Ты уже́ приглаша́л её на свида́ние?
뜨 우제 쁘리글라샬 이요 나 스비다니예?
걔한테 데이트 신청해 봤어?

Ди́ма Нет ещё. Но я собира́юсь пригласи́ть её в э́тот выходно́й.
녜(ㅌ) 이쑈. 노 야 사비라유시 쁘리글라시찌 이요 브 에따(ㅌ) 브하드노이
아직. 하지만 이번 주말에 데이트 신청하려고 해.

Же́ня Ну тогда́ пригласи́ её в како́е-нибу́дь романти́ческое ме́сто и призна́йся в свои́х чу́вствах.
누 따그다 쁘리글라시 이요 프 까꼬예 니부찌 라만찌치스까예 메스따 이 쁘리즈나이샤 프 스바이(ㅎ) 추스트바(ㅎ)
그러면 그녀를 로맨틱한 곳에 초대해서 네 마음을 고백해.

가족 Семья 시미야

□ семья́ 시미야
n.f. 가족

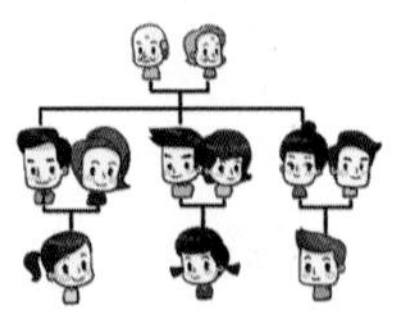

□ ро́дственник 로쯔트비니(ㅋ) n.m., ро́дственница 로쯔트비니짜 n.f.
친척

□ де́душка 제두쉬까
n.m. 할아버지

□ ба́бушка 바부쉬까
n.f. 할머니

□ де́душка по ли́нии отца́
제두쉬까 빠 리니이 아트짜
친할아버지

□ ба́бушка по ли́нии отца́
바부쉬까 빠 리니이 아트짜
친할머니

□ де́душка по ли́нии ма́тери
제두쉬까 빠 리니이 마찌리
외할아버지

□ ба́бушка по ли́нии ма́тери
바부쉬까 빠 리니이 마찌리
외할머니

□ роди́тели
라지찔리 n.pl. 부모

□ оте́ц 아쪠(ㅉ) n.m. 아버지
□ па́па 빠빠 n.m. 아빠

□ мать 마찌 n.f. 어머니
□ ма́ма 마마 n.f. 엄마

□ ребёнок 리뵤나(ㅋ)
n.m. 아이; 자식, 자녀

□ де́ти 제찌 n.pl. 아이들

□ сын 쓴 n.m. 아들

□ ста́рший брат
스따르쉬 브라(ㅌ) 형, 오빠

□ мла́дший брат
믈라트쉬 브라(ㅌ) 남동생

□ дочь 도(ㅊ) n.f. 딸

□ ста́ршая сестра́
스따르샤야 시스트라 누나, 언니

□ мла́дшая сестра́
믈라트샤야 시스트라 여동생

□ супру́г 수프루(ㅋ)
= муж 무쉬
n.m. 남편

□ супру́га 수프루가
= жена́ 즈나
n.f. 아내

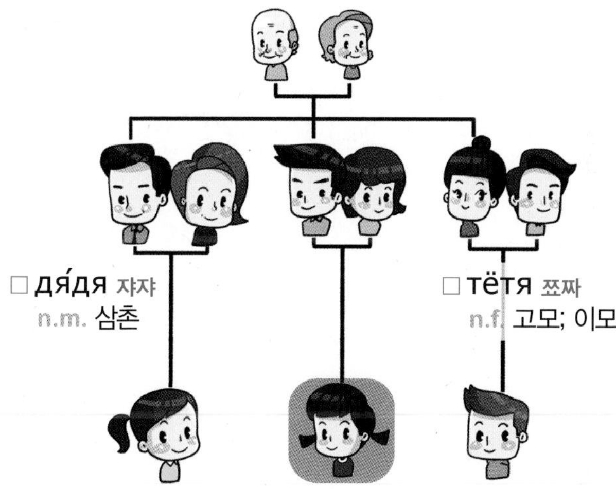

□ дя́дя 쟈쟈
n.m. 삼촌

□ тётя 쬬쨔
n.f. 고모; 이모

□ двою́родная сестра́
드바유라드나야 시스트라
사촌 자매

□ двою́родный брат
드바유라드느이 브라(ㅌ)
사촌 형제

□ вну́чка
브누치까
n.f. 손녀

□ внук
브누(ㅋ)
n.m. 손자

□ племя́нник 쁠리먀느(ㅋ) n.m.,
племя́нница 쁠리먀니짜 n.f.
조카

□ бере́менность 비례미나스찌
n.f. 임신

□ бере́менная 비례미나야
n.f. 임산부

□ корми́ть II (м-мл) - накорми́ть II (м-мл) гру́дью
까르미찌–나까르미찌 그루지유
수유하다

□ грудно́е молоко́
그루드노예 말라꼬
모유

□ подгу́зник 빠드구즈니(ㅋ)
n.m. 기저귀

□ коля́ска 깔랴스까
n.f. 유모차

□ младе́нец 믈라제니(ㅉ) n.m. 아기
= ля́лька 랼까 n.f. (회화)

□ моло́чная смесь
말로츠나야 스몌시
분유

□ де́тская буты́лочка
졔쯔까야 부뜰라츠까
젖병

□ колыбе́ль 깔르벨
n.f. 요람

□ ня́ня 냐냐
n.f. 보모

☐ молодо́й (-а́я, -о́е, -ы́е) 말라도이
a. 젊은

☐ ста́рый (-ая, -ое, -ые) 스따르이
a. 늙은, 노년의

☐ взро́слый (-ая, -ое, -ые)
브즈로슬르이
a. 어른의, 성년의
n.m. 성인, 어른

☐ ю́ноша 유나샤
n.m. 청소년; 청년

☐ ма́льчик 말치(ㅋ)
n.m. 소년

☐ де́вочка 제바치까
n.f. 소녀

☐ жить I p.316 즈찌
v. 살다, 거주하다, 생활하다[불완료상]

☐ вме́сте 브메스쩨
ad. 함께

☐ разво́д 라즈보(ㅌ)
n.m. 이혼

☐ разводи́ться II (д-ж) - развести́сь I p.326
라즈바지짜–라즈비스찌시
v. 이혼하다

□ семья́ 시미야 n.f. 가족

□ больша́я семья́ 발샤야 시미야 대가족

□ нуклеа́рная семья́ 누클리아르나야 시미야 핵가족

□ ро́дственник 로쯔트비니(ㅋ) n.m., ро́дственница 로쯔트비니짜 n.f. 친척

Мы пригласи́ли то́лько бли́зких ро́дственников.
므 쁘리글라실리 똘까 블리스끼(ㅎ) 로쯔트비니까(ㅍ)
우리는 가까운 친척들만 초대했어.

□ роди́тели 라지찔리 n.pl. 부모

□ оте́ц 아쩨(ㅉ) n.m. 아버지

□ па́па 빠빠 n.m. 아빠

□ мать 마찌 n.f. 어머니

□ ма́ма 마마 n.f. 엄마

□ де́душка 졔두쉬까 n.m. 할아버지

□ ба́бушка 바부쉬까 n.f. 할머니

□ по ли́нии отца́ 빠 리니이 아트짜 친가의

□ де́душка по ли́нии отца́ 졔두쉬까 빠 리니이 아트짜 친할아버지
= па́пин па́па 빠삔 빠빠 (아빠의 아빠)

□ ба́бушка по ли́нии отца́ 바부쉬까 빠 리니이 아트짜 친할머니
= па́пина ма́ма 빠삐나 마마 (아빠의 엄마)

□ по ли́нии ма́тери 빠 리니이 마찌리 외가의

□ де́душка по ли́нии ма́тери 제두쉬까 빠 리니이 마찌리 외할아버지
= ма́мин па́па 마민 빠빠 (엄마의 아빠)

□ ба́бушка по ли́нии ма́тери 바부쉬까 빠 리니이 마찌리 외할머니
= ма́мина ма́ма 마미나 마마 (엄마의 엄마)

□ похо́жий (-ая, -ое, -ие) 빠호즈이 a. 닮은

Са́ша похо́ж на ма́му, а Со́ня похо́жа на па́пу.
사샤 빠호쉬 나 마무, 아 소냐 빠호자 나 빠뿌
사샤는 엄마를 닮았고, 소냐는 아빠를 닮았다.

tip. похо́ж (-а, -е, -и) 빠호쉬는 형용사의 단어미형(짧은 형태)입니다. 러시아어의 특징으로 단어미형 형용사는 술어로 쓰입니다.

□ сын 쓴 n.m. 아들

□ дочь 도(ㅊ) n.f. 딸
= до́чка 도치까 (애칭)

□ брат 브라(ㅌ) n.m. 형제
□ ста́рший брат 스따르쉬 브라(ㅌ) 형, 오빠
□ мла́дший брат 믈라트쉬 브라(ㅌ) 남동생

□ сестра́ 시스트라 n.f. 자매
□ ста́ршая сестра́ 스따르샤야 시스트라 누나, 언니
□ мла́дшая сестра́ 믈라트샤야 시스트라 여동생

□ близнецы́ 블리즈니쯔 n.pl. 쌍둥이(일란성, 이란성)
□ двойня́шки 드바이냐쉬끼 n.pl. 쌍둥이(이란성, 회화)

tip. 의학 용어로는 однояйцо́вые близнецы́ 아드나이이쪼브예 블리즈니쯔 (일란성 쌍둥이), разнояйцо́вые близнецы́ 라즈나이이쪼브예 블리즈니쯔 (이란성 쌍둥이)라고 합니다.

□ дя́дя 쟈쟈 n.m. 삼촌

□ тётя 쬬짜 n.f. 고모; 이모

□ двою́родный (-ая, -ое, -ые) 드바유라드느이 a. 사촌의
□ двою́родный брат 드바유라드느이 브라(ㅌ) 사촌 형제
□ двою́родная сестра́ 드바유라드나야 시스트라 사촌 자매

□ внук 브누(ㅋ) n.m. 손자

□ вну́чка 브누치까 n.f. 손녀

□ племя́нник 뻴리마느(ㅋ) n.m., племя́нница 뻴리마니짜 n.f. 조카

□ муж и жена́ 무쉬 이 즈나 부부(남편과 아내)

= супру́ги 수프루기 n.pl.

□ супру́г 수프루(ㅋ) n.m. 남편

= муж 무쉬

□ супру́га 수프루가 n.f. 아내

= жена́ 즈나

□ неве́стка 니볘스까 n.f. 며느리

□ зять 쟈찌 n.m. 사위

□ свёкор 스뵤까(ㄹ) n.m. 시아버지

□ свекро́вь 스비크로피 n.f. 시어머니

= свекро́вка 스비크로프까 (회화)

□ тесть 쪠스찌 n.m. 장인

□ тёща 쬬쌰 n.f. 장모

□ шу́рин 슈린 n.m. 처남

= брат жены́ 브라(ㅌ) 즈느 (아내의 형제)

□ своя́ченица 스바야치니짜 n.f. 처제, 처형

= сестра́ жены́ 시스트라 즈느 (아내의 자매)

□ де́верь 졔비(ㄹ) n.m. 시숙

= брат му́жа 브라(ㅌ) 무자 (남편의 형제)

□ золо́вка 잘로프까 n.f. 시누이

= сестра́ му́жа 시스트라 무자 (남편의 누이)

□ бере́менность 비례미나스찌 n.f. 임신

□ бере́менеть - забере́менеть 비례미니찌–자비례미니찌 v. 임신하다

□ бере́менная 비례미나야 n.f. 임산부

□ токсико́з 따크시꼬(ㅅ) n.m. 입덧(독소증)

□ ро́ды 로드 n.pl. 출산

□ рожа́ть I - роди́ть II (д-ж) 라자찌－라지찌 v. 낳다, 출산하다

□ рожда́ться I - роди́ться II (д-ж) 라즈다짜－라지짜 v. 태어나다

□ младе́нец 믈라제니(쯔) n.m. 아기

= ля́лька 랄까 n.f. (회화)

tip. 아기는 성별 상관없이 младе́нец와 ля́лька 둘 다 사용합니다.

□ корми́ть II (м-мл) - накорми́ть II (м-мл) гру́дью

까르미찌－나까르미찌 그루지유 수유하다

□ грудно́е молоко́ 그루드노예 말라꼬 모유

□ моло́чная смесь 말로츠나야 스메시 분유

□ де́тская буты́лочка 젯쯔까야 부뜰라츠까 젖병

□ подгу́зник 빠드구즈니(ㅋ) n.m. 기저귀

□ колыбе́ль 깔르벨 n.f. 요람

□ коля́ска 깔랴스까 n.f. 유모차

tip. 'с колыбе́ли 스 깔르벨리(요람에서)'는 '어릴 때부터'라는 뜻입니다.

□ ня́ня 냐냐 n.f. 보모

□ ребёнок 리뵤나(ㅋ) n.m. 아이; 자식, 자녀

□ де́ти 제찌 n.pl. 아이들

Ско́лько у вас дете́й?
스꼴까 우 바(ㅅ) 지쩨이?
당신은 자녀들이 어떻게 되세요? (당신에게 아이들은 몇 명이 있어요?)

□ расти́ I p.318 - вы́расти I 라스찌－브라스찌 v. 자라다

□ расти́ть II (ст-щ) - вы́растить II (ст-щ)

라스찌찌－브라스찌찌 v. 기르다, 양육하다

Как растёт ваш ребёнок?
까(ㅋ) 라스쬬(ㅌ) 바쉬 리뵤나(ㅋ)?
아기가 잘 크고 있지요? (당신의 아이가 어떻게 자라고 있어요?)

□ молодо́й (-а́я, -о́е, -ы́е) 말라도이 a. 젊은

□ ста́рый (-ая, -ое, -ые) 스따르이 a. 늙은, 노년의

□ взро́слый (-ая, -ое, -ые) 브즈로슬르이 a. 어른의, 성년의 n.m. 성인, 어른

□ совершенноле́тний (-яя, -ее, -ие) 사비르쉬날례트니 a. 성년의 n.m. 성년자

□ несовершенноле́тний (-яя, -ее, -ие) 니사비르쉬날례트니
a. 미성년자의 n.m. 미성년자

□ ма́льчик 말치(ㅋ) n.m. 소년

□ де́вочка 제바치까 n.f. 소녀

□ ю́ноша 유나샤 n.m. 청소년; 청년
□ подро́сток 빠드로스따(ㅋ) n.m. 10대 청소년
□ перехо́дный во́зраст 삐리호드느이 보즈라스(ㅌ) 사춘기

□ жить I p.316 즈찌 v. 살다, 거주하다, 생활하다 [불완료상]

Со́ня живёт с ба́бушкой и де́душкой.
소냐 즈뵤(ㅌ) 즈 바부쉬까이 이 제두쉬까이
소냐는 할머니, 할아버지와 산다.

□ вме́сте 브몌스쪠 ad. 함께
□ жить вме́сте 즈찌 브몌스쪠 함께 생활하다; 동거하다

□ разде́льно 라즈젤나 ad. 따로따로
□ жить разде́льно 즈찌 라즈젤나 따로따로 생활하다; 별거하다

□ приёмный ребёнок 쁘리욤느이 리뵤나(ㅋ) 입양아
□ усыновля́ть I - усынови́ть II (в-вл) 우스나블랴찌—우스나비찌
v. (아들을) 입양하다
□ удочеря́ть I - удочери́ть II 우다치랴찌—우다치리찌 v. (딸을) 입양하다
□ приёмные роди́тели 쁘리욤느예 라지찔리 양부모

□ разногла́сие 라즈나글라시예 n.n. 불화; (의견) 불일치

□ семе́йные разногла́сия 시메이느예 라즈나글라시야 가정 불화

□ разво́д 라즈보(ㅌ) n.m. 이혼

□ разводи́ться II (д-ж) - развести́сь I p.326 라즈바지짜－라즈비스찌시 v. 이혼하다

□ втори́чно 프따리츠나 ad. 또다시, 두번째로

□ жени́ться II втори́чно 즈니짜 프따리츠나 (남자가) 재혼하다 [불완료상 = 완료상]

□ выходи́ть II (д-ж) - вы́йти I p.320 за́муж втори́чно 브하지찌－브이찌 자무쉬 프따리츠나 (여자가) 재혼하다

□ бы́вший муж 브프쉬 무쉬 전남편

□ бы́вшая жена́ 브프샤야 즈나 전부인

□ алиме́нты 알리멘뜨 n.pl. 양육비

꼭! 써먹는 **실전 회화**

06. 가족 소개

Со́ня Ди́ма, у тебя́ есть бра́тья и́ли сёстры?
지마, 우 찌뱌 예스찌 브라찌야 일리 쇼스트르?
지마, 넌 형제나 자매가 있어?

Ди́ма Да, есть мла́дший брат. Он мла́дше меня́ на́ год.
다, 예스찌 믈라트쉬 브라(ㅌ). 온 믈라트셰 미냐 나 가(ㅌ)
응, 남동생이 있어. 그 앤 나보다 한 살 어려.

Со́ня Кла́ссно. Вы, наве́рно, как друзья́.
끌라스나. 브, 나볘르나, 까(ㅋ) 드루지야
좋겠다. 친구처럼 지낼 거 같다.

Ди́ма Но у нас ра́зные хара́ктеры, поэ́тому ссо́римся ча́сто.
노 우 나(ㅅ) 라즈느예 하라크찌르, 빠에따무 소림샤 차스따
하지만 성격이 달라서, 자주 싸우기도 해.

연습 문제 Упражнение 우프라즈녜니예

다음 단어를 읽고 맞는 뜻과 연결하세요.

1. грусть •	• 가족
2. краси́вый •	• 감정
3. лицо́ •	• 못생긴
4. любо́вь •	• 사랑
5. мать •	• 성격
6. некраси́вый •	• 슬픔
7. оте́ц •	• 신체
8. семья́ •	• 아버지
9. сча́стье •	• 어머니
10. те́ло •	• 얼굴
11. хара́ктер •	• 예쁜, 아름다운
12. чу́вство •	• 행복

1. грусть – 슬픔 2. краси́вый – 예쁜, 아름다운 3. лицо́ – 얼굴 4. любо́вь – 사랑
5. мать – 어머니 6. некраси́вый – 못생긴 7. оте́ц – 아버지 8. семья́ – 가족
9. сча́стье – 행복 10. те́ло – 신체 11. хара́ктер – 성격 12. чу́вство – 감정

Глава 3

자연

시간&날짜 Время и Дата 브레먀 이 다따

□ вре́мя 브레먀
n.n. 시간, 때

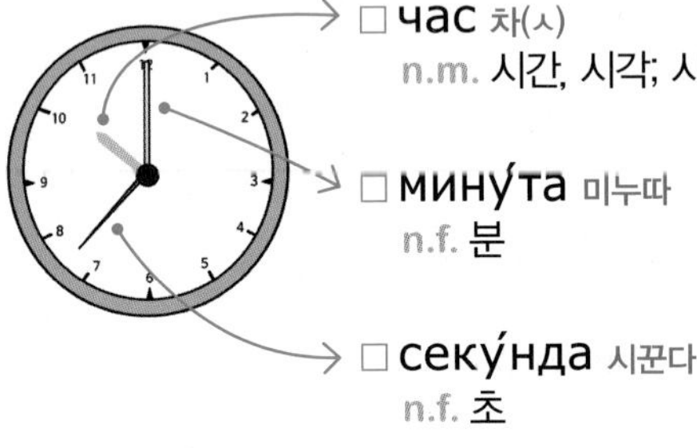

□ час 차(ㅅ)
n.m. 시간, 시각; 시

□ полчаса́ 뽈치사
n.m. 30분(1시간의 반)

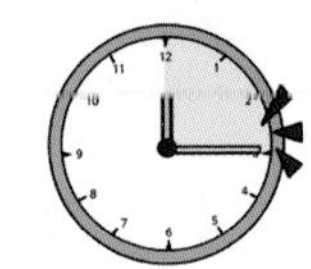

□ мину́та 미누따
n.f. 분

□ секу́нда 시꾼다
n.f. 초

□ че́тверть 체트비르찌
n.f. 1/4; 15분

□ часы́ 치스
n.pl. 시계

□ буди́льник 부질니(ㅋ)
n.m. 알람시계

□ у́тро 우트라
n.n. 아침

□ по́лдень 뽈진
n.m. 정오(낮 12시)

□ по́лночь 뽈나(ㅊ)
n.f. 자정(밤 12시)

□ ве́чер 볘치(ㄹ)
n.m. 저녁

□ день 젠
n.m. 낮, 오후; 일(日), 하루

□ ночь 노(ㅊ)
n.f. 밤

□ встава́ть I (ва -) - встать I p.320
프스따바찌 – 프스따찌
v. (잠자리에서) 일어나다, 일어서다

□ просыпа́ться I - просну́ться I
쁘라스빠짜 – 쁘라스누짜
v. (잠에서) 깨다

□ спать II p.318 스빠찌
v. 자다 [불완료상]

□ ложи́ться II - лечь I p.321
라즈짜 – 례(ㅊ)
v. 눕다

□ ложи́ться спать 라즈짜 스빠찌
잠자리에 들다

□ сон 손
n.m. 잠; 꿈

□ сни́ться II - присни́ться II
스니짜 – 쁘리스니짜
v. 꿈에 보이다

□ за́втрак 자프트라(ㅋ)
n.m. 아침식사

□ за́втракать I - поза́втракать I
자프트라까찌 – 빠자프트라까찌
v. 아침식사를 하다

□ обе́д 아베(ㅌ)
n.m. 점심식사

□ обе́дать I - пообе́дать I
아볘다찌 – 빠아볘다찌
v. 점심식사를 하다

□ у́жин 우즌
n.m. 저녁식사

□ у́жинать I - поу́жинать I
우즈나찌 – 빠우즈나찌
v. 저녁식사를 하다

□ неде́ля 니젤랴
n.f. 주, 1주

□ да́та 다따
n.f. 날짜, 연월일

□ число́ 치슬로
n.n. 날짜, 일자

□ календа́рь 깔린다(ㄹ)
n.m. 달력

□ день неде́ли 젠 니젤리
요일

□ понеде́льник
빠니젤니(ㅋ)
n.m. 월요일

□ вто́рник
프또르니(ㅋ)
n.m. 화요일

□ среда́
스리다
n.f. 수요일

□ четве́рг
치트베르(ㅋ)
n.m. 목요일

□ пя́тница
빠트니짜
n.f. 금요일

□ суббо́та
수보따
n.f. 토요일

□ воскресе́нье
바스크리세니예
n.n. 일요일

□ сего́дня 시보드냐
n.n., ad. 오늘

□ вчера́ 프치라
n.n., ad. 어제

□ за́втра 자프트라
n.n., ad. 내일

□ позавчера́
빠자프치라
ad. 그저께

□ послеза́втра
뽀슬리자프트라
n.n., ad. 모레

□ ме́сяц 메시(ㅉ)
n.m. 월(月), 한 달

□ нача́ло ме́сяца 나찰라 메시짜
월초

□ коне́ц ме́сяца 까녜(ㅉ) 메시짜
월말

□ янва́рь 인바(ㄹ) n.m. 1월

□ февра́ль 피브랄 n.m. 2월

□ март 마르(ㅌ) n.m. 3월

□ апре́ль 아프렐 n.m. 4월

□ май 마이 n.m. 5월

□ ию́нь 이윤 n.m. 6월

□ ию́ль 이율 n.m. 7월

□ а́вгуст 아브구스(ㅌ) n.m. 8월

□ сентя́брь 신짜브(ㄹ) n.m. 9월

□ октя́брь 아크짜브(ㄹ) n.m. 10월

□ ноя́брь 나야브(ㄹ) n.m. 11월

□ дека́брь 지까브(ㄹ) n.m. 12월

□ год 고(ㅌ)
n.m. 년; 1년간

□ нача́ло го́да 나찰라 고다
연초

□ коне́ц го́да 까녜(ㅉ) 고다
연말

□ пра́здник 쁘라즈니(ㅋ)
n.m. 명절

□ Нового́дние кани́кулы
나바고드니예 까니꿀르
신정 연휴(1월 1~6, 8일)

□ Рождество́ Христо́во
라즈지스트보 흐리스또바
러시아정교 성탄절 (1월 7일)

□ про́шлое 쁘로쉴라예
n.n. 과거

□ настоя́щее 나스따야쎼예
n.n. 현재

□ бу́дущее 부두쎼예
n.n. 미래

□ вре́мя 브레먀 n.n. 시간, 때
□ час 차(ㅅ) n.m. 시간, 시각; 시
□ мину́та 미누따 n.f. 분
□ секу́нда 시꾼다 n.f. 초

Ско́лько сейча́с вре́мени?
스꼴까 시차(ㅅ) 브레미니?
지금 몇 시입니까?

= Кото́рый час?
까또르이 차(ㅅ)?

□ часы́ 치스 n.pl. 시계
□ буди́льник 부질니(ㅋ) n.m. 알람시계

□ полови́на 빨라비나 n.f. 반, 절반
□ полчаса́ 뽈치사 n.m. 30분(1시간의 반)
□ че́тверть 체트비르찌 n.f. 1/4; 15분

□ по́лдень 뽈진 n.m. 정오(낮 12시)
□ по́лночь 뽈나(ㅊ) n.f. 자정(밤 12시)

□ рассве́т 라스베(ㅌ) n.m. 새벽

□ у́тро 우트라 n.n. 아침

□ день 젠 n.m. 낮, 오후; 일(日), 하루
□ ка́ждый день 까즈드이 젠 매일
□ весь день 베시 젠 하루종일

□ ве́чер 베치(ㄹ) n.m. 저녁

□ ночь 노(ㅊ) n.f. 밤

□ сего́дня 시보드냐 n.n., ad. 오늘
□ за́втра 자프트라 n.n., ad. 내일
□ послеза́втра 뽀슬리자프트라 n.n., ad. 모레

□ вчера́ 프치라 n.n., ad. 어제

□ позавчера́ 빠자프치라 ad. 그저께

□ ра́но 라나 ad. 일찍

□ по́здно 뽀즈나 ad. 늦게

□ встава́ть I (ва -) - встать I p.320 프스따바찌 – 프스따찌
v. (잠자리에서) 일어나다, 일어서다

□ просыпа́ться I - просну́ться I 쁘라스빠짜 – 쁘라스누짜 v. (잠에서) 깨다

□ буди́ть II (д-ж) - разбуди́ть II (д-ж) 부지찌 – 라즈부지찌 v. 깨우다

□ ложи́ться II - лечь I p.321 라즈짜 – 례(ㅊ) v. 눕다

□ ложи́ться - лечь спать 라즈짜 – 례(ㅊ) 스빠찌 잠자리에 들다

□ спать II p.318 스빠찌 v. 자다 [불완료상]

□ просыпа́ть I - проспа́ть II 쁘라스빠찌 – 쁘라(ㅅ)빠찌 v. 늦잠을 자다

tip. проспа́ть의 변화는 спать와 같습니다.

□ храпе́ть II (п-пл) - захрапе́ть II (п-пл) 흐라뻬찌 – 자흐라뻬찌
v. 코를 골다 [불완료상]; 코를 골기 시작하다 [완료상]

□ сни́ться II - присни́ться II 스니짜 – 쁘리스니짜 v. 꿈에 보이다

□ сон 손 n.m. 잠; 꿈

□ за́втрак 자프트라(ㅋ) n.m. 아침식사

□ за́втракать I - поза́втракать I 자프트라까찌 – 빠자프트라까찌
v. 아침식사를 하다

□ обе́д 아베(ㅌ) n.m. 점심식사

□ обе́дать I - пообе́дать I 아베다찌 – 빠아베다찌 v. 점심식사를 하다

В кото́ром часу́ обе́д?
프 까또람 치수 아베(ㅌ)?
점심 시간은 몇 시야?

□ у́жин 우즌 n.m. 저녁식사

□ у́жинать I - поу́жинать I 우즈나찌–빠우즈나찌 v. 저녁식사를 하다

□ неде́ля 니졜랴 n.f. 주, 1주

□ выходно́й (-а́я, -о́е, -ы́е) 브하드노이

a. 노는, 휴일의 n.m. 노는 날, 휴일; 주말(하루)

tip. '주말마다'는 ка́ждый выходно́й 까즈드이 브하드노이 또는 по выходны́м 빠 브하드늼입니다.

□ выходны́е 브하드느예 n.pl. 주말

Что ты де́лал в выходны́е?
쉬또 뜨 젤랄 브하드느예?
주말에 뭐했어?

tip. 'в выходные' 부분에서 전치사와 뒤에 오는 명사를 이어서 발음하기 때문에 'в 브' 발음은 탈락하고 대신 выходные의 첫철자 в를 길게 발음합니다. (в выходные→[в:ыходные])

□ бу́дни 부드니 n.pl. 평일

tip. '평일에'는 в бу́дни 브 부드니입니다.

□ календа́рь 깔린다(ㄹ) n.m. 달력

□ со́лнечный календа́рь 솔니츠느이 깔린다(ㄹ) 양력

□ лу́нный календа́рь 루느이 깔린다(ㄹ) 음력

□ да́та 다따 n.f. 날짜, 연월일

□ ме́сяц 메시(ㅉ) n.m. 월(月), 한 달

□ нача́ло ме́сяца 나찰라 메시짜 월초

□ коне́ц ме́сяца 까녜(ㅉ) 메시짜 월말

□ янва́рь 인바(ㄹ) n.m. 1월

□ февра́ль 피브랄 n.m. 2월

□ март 마르(ㅌ) n.m. 3월

□ апре́ль 아프렐 n.m. 4월

□ май 마이 n.m. 5월

□ ию́нь 이윤 n.m. 6월

□ ию́ль 이율 n.m. 7월

□ а́вгуст 아브구스(ㅌ) n.m. 8월

□ сентя́брь 신쨔브(ㄹ) n.m. 9월

□ октя́брь 아크쨔브(ㄹ) n.m. 10월

□ ноя́брь 나야브(ㄹ) n.m. 11월

□ дека́брь 지까브(ㄹ) n.m. 12월

□ число́ 치슬로 n.n. 날짜, 일자

tip. 러시아에서는 날짜를 일, 월, 년 순으로 말해요.

□ дневни́к 드니브니(ㅋ) n.m. 일기

Како́е сего́дня число́?
까꼬예 시보드냐 치슬로?
오늘 며칠이니?

Сего́дня два́дцать девя́тое декабря́.
시보드냐 드바짜찌 지뱌따예 지까브랴
오늘은 12월 29일이에요.

□ день неде́ли 젠 니젤리 요일

□ понеде́льник 빠니젤니(ㅋ) n.m. 월요일

□ вто́рник 프또르니(ㅋ) n.m. 화요일

□ среда́ 스리다 n.f. 수요일

□ четве́рг 치트베르(ㅋ) n.m. 목요일

□ пя́тница 뺘트니짜 n.f. 금요일

□ суббо́та 수보따 n.f. 토요일

□ воскресе́нье 바스크리세니예 n.n. 일요일

Како́й сего́дня день неде́ли?
까꼬이 시보드냐 젠 니젤리?
오늘 무슨 요일이니?

Сего́дня понеде́льник.
시보드냐 빠니젤니(ㅋ)
오늘은 월요일이에요.

□ год 고(ㅌ) n.m. 년; 1년간

tip. 러시아에서 '연도'는 서수로 읽습니다.
- 2024년 : две ты́сячи два́дцать четвёртый год
  드볘 뜨시치 드바짜찌 치트뵤르트이 고(ㅌ)
  2020(기수)+4번째의(서수)

□ э́тот год 예따(ㅌ) 고(ㅌ) 올해(이번 해)

□ про́шлый год 쁘로쉴르이 고(ㅌ) 작년(지난 해)

□ сле́дующий год 슬레두쒸 고(ㅌ) 내년(다음 해)

□ нача́ло го́да 나찰라 고다 연초

□ коне́ц го́да 까녜(ㅉ) 고다 연말

tip. 러시아에서는 명칭뿐만 아니라 조국 수호의 날, 국제 여성의 날, 노동절, 전승기념일처럼 날짜로 말하는 기념일도 있습니다.

□ пра́здник 쁘라즈니(ㅋ) n.m. 명절

□ национа́льный пра́здник 나쯔아날느이 쁘라즈니(ㅋ) 국경일

□ Но́вый год 노브이 고(ㅌ) 신년, 새해

□ Новогóдние кани́кулы 나바고드니예 까니꿀르 신정 연휴(1월 1~6, 8일)

□ Рождество́ Христо́во 라즈지스트보 흐리스또바 러시아정교 성탄절(1월 7일)

Счастли́вого Рождества́!
쒸슬리바바 라즈지스트바!
행복한 성탄절 되세요!

tip. 12월 25일은 가톨릭 성탄절이며, 러시아정교 성탄절은 1월 7일이에요. 그래서 러시아는 1월 1~8일이 신정 및 성탄절 연휴입니다.

□ Ма́сленица 마슬리니짜 n.f. 봄맞이 축제(2월 말~3월 초, 매년 날짜가 바뀜)

□ День защи́тника Оте́чества 젠 자쒸트니까 아쩨치스트바 조국 수호의 날

= Два́дцать тре́тье февраля́ 드바짜찌 뜨레찌예 피브랄랴 (2월 23일)

□ Междунаро́дный же́нский день 미즈두나로드느이 젠스끼 젠 국제 여성의 날

= Восьмо́е ма́рта 바시모예 마르따 (3월 8일)

tip. '조국 수호의 날'에는 여자가 남성에게 선물을, 반대로 '여성의 날'에는 남자가 여성에게 선물이나 꽃을 주며 명절을 축하합니다.

Поздравля́ю с пра́здником!
빠즈드라블랴유 스 쁘라즈니깜!
명절을 축하합니다!

□ Пра́здник Весны́ и Труда́ 쁘라즈니(ㅋ) 비스느 이 뜨루다 노동절

= Пе́рвое ма́я 뻬르바예 마야 (5월 1일)

□ День Побе́ды 젠 빠볘드 전승기념일

= Девя́тое ма́я 지뱌따예 마야 (5월 9일)

□ День Росси́и 젠 라시이 러시아의 날(6월 12일)

tip. День Росси́и는 1990년 6월 12일 러시아 의회가 주권국가를 선언한 날입니다.

□ День наро́дного еди́нства 젠 나로드나바 이진스트바 국민화합의 날(11월 4일)

□ Па́сха 빠스하 n.f. 부활절

□ пери́од 삐리아(ㅌ) n.m. 기간

□ век 볘(ㅋ) n.m. 세기, 100년

□ про́шлое 쁘로쉴라예 n.n. 과거
□ настоя́щее 나스따야쎼예 n.n. 현재
□ бу́дущее 부두쎼예 n.n. 미래

□ сейча́с 시차(ㅅ) ad. 지금
□ ра́ньше 라니셰 ad. 이전에
□ давно́ 다브노 ad. 옛날에, 예전에; 오래 전부터, 오랫동안

□ после́дний (-яя, -ее, -ие) 빠슬례드니 a. 마지막의; 최근의; 최신의
□ неда́вно 니다브나 ad. 얼마 전부터, 최근에
□ в после́днее вре́мя
프 빠슬례드녜예 브례먀 요즈음, 최근에

꼭! 써먹는 **실전 회화**

 # 07. 신년

Са́ша Где ты бу́дешь справля́ть Но́вый год?
그졔 뜨 부지쉬 스프라블랴찌 노브이 고(ㅌ)?
신년을 어디서 보낼 거야?

Со́ня Собира́юсь пое́хать к роди́телям.
사비라유시 빠예하찌 크 라지찔럄
부모님 집에 가려고 해.

Са́ша Поня́тно. А то я хоте́л пригласи́ть тебя́ в го́сти.
빠냐트나. 아 또 야 하쪨 쁘리글라시찌 찌뱌 브 고스찌
그렇구나. 아니면 우리 집에 초대하고 싶었어.

Со́ня С ва́ми бы́ло бы ве́село, но меня́ ждут до́ма.
스 바미 블라 브 볘실라, 노 미냐 즈두(ㅌ) 도마
너희들과 보내면 재미있을 거 같은데, 집에서 나를 기다려.

날씨 & 계절 Погода и Времена года 빠고다 이 브리미나 고다

□ пого́да 빠고다
n.f. 날씨

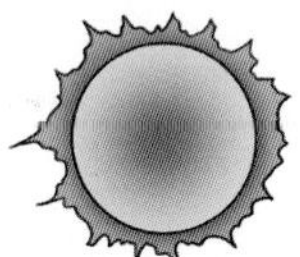

□ со́лнце 손쩨
n.n. 해, 태양

□ теплота́ 찌플라따
n.f. 따뜻함

□ тепло́ 찌플로
ad. 따뜻하게, 따뜻하다

□ прохла́да 쁘라흘라다
n.f. 시원함

□ прохла́дный (-ая, -ое, -ые)
쁘라흘라드느이
a. 시원한, 서늘한

□ прохла́дно 쁘라흘라드나
ad. 시원하다, 서늘하다

□ я́сно 야스나
ad. 맑다

□ жара́ 자라
n.f. 더위

□ жа́рко 자르까
ad. 덥게, 덥다

□ хо́лод 홀라(ㅌ)
n.m. 추위

□ хо́лодно 홀라드나
ad. 춥게, 춥다

□ холода́ть I - похолода́ть I
할라다찌—빠할라다찌
v. 추워지다

□ вла́жно 블라즈나
ad. 습하다; 촉촉하다

□ не́бо 녜바
n.n. 하늘

□ ве́тер 볘찌(ㄹ)
n.m. 바람

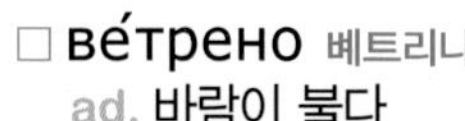

□ ве́трено 볘트리나
ad. 바람이 불다

□ бу́ря 부랴
n.f. 폭풍; 강풍

□ тайфу́н 따이푼
n.m. 태풍

□ су́хо 수하
ad. 건조하다

□ за́суха 자수하
n.f. 가뭄

□ о́блако 오블라까
n.n. 구름

□ о́блачно 오블라츠나
ad. 구름이 많다; 흐리다

□ тума́н 뚜만
n.m. 안개

□ мо́лния 몰니야
n.f. 번개

□ гром 그롬
n.m. 천둥

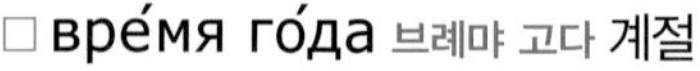
□ вре́мя го́да 브레먀 고다 계절

□ сезо́н 시존 n.m. 계절, 철; 시기

□ весна́ 비스나
n.f. 봄

□ ле́то 례따
n.n. 여름

□ о́сень 오신
n.f. 가을

□ зима́ 지마
n.f. 겨울

□ ра́дуга 라두가
n.f. 무지개

□ зонт 존(ㅌ)
n.m. 우산

□ осе́нние ли́стья 아세니예 리스찌야
단풍(가을 나뭇잎)

□ лёд 료(ㅌ)
n.m. 얼음

□ дождь 도쉬찌
n.m. 비

□ ли́вень 리빈
n.m. 소나기; 강우

□ наводне́ние
나바드녜니예
n.n. 홍수

□ снег 스녜(ㅋ)
n.m. 눈

□ снегови́к 스니가비(ㅋ)
n.m. 눈사람

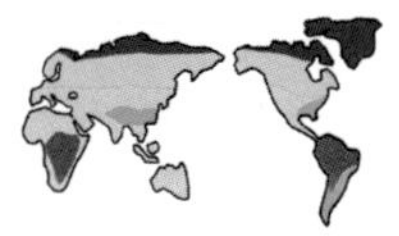

□ кли́мат 끌리마(ㅌ)
n.m. 기후

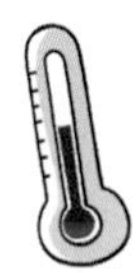

□ температу́ра 찜삐라뚜라
n.f. 온도; 체온

□ поднима́ться I - подня́ться I p.323
빠드니마짜－빠드냐짜
v. 올라가다

□ опуска́ться I - опусти́ться II (ст-щ)
아뿌스까짜－아뿌스찌짜
v. 내려가다

□ приро́да 쁘리로다 n.f. 자연

□ пого́да 빠고다 n.f. 날씨

□ прогно́з пого́ды 쁘라그노(ㅅ) 빠고드 일기 예보

Кака́я сего́дня пого́да?
까까야 시보드냐 빠고다?
오늘 날씨가 어때요?

Сего́дня хоро́шая пого́да.
시보드냐 하로샤야 빠고다
오늘 날씨가 좋아요.

□ пыль 쁼 n.f. 먼지

□ пы́льный (-ая, -ое, -ые) 쁼느이 a. 먼지투성이의, 먼지가 많은

□ микроскопи́ческая пыль 미크라스까삐치스까야 쁼 미세 먼지

□ жёлтая пы́льная бу́ря 졸따야 쁼나야 부랴 황사

□ со́лнце 손쩨 n.n. 해, 태양

□ со́лнечный (-ая, -ое, -ые) 솔니츠느이 a. 태양의; 해가 난; (날씨가) 맑은

□ я́сный (-ая, -ое, -ые) 야스느이 a. 맑게 갠

□ я́сно 야스나 ad. 맑다

tip. 자연 상태나 날씨를 나타내는 부사는 문장에서 술어로 쓰이는 술어부사입니다. 부사가 주로 술어 의미로만 쓰이는 경우, '~하다'라는 뜻만 표기했습니다.

□ теплота́ 찌플라따 n.f. 따뜻함

□ тепло́ 찌플로 ad. 따뜻하게, 따뜻하다

□ тепле́ть I - потепле́ть I 찌플례찌－빠찌플례찌 v. 따뜻해지다

□ потепле́ние 빠찌플례니예 n.n. 온난화, 따뜻해짐

□ глоба́льное потепле́ние 글라발나예 빠찌플례니예 지구 온난화

□ жара́ 자라 n.f. 더위

□ жа́рко 자르까 ad. 덥게, 덥다

Мне жа́рко.
므녜 자르까
나는 덥다.

□ ду́шно 두쉬나 ad. (숨쉬기) 답답하다; 후덥지근하다

Здесь ду́шно. Откро́йте окно́.
즈졔시 두쉬나. 아트크로이쪠 아크노
여기가 답답하네요. 창문을 열어 주세요.

□ прохла́да 쁘라흘라다 n.f. 시원함
□ прохла́дный (-ая, -ое, -ые) 쁘라흘라드느이 a. 시원한, 서늘한
□ прохла́дно 쁘라흘라드나 ad. 시원하다, 서늘하다

□ хо́лод 홀라(ㅌ) n.m. 추위
□ хо́лодно 홀라드나 ad. 춥게, 춥다
□ холода́ть I - похолода́ть I 할라다찌–빠할라다찌 v. 추워지다
□ похолода́ние 빠할라다니예 n.n. 쌀쌀해짐, 한랭화

□ моро́з 마로(ㅅ) n.m. (물이 어는) 추위, 얼어붙은 추위
□ моро́зный (-ая, -ое, -ые) 마로즈느이 a. 얼어붙을 듯이 추운
□ моро́зно 마로즈나 ad. (날씨가) 몹시 춥다

На у́лице моро́зно.
나 울리쩨 마로즈나
바깥은 얼어 있다.

□ вла́жно 블라즈나 ad. 습하다; 촉촉하다

□ су́хо 수하 ad. 건조하다

□ не́бо 녜바 n.n. 하늘

□ о́блако 오블라까 n.n. 구름
□ о́блачный (-ая, -ое, -ые) 오블라츠느이 a. 구름이 낀
□ о́блачно 오블라츠나 ad. 구름이 많다; 흐리다
□ па́смурно 빠스무르나 ad. 흐리다

□ ве́тер 베찌(ㄹ) n.m. 바람
□ ве́трено 베트리나 ad. 바람이 불다
□ дуть I - поду́ть I 두찌–빠두찌 v. 불다

□ тума́н 뚜만 n.m. 안개

Из-за тума́на ничего́ не ви́дно.
이자 뚜마나 니치보 니 비드나
안개 때문에 아무것도 안 보인다.

□ бу́ря 부랴 n.f. 폭풍; 강풍
□ тайфу́н 따이푼 n.m. 태풍

□ цуна́ми 쭈나미 n.n. 해일

□ мо́лния 몰니야 n.f. 번개
□ гром 그롬 n.m. 천둥

□ дождь 도쉬찌 n.m. 비
□ ли́вень 리빈 n.m. 소나기; 강우
□ зонт 존(ㅌ) n.m. 우산
□ ра́дуга 라두가 n.f. 무지개
□ затяжны́е дожди́ 자찌즈느예 다즈지 장마

□ наводне́ние 나빠드녜니예 n.n. 홍수

□ за́суха 자수하 n.f. 가뭄

□ вре́мя го́да 브례먀 고다 계절
□ сезо́н 시존 n.m. 계절, 철; 시기

В Росси́и четы́ре сезо́на.
브 라시이 치뜨리 시조나
러시아에는 사계절이 있습니다.

□ весна́ 비스나 n.f. 봄
□ та́ять I - раста́ять I 따이찌–라스따이찌 v. 녹다

Придёт весна́, и снег раста́ет.
쁘리죠(ㅌ) 비스나, 이 스녜(ㅋ) 라스따이(ㅌ)
봄이 오면 눈이 녹을 것이다.

□ ле́то 례따 n.n. 여름

□ о́сень 오신 n.f. 가을
□ осе́нние ли́стья 아세니예 리스찌야 단풍(가을 나뭇잎)
= кра́сные и жёлтые ли́стья 끄라스느예 이 졸뜨예 리스찌야 (붉고 노란 나뭇잎)
□ листопа́д 리스따빠(ㅌ) n.m. 가을 낙엽
□ урожа́й 우라자이 n.m. 수확
□ собира́ть I - собра́ть I p.327 урожа́й 사비라찌-사브라찌 우라자이 v. 수확하다

□ зима́ 지마 n.f. 겨울

□ сосу́лька 사술까 n.f. 고드름

□ и́ней 이니이 n.m. 서리

□ снег 스녜(ㅋ) n.m. 눈
□ мете́ль 미쪨 n.f. 눈보라
□ снегопа́д 스니가빠(ㅌ) n.m. 강설
□ си́льный снегопа́д 실느이 스니가빠(ㅌ) 폭설

□ предупрежде́ние 쁘리두프리즈졔니예 n.n. 경고
□ штормово́е предупрежде́ние 쉬따르마보예 쁘리두프리즈졔니예 (폭풍우) 주의보
□ штормово́е предупрежде́ние о си́льном снегопа́де 쉬따르마보예 쁘리두프리즈졔니예 아 실남 스니가빠졔 폭설 주의보

□ снегови́к 스니가비(ㅋ) n.m. 눈사람
□ игра́ть I в снежки́ 이그라찌 프 스니즈끼 눈싸움하다

□ нава́ливать I - навали́ть II 나발리바찌-나발리찌 v. (내려) 쌓이다

Навали́ло мно́го сне́гу.
나발리라 므노가 스녜구
많은 눈이 내려 쌓였다.

□ конча́ться I - ко́нчиться II 깐차짜–꼰치짜 v. 그치다; 끝나다

□ убира́ть I - убра́ть I p.327 우비라찌–우브라찌 v. 치우다, 청소하다

Убира́йте снег пе́ред свои́м до́мом.
우비라이쪠 스녜(ㅋ) 뻬리(ㅌ) 스바임 도맘
자신의 집 앞에 눈을 치우세요.

□ сезо́н дожде́й 시존 다즈졔이 우기

□ сухо́й сезо́н 수호이 시존 건기

□ град 그라(ㅌ) n.m. 우박

□ лёд 료(ㅌ) n.m. 얼음

tip. 살얼음은 남성명사로 гололёд 갈랄료(ㅌ)입니다.

□ ско́льзко 스꼴스까 ad. (길이) 미끄럽다

Бу́дьте осторо́жны! Здесь ско́льзко.
부쪠 아스따로즈느! 즈제시 스꼴스까
조심하세요! 여기는 미끄러워요.

□ ледни́к 리드니(ㅋ) n.m. 빙하

□ температу́ра 찜삐라뚜라 n.f. 온도; 체온

□ поднима́ться I - подня́ться I p.323 빠드니마짜–빠드냐짜 v. 올라가다

□ опуска́ться I - опусти́ться II (ст-щ) 아뿌스까짜–아뿌스찌짜 v. 내려가다

□ термо́метр 찌르모미트(ㄹ) n.m. 온도계

□ гра́дус 그라두(ㅅ) n.m. ~도(℃)

□ ни́же нуля́ 니제 눌랴 영하

□ кли́мат 끌리마(ㅌ) n.m. 기후

tip. 기후변화는 переме́на кли́мата 삐리몌나 끌리마따입니다.

□ атмосфе́рный (-ая, -ое, -ые) 아트마스폐르느이 a. 대기의

□ атмосфе́рное давле́ние 아트마스페르나예 다블례니예 기압

□ высо́кое атмосфе́рное давле́ние 브소까예 아트마스페르나예 다블례니예 고기압

□ ни́зкое атмосфе́рное давле́ние 느스까예 아트마스페르나예 다블례니예 저기압

□ во́здух 보즈두(ㅎ) n.m. 공기

□ возду́шный (-ая, -ое, -ые) 바즈두쉬느이 a. 공기의, 대기의

□ мо́ре 모례 n.n. 바다

□ морско́й (-а́я, -о́е, -и́е) 마르스꼬이 a. 바다의, 해양의

꼭! 써먹는 **실전 회화**

08. 눈

Со́ня Посмотри́ в окно́. Ско́лько сне́га вы́пало!
빠스마트리 브 아크노. 스꼴까 스녜가 브빨라!
창밖을 봐. 눈이 엄청 많이 내려 쌓였구나!

Са́ша Да не говори́.
Все доро́ги в снегу́, никуда́ не вы́ехать.
다 니 가바리. 프세 디로기 프 스니구, 니꾸다 니 브이하찌
말도 마. 길에 눈이 쌓여서 차 타고 어디 갈 수 없어.

Со́ня В прогно́зе пого́ды сказа́ли, что снегопа́д ко́нчится сего́дня.
프 쁘라그노제 빠고드 스까잘리, 쉬또 스니가빠(ㅌ) 꼰치짜 시보드냐
일기 예보에서는 눈이 오늘 그친데.

Са́ша Наде́юсь, доро́ги почи́стят сра́зу.
나제유시, 다로기 빠치스쨔(ㅌ) 스라주
길은 바로 다 치우겠지.

동물&식물 Животные и Растения 지보트느예 이 라스쪠니야

□ живо́тное 즈보트나예
n.n. 동물

□ дома́шнее живо́тное
다마쉬녜예 즈보드나예
애완동물

□ ла́па 라빠
n.f. (동물의) 발; 다리

□ хвост 흐보스(ㅌ)
n.m. 꼬리

□ цара́пать I - поцара́пать I
짜라빠찌－빠짜라빠찌
v. 할퀴다

□ куса́ть I - укуси́ть II (с-ш)
꾸사찌－우꾸시찌
v. (깨)물다

□ соба́ка 사바까
n.f. 개

□ щено́к 쒸노(ㅋ)
n.m. 강아지

□ ко́шка 꼬쉬까
n.f. 고양이

□ котёнок 까쬬나(ㅋ)
n.m. 새끼 고양이

□ бык 브(ㅋ)
n.m. 황소; 수소

□ коро́ва 까로바
n.f. 암소

□ хряк 흐랴(ㅋ) n.m., свинья́ 스비니야 n.f.
돼지

□ бара́н 바란 n.m., овца́ 아프짜 n.f.
양

□ козёл 까졸 n.m., коза́ 까자 n.f.
염소

□ конь 꼬니 n.m., ло́шадь 로샤찌 n.f. 말

□ кро́лик 끄롤리(ㅋ) n.m., крольчи́ха 끄랄치하 n.f. (집)토끼

□ медве́дь 미드볘찌 n.m., медве́дица 미드볘지짜 n.f. 곰

□ тигр 찌그(ㄹ) n.m., тигри́ца 찌그리짜 n.f. 호랑이

□ лев 례(ㅍ) n.m., льви́ца 리비짜 n.f. 사자

□ лис 리(ㅅ) n.m., лиса́ 리사 n.f. 여우

□ волк 볼(ㅋ) n.m., волчи́ца 발치짜 n.f. 늑대

□ оле́нь 알롄 n.m., олени́ха 알리니하 n.f. 사슴

□ слон 슬론 n.m., слони́ха 슬라니하 n.f. 코끼리

□ обезья́на 아비지야나 n.f. 원숭이

□ жира́ф 즈라(ㅍ) n.m. 기린

□ зе́бра 제브라 n.f. 얼룩말

□ мышь 므쉬 n.f. 쥐

□ бе́лка 벨까 n.f. 다람쥐

□ кит 끼(ㅌ) n.m. 고래

□ пти́ца 쁘찌짜
n.f. 새

□ крыло́ 끄를로
n.n. 날개

□ клюв 끌류(ㅍ)
n.m. 부리

□ пету́х 삐뚜(ㅎ)
n.m. 수탉

□ ку́рица 꾸리짜
n.f. 암탉, 닭; 닭고기

□ цыплёнок 쯔플료나(ㅋ)
n.m. 병아리

□ у́тка 우트까
n.f. 오리; 오리고기

□ индю́к 인쥬(ㅋ)
n.m. 칠면조

□ попуга́й 빠뿌가이
n.m. 앵무새

□ го́лубь 골루피
n.m. 비둘기

□ воро́на 바로나
n.f. 까마귀

□ ла́сточка 라스따츠까
n.f. 제비

□ ча́йка 차이까
n.f. 갈매기

□ сова́ 사바
n.f. 부엉이

□ орёл 아룔
n.m. 독수리

□ пингви́н 삔그빈
n.m. 펭귄

□ ры́ба 르바
n.f. 물고기, 생선

□ жа́бра 자브라 n.f., жа́бры 자브르 n.pl.
아가미(주로 복수형)

□ плавни́к 쁠라브니(ㅋ)
n.m. 지느러미

□ тропи́ческая ры́ба
뜨라삐치스까야 르바
열대어

□ аква́риум 아크바리움
n.m. 어항, 수족관

□ аку́ла 아꿀라
n.f. 상어

□ осьмино́г 아시미노(ㅋ)
n.m. 문어

□ кальма́р 깔마(ㄹ)
n.m. 오징어

□ черепа́ха 치리빠하
n.f. 거북

□ крокоди́л 끄라까질
n.m. 악어

□ змея́ 즈미야
n.f. 뱀

□ я́щерица 야쒸리짜
n.f. 도마뱀

□ лягу́шка 리구쉬까
n.f. 개구리

□ насеко́мое 나시꼬마예
n.n. 곤충

□ пчела́ 쁘칠라
n.f. (꿀)벌

□ ба́бочка 바바츠까
n.f. 나비

□ стрекоза́ 스트리까자
n.f. 잠자리

□ мураве́й 무라베이
n.m. 개미

□ му́ха 무하
n.f. 파리

□ кома́р 까마(ㄹ)
n.m. 모기

□ тарака́н 따라깐
n.m. 바퀴벌레

□ пау́к 빠우(ㅋ)
n.m. 거미

□ расте́ние 라스쩨니예
n.n. 식물

□ сажа́ть I - посади́ть II (д-ж)
사자찌－빠사지찌
v. 심다

□ полива́ть I - поли́ть I p.324
빨리바찌－빨리찌
v. 물을 주다

□ вя́нуть I - завя́нуть I
뱌누찌－자뱌누찌
v. 시들다

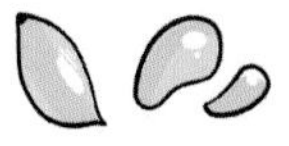

□ се́мя 세먀 n.n., семена́ 시미나 n.pl.
씨앗(주로 복수형)

□ росто́к 라스또(ㅋ)
n.m. 싹

□ плод 쁠로(ㅌ)
n.m. 열매

□ де́рево 제리바
n.n. 나무

□ ве́тка 볘트까
n.f. 나뭇가지

□ лист 리스(ㅌ) n.m., ли́стья 리스찌야 n.pl.
나뭇잎

□ сосна́ 사스나
n.f. 소나무

□ берёза 비료자
n.f. 자작나무

□ клён 끌룐
n.m. 단풍나무

□ трава́ 뜨라바
n.f. 풀

□ газо́н 가존
n.m. 잔디(밭)

□ цвето́к 쯔비또(ㅋ) n.m., цветы́ 쯔비뜨 n.pl.
꽃

□ расцвета́ть I - расцвести́ I p.326
라스쯔비따찌–라스쯔비스찌
v. 꽃이 피다

□ ро́за 로자
n.f. 장미

□ подсо́лнух 빠쏠누(ㅎ)
n.m. 해바라기

□ ли́лия 릴리야
n.f. 백합

□ живо́тное 즈보트나예 n.n. 동물

□ дома́шнее живо́тное 다마쉬녜예 즈보트나예 애완동물

□ выра́щивать I - вы́растить II (ст-щ) 브라쒸바찌–브라스찌찌 v. 사육하다; 기르다; 재배하다

□ ла́па 라빠 n.f. (동물의) 발; 다리

□ ко́готь 꼬가찌 n.m., ко́гти 꼬크찌 n.pl. (동물의) 발톱

tip. 주로 복수형을 사용합니다.

□ шерсть 셰르스찌 n.f. (동물의) 털

□ хвост 흐보스(ㅌ) n.m. 꼬리

□ цара́пать I - поцара́пать I 짜라빠찌–빠짜라빠찌 v. 할퀴다

□ куса́ть I - укуси́ть II (с-ш) 꾸사찌–우꾸시찌 v. (깨)물다

Меня́ укуси́л кома́р.
미냐 우꾸실 까마(ㄹ)
난 모기한테 물렸다. (나를 모기가 물었다.)

□ соба́ка 사바까 n.f. 개

□ щено́к 쒸노(ㅋ) n.m. 강아지

tip. 작고 귀여운 개, 강아지를 애칭으로 соба́чка 사바츠까라 합니다.

□ га́вкать I - га́вкнуть I 가프까찌–가프크누찌 v. (개가) 짖다

tip. 러시아 동물 울음소리로 개는 гав-гав 가(ㅍ) 가(ㅍ)(멍멍), 고양이는 мя́у-мя́у 마우 마우 (야옹야옹), 돼지는 хрю-хрю 흐류 흐류(꿀꿀), 수탉은 кукареку́ 꾸까리꾸(꼬끼오)입니다.

□ ко́шка 꼬쉬까 n.f. 고양이

tip. 고양이에게 '이리 와'라고 부를 때, 'кис-кис 끼(ㅅ) 끼(ㅅ)'라 합니다.

□ котёнок 까쬬나(ㅋ) n.m. 새끼 고양이

□ мяу́кать I - мяу́кнуть I 미우까찌–미우크누찌 v. (고양이가) 울다

□ скот 스꼬(ㅌ) n.m. 가축

□ саме́ц 사몌(ㅉ) n.m. 수컷

tip. 일반적으로 동물을 말할 때 대부분 남성 명사로 말합니다.

□ са́мка 삼까 n.f. 암컷

□ бык 브(ㅋ) n.m. 황소; 수소

□ коро́ва 까로바 n.f. 암소

tip. 일반적으로 '소'를 말할 때, 여성형 коро́ва라고 합니다.

□ хряк 흐랴(ㅋ) n.m., свинья́ 스비니야 n.f. 돼지

tip. 일반적으로 '돼지'를 말할 때, 여성형 свинья́라고 합니다.

□ бара́н 바란 n.m., овца́ 아프짜 n.f. 양

□ козёл 까졸 n.m., коза́ 까자 n.f. 염소 → tip. 일반적으로 '염소'를 말할 때, 여성형 коза́라고 합니다.

□ конь 꼬니 n.m., ло́шадь 로샤찌 n.f. 말 → tip. 일반적으로 '말'을 말할 때, 여성형 ло́шадь라고 합니다.

□ кро́лик 끄롤리(ㅋ) n.m., крольчи́ха 끄랄치하 n.f. (집)토끼

□ за́яц 자이(ㅉ) n.m., зайчи́ха 자이치하 n.f. 산토끼

□ медве́дь 미드베찌 n.m., медве́дица 미드베지짜 n.f. 곰

tip. 곰은 러시아를 상징하는 동물로 ми́шка 미쉬까(작은 곰, 곰인형)란 애칭으로 부르기도 합니다.

□ тигр 찌그(ㄹ) n.m., тигри́ца 찌그리짜 n.f. 호랑이

□ лев 례(ㅍ) n.m., льви́ца 리비짜 n.f. 사자

□ лис 리(ㅅ) n.m., лиса́ 리사 n.f. 여우 → tip. 일반적으로 '여우'를 말할 때, 여성형 лиса́라고 합니다.

□ волк 볼(ㅋ) n.m., волчи́ца 발치짜 n.f. 늑대

□ оле́нь 알렌 n.m., олени́ха 알리니하 n.f. 사슴

□ слон 슬론 n.m., слони́ха 슬라니하 n.f. 코끼리

□ обезья́на 아비지야나 n.f. 원숭이

□ жира́ф 즈라(ㅍ) n.m. 기린

□ зе́бра 제브라 n.f. 얼룩말; 횡단보도

□ мышь 므쉬 n.f. 쥐

□ летýчая мышь 리뚜차야 므쉬 박쥐

□ бе́лка 벨까 n.f. 다람쥐

□ кит 끼(ㅌ) n.m. 고래 → tip. 포유류는 복수형으로 млекопита́ющие 믈리까삐따유쒸예입니다.

□ дельфи́н 질핀 n.m. 돌고래

□ пти́ца 쁘찌짜 n.f. 새

□ крыло́ 끄릴로 n.n. 날개

□ перо́ 삐로 n.n. 깃털

□ клюв 끌류(ㅍ) n.m. 부리

□ яйцо́ 이이쪼 n.n. 알

□ гнездо́ 그니즈도 n.n. (새의) 둥지

□ откла́дывать I - отложи́ть II 아트클라드바찌–아틀라즈찌 v. (알을) 낳다

□ выси́живать I - вы́сидеть II (д-ж) 브시즈바찌–브시지찌 v. (알을) 품다

□ пету́х 삐뚜(ㅎ) n.m. 수탉

□ ку́рица 꾸리짜 n.f. 암탉, 닭; 닭고기

□ цыплёнок 쯔플료나(ㅋ) n.m. 병아리

□ у́тка 우트까 n.f. 오리; 오리고기

□ гусь 구(ㅅ) n.m., гусы́ня 구스냐 n.f. 거위

□ индю́к 인쥬(ㅋ) n.m. 칠면조

□ стра́ус 스트라우(ㅅ) n.m. 타조

□ попуга́й 빠뿌가이 n.m. 앵무새

□ го́лубь 골루피 n.m. 비둘기

□ воро́на 바로나 n.f. 까마귀

□ ла́сточка 라스따츠까 n.f. 제비

□ ча́йка 차이까 n.f. 갈매기

□ сова́ 사바 n.f. 부엉이

□ орёл 아룔 n.m. 독수리

□ павли́н 빠블린 n.m. 공작

□ пингви́н 삔그빈 n.m. 펭귄

□ ры́ба 르바 n.f. 물고기, 생선

tip. 어항에서 키우는 물고기는 작기 때문에 'ры́бка 르프까(작은 물고기)'라 합니다.

- □ тропи́ческая ры́ба 뜨라삐치스까야 르바 열대어
- □ аква́риум 아크바리움 n.m. 어항, 수족관
- □ жа́бра 자브라 n.f., жа́бры 자브르 n.pl. 아가미(주로 복수형)
- □ плавни́к 쁠라브니(ㅋ) n.m. 지느러미
- □ чешуя́ 치슈야 n.f. 비늘

□ аку́ла 아꿀라 n.f. 상어

□ осьмино́г 아시미노(ㅋ) n.m. 문어

□ кальма́р 깔마(ㄹ) n.m. 오징어

□ черепа́ха 치리빠하 n.f. 거북

□ крокоди́л 끄라까질 n.m. 악어

tip. '거짓 눈물(악어의 눈물)'을 крокоди́ловы слёзы 끄라까질라브 슬료즈라 합니다.

□ змея́ 즈미야 n.f. 뱀

□ я́щерица 야쒸리짜 n.f. 도마뱀

□ лягу́шка 리구쉬까 n.f. 개구리

□ насеко́мое 나시꼬마예 n.n. 곤충

- □ червь 체르피 n.m. 벌레; 구더기; 지렁이
- □ червя́к 치르뱌(ㅋ) n.m. 지렁이(회화)
- □ гу́сеница 구시니짜 n.f. 애벌레

□ пчела́ 쁘칠라 n.f. (꿀)벌

□ ба́бочка 바바츠까 n.f. 나비

□ стрекоза́ 스트리까자 n.f. 잠자리

□ мураве́й 무라베이 n.n. 개미

□ му́ха 무하 n.f. 파리

□ кома́р 까마(ㄹ) n.m. 모기

□ तарака́н 따라깐 n.m. 바퀴벌레

□ пау́к 빠우(ㅋ) n.m. 거미

□ расте́ние 라스쩨니예 n.n. 식물

□ сажа́ть I - посади́ть II (д-ж) 사자찌－빠사지찌 v. 심다
  □ полива́ть I - поли́ть I p.324 빨리바찌－빨리찌 v. 물을 주다
  □ вя́нуть I - завя́нуть I 뱌누찌－자뱌누찌 v. 시들다

□ се́мя 세먀 n.n., семена́ 시미나 n.pl. 씨앗(주로 복수형)
  □ росто́к 라스또(ㅋ) n.m. 싹
  □ плод 쁠로(ㅌ) n.m. 열매

□ де́рево 졔리바 n.n. 나무
  □ ве́тка 볘트까 n.f. 나뭇가지
  □ ствол 스트볼 n.m. 나무줄기
  □ лист 리스(ㅌ) n.m., ли́стья 리스찌야 n.pl. 나뭇잎
  □ ко́рень 꼬린 n.m. 뿌리

□ сосна́ 사스나 n.f. 소나무

□ берёза 비료자 n.f. 자작나무

□ клён 끌룐 n.m. 단풍나무

□ ги́нкго 긴가 n.m. 은행나무

□ трава́ 뜨라바 n.f. 풀

□ лека́рственная трава́ 리까르스트비나야 뜨라바 약초; 허브

□ газо́н 가존 n.m. 잔디(밭)

□ цвето́к 쯔비또(ㅋ) n.m., цветы́ 쯔비뜨 n.pl. 꽃

□ расцвета́ть I - расцвести́ I p.326 라스쯔비따찌-라스쯔비스찌 v. 꽃이 피다

□ лепесто́к 리뼤스또(ㅋ) n.m. 꽃잎

□ ро́за 로자 n.f. 장미

□ подсо́лнух 빠쫄누(ㅎ) n.m. 해바라기

tip. дс를 [ц]로 발음합니다.

□ ли́лия 릴리야 n.f. 백합

□ тюльпа́н 쮸빤 n.m. 튤립

□ хризанте́ма 흐리잔떼마 n.f. 국화

09. 애완동물

꼭! 써먹는 **실전 회화**

Со́ня У тебя́ есть дома́шнее живо́тное?
우 찌뱌 예스찌 다마쉬녜에 즈보트나예?
애완동물을 키우니?

Ле́ра Да, я держу́ соба́ку вот уже́ три го́да.
다, 야 지르주 사바꾸 보(ㅌ) 우제 뜨리 고다
응, 개를 키운 지 3년 됐어.

Со́ня Тяжело́ держа́ть соба́ку до́ма?
찌즐로 지르자찌 사바꾸 도마?
집에서 개를 키우는 게 힘들어?

Ле́ра Нет, я её хорошо́ приучи́ла.
녜(ㅌ), 야 이요 하라쇼 쁘리우칠라
아니, 난 개를 잘 훈련시켰거든.

연습 문제 Упражнение 우프라즈녜니예

다음 단어를 읽고 맞는 뜻과 연결하세요.

1. вре́мя го́да •	• 개
2. вре́мя •	• 계절
3. день •	• 고양이
4. де́рево •	• 꽃
5. живо́тное •	• 나무
6. ко́шка •	• 날씨
7. пого́да •	• 낮; 하루
8. ры́ба •	• 눈
9. снег •	• 동물
10. соба́ка •	• 물고기, 생선
11. со́лнце •	• 시간, 때
12. цвето́к •	• 해, 태양

1. вре́мя го́да – 계절 2. вре́мя – 시간, 때 3. день – 낮; 하루
4. де́рево – 나무 5. живо́тное – 동물 6. ко́шка – 고양이
7. пого́да – 날씨 8. ры́ба – 물고기, 생선 9. снег – 눈
10. соба́ка – 개 11. со́лнце – 해, 태양 12. цвето́к – 꽃

Глава 4

가정

Раздел 10.

집 Дом 돔

□ дом 돔
n.m. 집

□ прихо́жая 쁘리호자야
n.f. 현관

□ подъе́зд 빠ㄷ예스(ㅌ)
n.m. (아파트) 출입구

□ звоно́к 즈바노(ㅋ)
n.m. 초인종

□ дверь 드볘(ㄹ)
n.f. 문

□ окно́ 아크노
n.n. 창문

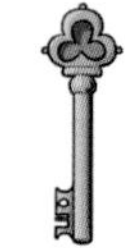

□ ключ 끌류(ㅊ)
n.m. 열쇠

□ ко́мната 꼼나따
n.f. 방

□ гости́ная 가스찌나야
n.f. 거실, 응접실

□ спа́льня 스빨냐
n.f. 침실

□ кабине́т 까비녜(ㅌ)
n.m. 서재

□ ку́хня 꾸흐냐
n.f. 부엌, 주방; 요리

□ ва́нная 반나야
n.f. 욕실

□ туале́т 뚜알례(ㅌ)
n.m. 화장실

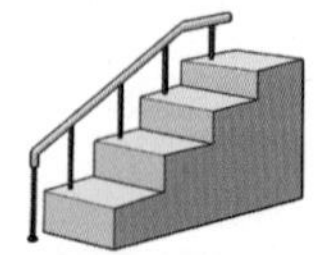

□ ле́стница 례스니짜
n.f. 계단

□ лифт 리프(ㅌ)
n.m. 엘리베이터

□ двор 드보(ㄹ)
n.m. 마당

□ сад 사(ㅌ)
n.m. 정원

□ забо́р 자보(ㄹ)
n.m. 울타리

□ кладова́я 끌라다바야
n.f. 창고

□ подва́л 빠드발
n.m. 지하실

□ черда́к 치르다(ㅋ)
n.m. 다락방

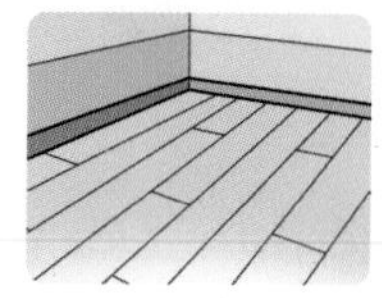

□ пол 뽈
n.m. 바닥

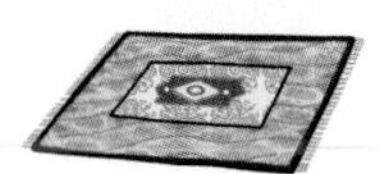

□ ковёр 까뵤(ㄹ)
n.m. 카펫, 양탄자

□ кры́ша 끄르샤
n.f. 지붕

□ ме́бель 메빌
n.f. 가구(집합명사, 단수취급)

□ стол 스똘
n.m. 테이블, 탁자, 식탁

□ стул 스뚤
n.m. 의자

□ дива́н 지반
n.m. 소파

□ телеви́зор 찔리비자(ㄹ)
n.m. 텔레비전

□ крова́ть 끄라바찌
n.f. 침대

□ шкаф 쉬까(ㅍ)
n.m. 장, 장롱

□ по́лка 뽈까
n.f. 선반

□ выдвижно́й я́щик
브드비즈노이 야쒸(ㅋ)
서랍

□ зе́ркало 제르깔라
n.n. 거울

□ туале́тный сто́лик
뚜알례트느이 스똘리(ㅋ)
화장대

□ ла́мпа 람빠
n.f. 전등; 램프

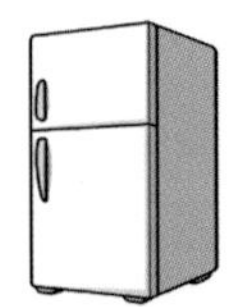

□ холоди́льник
할라질리니(ㅋ)
n.m. 냉장고

□ га́зовая плита́
가자바야 쁠리따
가스레인지

□ электри́ческая плита́
엘리크트리치스까야 쁠리따
전기레인지

□ духо́вка 두호프까
n.f. 오븐

□ бле́ндер 블렌데(ㄹ)
n.m. 믹서

□ то́стер 또스떼(ㄹ)
n.m. 토스터

□ посудомо́ечная маши́на
빠수다모이츠나야 마쉬나
식기세척기

□ ку́хонная ра́ковина
꾸하나야 라까비나
= мо́йка 모이까 n.f.
싱크대

□ ра́ковина 라까비나
n.f. 세면대

□ кран 끄란
n.m. 수도꼭지

□ умыва́ться I - умы́ться I
우므바짜–우므짜
v. 세수하다

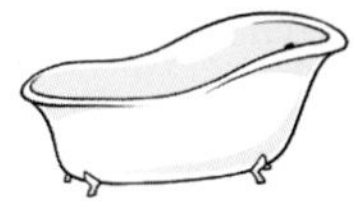

□ ва́нна 반나
n.f. 욕조

□ мы́ться I p.317 - вы́мыться / помы́ться I
므짜–브므짜/빠므짜
v. 목욕하다

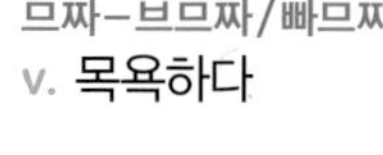

□ унита́з 우니따(ㅅ)
n.m. 변기

□ мы́ло 믈라
n.n. 비누

□ убо́рка 우보르까
n.f. 청소

□ пылесо́с 쁠리소(ㅅ)
n.m. 진공청소기

□ убира́ть I - убра́ть I p.327
우비라찌–우브라찌
v. 치우다, 청소하다

□ му́сорное ведро́
무사르나예 비드로
휴지통, 쓰레기통

□ бельё 빌리요
n.n. 세탁물; 내의류

□ стира́льная маши́на
스찌랄리나야 마쉬나
세탁기

□ отопле́ние
아따플레니예
n.n. 난방; 난방 장치

□ дом 돔 n.m. 집

□ ча́стный дом 차스느이 돔 (개인) 주택

□ жить I p.316 즈찌 v. 살다, 생활하다, 거주하다 [불완료상]

□ кварти́ра 끄바르찌라 n.f. 아파트의 한 가호

У меня́ трёхко́мнатная кварти́ра.
우 미냐 뜨료흐꼼나트나야 끄바르찌라
나는 방 3칸짜리 아파트에 살고 있다. (나는 방 3칸짜리 아파트가 있다.)

tip. 러시아에서는 집 크기를 방이 몇 칸인지로 얘기하며, 방 3칸이라 하면 거실 1개에 침실 2개입니다.

□ подъе́зд 빠드예스(ㅌ) n.m. (아파트) 출입구

□ домофо́н 다마폰 n.m. 인터폰

□ звоно́к 즈바노(ㅋ) n.m. 초인종

□ вход 프호(ㅌ) n.m. 입구

□ вы́ход 브하(ㅌ) n.m. 출구

□ запасно́й вы́ход 자빠스노이 브하(ㅌ) 비상구

□ прихо́жая 쁘리호자야 n.f. 현관

□ ключ 끌류(ㅊ) n.m. 열쇠

□ замо́к 자모(ㅋ) n.m. 자물쇠

tip. 전자번호키(전자 암호의 자물쇠)는 электро́нный ко́довый замо́к 엘리크트로느이 꼬다브이 자모(ㅋ)라고 합니다.

□ ко́мната 꼼나따 n.f. 방

□ гости́ная 가스찌나야 n.f. 거실, 응접실

□ зал 잘 n.m. 거실

□ балко́н 발꼰 n.m. 발코니

tip. 베란다는 여성 명사로 ло́джия 로드즈야라고 합니다. 회화에서는 발코니와 베란다 모두 балко́н이라 합니다.

□ спа́льня 스빨냐 n.f. 침실

□ кабине́т 까비네(ㅌ) n.m. 서재

□ ку́хня 꾸흐냐 n.f. 부엌, 주방; 요리

□ ва́нная 반나야 n.f. 욕실

□ туале́т 뚜알례(ㅌ) n.m. 화장실

□ туале́тная бума́га 뚜알례트나야 부마가 화장지 **tip.** 냅킨이나 티슈는 салфе́тка 살폐트까입니다.

□ коридо́р 까리도(ㄹ) n.m. 복도

□ ле́стница 례스니짜 n.f. 계단

□ лифт 리프(ㅌ) n.m. 엘리베이터

□ дверь 드볘(ㄹ) n.f. 문

□ окно́ 아크노 n.n. 창문

□ открыва́ть I - откры́ть I p.322 아트크르바찌—아트크르찌 v. 열다

□ закрыва́ть I - закры́ть I p.321 자크르바찌—자크르찌 v. 닫다

□ двор 드보(ㄹ) n.m. 마당

□ сад 사(ㅌ) n.m. 정원

□ забо́р 자보(ㄹ) n.m. 울타리

□ кладова́я 끌라다바야 n.f. 창고

= кладо́вка 끌라도프까 (회화)

□ эта́ж 에따쉬 n.m. 층

□ подва́л 빠드발 n.m. 지하실

□ черда́к 치르다(ㅋ) n.m. 다락방

□ пол 뽈 n.m. 바닥

□ ковёр 까뵤(ㄹ) n.m. 카펫, 양탄자

□ ко́врик 꼬브리(ㅋ) n.m. 매트

□ потоло́к 빠딸로(ㅋ) n.m. 천장

□ кры́ша 끄르샤 n.f. 지붕

□ труба́ 뜨루바 n.f. 굴뚝

□ стена́ 스찌나 n.f. 벽

□ ме́бель 메빌 n.f. 가구(집합명사, 단수 취급)

□ стол 스똘 n.m. 테이블, 탁자, 식탁
□ пи́сьменный стол 삐시미느이 스똘 책상(필기용 테이블)
□ обе́денный стол 아베지느이 스똘 식탁(식사용 테이블)

□ стул 스뚤 n.m. 의자

□ дива́н 지반 n.m. 소파

□ што́ра 쉬또라 n.f. 커튼

□ телеви́зор 찔리비자(ㄹ) n.m. 텔레비전

□ крова́ть 끄라바찌 n.f. 침대
□ простыня́ 쁘라스뜨냐 n.f. 침대 시트
□ одея́ло 아지얄라 n.n. 이불
□ поду́шка 빠두쉬까 n.f. 베개

tip. 2층 침대는 двухъя́русная крова́ть 뜨부흐야루스나야 끄라바찌입니다.

□ шкаф 쉬까(ㅍ) n.m. 장, 장롱
□ одёжный шкаф 아죠즈느이 쉬까(ㅍ) 옷장
□ кни́жный шкаф 끄니즈느이 쉬까(ㅍ) 책장

□ по́лка 뽈까 n.f. 선반

□ выдвижно́й я́щик 브드비즈노이 야쒸(ㅋ) 서랍

□ зе́ркало 제르깔라 n.n. 거울

□ туале́тный сто́лик 뚜알레트느이 스똘리(ㅋ) 화장대

□ ла́мпа 람빠 n.f. 전등; 램프

tip. 장스탠드는 торше́р 따르셰(ㄹ), 탁상용 스탠드는 насто́льная ла́мпа 나스똘나야 람빠입니다.

□ ве́шалка 볘샬까 n.f. 옷걸이
□ ве́шать I - пове́сить II (с-ш) 볘샤찌–빠볘시찌 v. 걸다

□ холоди́льник 할라질리니(ㅋ) n.m. 냉장고

□ га́зовая плита́ 가자바야 쁠리따 가스레인지
□ электри́ческая плита́ 엘리크트리치스까야 쁠리따 전기레인지
= электроплита́ 엘례크트라쁠리따 n.f.
□ микроволно́вая печь 미크라발노바야 뼤(ㅊ) 전자레인지
= микроволно́вка 미크라발노프까 n.f. (회화)

□ духо́вка 두호프까 n.f. 오븐

□ бле́ндер 블렌데(ㄹ) n.m. 믹서

□ то́стер 또스떼(ㄹ) n.m. 토스터

□ диспе́нсер для воды́ 지스뻰시(ㄹ) 들랴 바드 정수기
= ку́лер для воды́ 꿀리(ㄹ) 들랴 바드

□ посу́да 빠수다 n.f. 식기
□ посудомо́ечная маши́на 빠수다모이츠나야 마쉬나 식기세척기
= посудомо́йка 빠수다모이까 (회화)
□ суши́лка для посу́ды 수쉴까 들랴 빠수드 식기건조대

tip. суши́лка 수쉴까는 건조대입니다.

□ ку́хонная ра́ковина 꾸하나야 라까비나 싱크대
= мо́йка 모이까 n.f.
□ мыть I p.317 - вы́мыть/помы́ть I 므찌–브므찌/빠므찌 v. 씻다
□ мыть - вы́мыть/помы́ть посу́ду 므찌–브므찌/빠므찌 빠수두 설거지를 하다

tip. 회화에서 помы́ть를 많이 씁니다. вы́мыть, помы́ть의 변화는 мыть와 같으며, вы́мыть에서 강세는 вы에 있습니다.

□ ра́ковина 라까비나 n.f. 세면대
□ кран 끄란 n.m. 수도꼭지
□ умыва́ться I - умы́ться I 우므바짜–우므짜 v. 세수하다

tip. умы́ться, вы́мыться, помы́ться의 변화는 мы́ться와 같으며, вы́мыться에서 강세는 вы에 있습니다.

□ ва́нна 반나 n.f. 욕조
□ мы́ться I p.317 - вы́мыться / помы́ться I 므짜–브므짜/빠므짜 v. 목욕하다

tip. 회화에서 помы́ться를 많이 씁니다.

□ унита́з 우니따(ㅅ) n.m. 변기

□ мы́ло 믈라 n.n. 비누

□ убо́рка 우보르까 n.f. 청소

□ убира́ть I - убра́ть I p.327 우비라찌–우브라찌 v. 치우다, 청소하다

□ подмета́ть I - подмести́ I p.323 빠드미따찌–빠드미스찌 v. 쓸다

□ вытира́ть I - вы́тереть I p.320 브찌라찌–쁘찌리찌 v. 닦다, 닦아내다

□ ве́ник 볘느(ㅋ) n.m. 빗자루

□ сово́к 사보(ㅋ) n.m. 쓰레받기

□ шва́бра 쉬바브라 n.f. 대걸레, 밀걸레

□ пылесо́с 쁠리소(ㅅ) n.m. 진공청소기

□ приводи́ть II (д-ж) - привести́ I p.325 в поря́док
쁘리바지찌–쁘리비스찌 프 빠랴다(ㅋ) 정리하다

□ му́сор 무사(ㄹ) n.m. 쓰레기

□ му́сорное ведро́ 무사르나예 비드로 휴지통, 쓰레기통
= му́сорка 무사르까 n.f. (회화)

tip. 길거리 쓰레기통은 у́рна 우르나입니다.

□ выбра́сывать I - вы́бросить II (с-ш) 브브라스바찌–브브라시찌 v. 버리다

□ сортирова́ть I (ова-у) - рассортирова́ть I (ова-у) му́сор
사르찌라바찌–라사르찌라바찌 무사(ㄹ) 분리수거를 하다

□ сти́рка 스찌르까 n.f. 빨래

□ стира́ть I - постира́ть I 스찌라찌–빠스찌라찌 v. 세탁하다; 빨래하다

□ стира́льная маши́на 스찌랄리나야 마쉬나 세탁기
= стира́льная маши́нка 스찌랄리나야 마쉰까 (회화)

□ стира́льный порошо́к 스찌랄느이 빠라쇼(ㅋ) (가루) 빨래세제

□ бельё 빌리요 n.n. 세탁물; 내의류

□ суши́лка для белья́ 수쉴까 들랴 빌리야 빨래 건조대

□ утю́г 우쮸(ㅋ) n.m. 다리미

□ гла́дить II (д-ж) - вы́гладить II (д-ж) 글라지찌–브글라지찌 v. 다리미질하다

□ выключа́тель 브클류차찔 n.m. 스위치

□ розе́тка 라제트까 n.f. 콘센트

tip. 러시아 표준 전압은 220V입니다.

□ ка́бель 까빌 n.m. 케이블

tip. 러시아의 중앙 난방은 보통 9~10월부터 시작해 3~5월에 끊겨요.

□ отопле́ние 아따플례니예 n.n. 난방; 난방 장치

□ центра́льное отопле́ние 쯘트랄나예 아따플례니예 중앙 난방

□ ме́стное отопле́ние 메스나예 아따플례니예 개별 난방

□ радиа́тор 라찌아따(ㄹ) n.m. 라디에이터, 난방기

tip. 러시아에서는 난방 장치로 라디에이터를 많이 써요.

= батаре́я 바따레야 n.f. (배터리, 건전지)

□ ками́н 까민 n.m. 벽로(벽난로의 일종)

□ электрокáми́н 엘례크트라까민 n.m. 전기히터

□ кондиционе́р 깐지쯔아녜(ㄹ) n.m. 에어컨

□ вентиля́тор 빈찔랴따(ㄹ) n.m. 선풍기

꼭! 써먹는 **실전 회화**

10. 설거지

Со́ня Са́ша, помо́й посу́ду, пожа́луйста.
사샤, 빠모이 빠수두, 빠잘루스따
사샤, 설거지 좀 해줘.

Са́ша Не бу́ду! Я же мыл у́тром.
니 부두! 야 제 믈 우트람
안 할거야! 내가 아침에 설거지 했잖아.

Со́ня Ну, помо́й ещё раз. Мне уже на́до выходи́ть.
누, 빠모이 이쑈 라(ㅅ). 므녜 우제 나다 브하지찌
음, 한번만 더 설거지 해줘. 난 벌써 나가야 해.

Са́ша Ну ла́дно, но это в после́дний раз.
누 라드나, 노 에따 프 빠슬례드니 라(ㅅ)
알았어, 하지만 이번만이야.

옷 Одежда 아졔즈다

□ оде́жда 아졔즈다
n.f. 옷, 의복

□ одева́ться I - оде́ться I p.322
아지바짜–아졔짜
v. 옷을 입다

□ раздева́ться I - разде́ться I
라즈지바짜–라즈졔짜
v. 옷을 벗다

□ брю́ки 브류끼
n.pl. 바지

□ шо́рты 쇼르뜨
n.pl. 반바지

□ джи́нсы 진스
n.pl. 청바지

□ ю́бка 유프까
n.f. 치마

□ костю́м 까스쯈
n.m. 양복(한 벌), 정장

□ жаке́т 자꼐(ㅌ)
n.m. 재킷

□ руба́шка 루바쉬까
n.f. 셔츠, 와이셔츠;
러시아식 상의;
루바시카

□ сарафа́н 사라판
n.m. 사라판
(러시아 여성 전통 의상);
멜빵 원피스

□ пла́тье 쁠라찌예
n.n. 원피스, 드레스

□ футбо́лка 푸드볼까
n.f. 티셔츠

□ пуло́вер 뿔로비(ㄹ)
n.m. (깃이 없는 풀오버) 스웨터

□ сви́тер 스비떼(ㄹ)
n.m. 터틀넥 스웨터

□ кардига́н 까르지간
n.m. 카디건

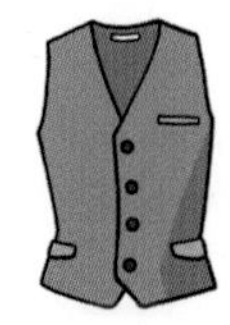

□ жиле́т 즐례(ㅌ)
n.m. 조끼

□ ку́ртка 꾸르트까
n.f. 점퍼

□ пухови́к 뿌하비(ㅋ)
n.m. 패딩

□ шу́ба 슈바
n.f. 모피코트, 털 코트

□ ночно́е бельё
나츠노예 빌리요
잠옷

□ трусы́ 뜨루스
n.pl. 팬티

□ бюстга́льтер
뷰즈갈떼(ㄹ) n.m.
= ли́фчик 리프치(ㅋ) (회화)
브래지어

□ спорти́вный костю́м
스빠르찌브느이 까스쯈
운동복

□ очки́ 아츠끼
n.pl. 안경(항상 복수형)

□ со́лнечные очки́
솔니츠느예 아츠끼
선글라스

□ (дождево́й) плащ
(다즈지보이) 쁠라쒸
n.m. 비옷

□ шарф 샤르(ㅍ)
n.m. 목도리

□ плато́к 쁠라또(ㅋ)
n.m. 스카프; 목도리

□ перча́тки 삐르차트끼
n.pl. 장갑(주로 복수형)

□ ша́пка 샤프까
n.f. 모자

□ ке́пка 꼐프까
n.f. 캡모자

□ га́лстук 갈스뚜(ㅋ)
n.f. 넥타이

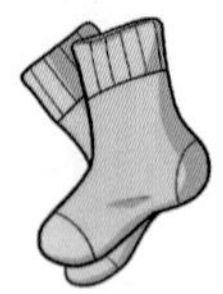

□ носки́ 나스끼
n.pl. 양말 (주로 복수형)

□ о́бувь 오부피
n.f. 신발
(집합명사, 단수 취급)

□ боти́нки 바찐끼
n.pl. 단화; 앵클 부츠

□ кроссо́вки 끄라소프끼
n.pl. 운동화

□ сапоги́ 사빠기
n.pl. 부츠; 장화

□ шлёпанцы 쉴료빤쯔
n.pl. 슬리퍼

□ та́почки 따빠츠끼
n.pl. 실내용 슬리퍼

□ су́мка 숨까
n.f. 가방

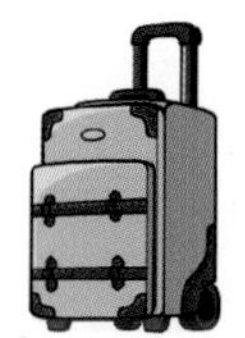

□ чемода́н 치마단
n.m. 트렁크, 여행용 가방

□ кошелёк 까쉴료(ㅋ)
n.m. 지갑

□ реме́нь 리몐
n.m. 벨트; 가죽끈

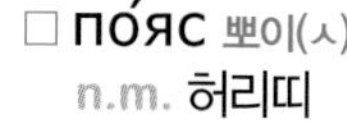

□ по́яс 뽀이(ㅅ)
n.m. 허리띠

□ колье́ 깔리예
n.n. 목걸이

□ брасле́т 브라슬례(ㅌ)
n.m. 팔찌

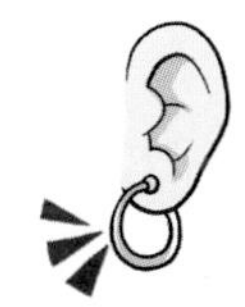

□ се́рьги 세리기
n.pl. 귀걸이

□ кольцо́ 깔쪼
n.n. 반지

□ оде́жда 아제즈다 n.f. 옷, 의복
□ ве́рхняя оде́жда 베르흐냐야 아제즈다 겉옷
□ надева́ть I - наде́ть I p.321 나지바찌–나제찌 v. 입다, 착용하다
□ одева́ться I - оде́ться I p.322 아지바짜–아제짜 v. 옷을 입다
□ раздева́ться I - разде́ться I 라즈지바짜–라즈제짜 v. 옷을 벗다

tip. разде́ться의 변화는 оде́ться와 같습니다.

□ брю́ки 브류끼 n.pl. 바지
□ шо́рты 쇼르뜨 n.pl. 반바지
□ джи́нсы 진스 n.pl. 청바지

tip. 바지 관련 단어는 항상 복수형으로 씁니다.

□ ю́бка 유프까 n.f. 치마

□ костю́м 까스쯈 n.m. 양복(한 벌), 정장
□ пиджа́к 삐드자(ㅋ) n.m. (양복의) 상의, 재킷

□ жаке́т 자꼐(ㅌ) n.m. 재킷

□ руба́шка 루바쉬까 n.f. 셔츠, 와이셔츠; 러시아식 상의; 루바시카

□ сарафа́н 사라판 n.m. 사라판(러시아 여성 전통 의상); 멜빵 원피스

tip. руба́шка는 러시아 전통의상으로 옷깃 없이 가슴 부분에 여밈이 있는 넓고 긴 상의로, 앞단이나 소매 부분에 전통 자수가 놓여 있습니다. сарафа́н은 소매가 없고 어깨 띠가 달린 러시아 여성 전통 의상입니다. 남성들은 руба́шка를 바지 위로 내어 허리에 띠를 두르고, 여성들은 руба́шка 위에 сарафа́н을 입습니다.

□ пла́тье 쁠라찌예 n.n. 원피스, 드레스

□ идти́ I p.317 이찌 v. 어울리다; 가다; 오다 [불완료상]

Тебе́ идёт э́то пла́тье.
찌베 이죠(ㅌ) 에따 쁠라찌예
넌 이 원피스가 어울린다.

□ футбо́лка 푸드볼까 n.f. 티셔츠
□ рука́в 루까(ㅍ) n.m. 소매
□ коро́ткий рука́в 까로트끼 루까(ㅍ) 반팔
□ дли́нный рука́в 들리느이 루까(ㅍ) 긴팔
□ без рукаво́в 비(ㅈ) 루까보(ㅍ) 민소매

□ пу́говица 뿌가비짜 n.f. 단추

□ мо́лния 몰니야 n.f. 지퍼

□ карма́н 까르만 n.m. 주머니

□ пуло́вер 뿔로비(ㄹ) n.m. (깃이 없는 풀오버) 스웨터
□ сви́тер 스비떼(ㄹ) n.m. 터틀넥 스웨터 → tip. те를 [тэ]로 발음합니다.

□ кардига́н 까르지간 n.m. 카디건 → tip. ко́фта 꼬프따는 스웨터나 카디건, 티셔츠와 같은 짧은 상의를 의미합니다.

□ жиле́т 즐례(ㅌ) n.m. 조끼

□ ку́ртка 꾸르트까 n.f. 점퍼
□ ветро́вка 비트로프까 n.f. 바람막이 점퍼

□ пухови́к 뿌하비(ㅋ) n.m. 패딩

□ пальто́ 빨또 n.n. 코트
□ шу́ба 슈바 n.f. 모피코트, 털 코트
□ мех 메(ㅎ) n.m. 모피

□ хала́т 할라(ㅌ) n.m. 가운

По́сле ду́ша я надева́ю хала́т.
뽀슬례 두샤 야 나지바유 할라(ㅌ)
샤워 후에 난 가운을 입는다.

□ ночно́е бельё 나츠노예 빌리요 잠옷

□ бельё 빌리요 n.n. 내의류; 세탁물
□ ни́жний (-яя, -ее, -ие) 니즈니 a. 아래의; 하부의
□ ни́жнее бельё 니즈녜예 빌리요 속옷
□ трусы́ 뜨루스 n.pl. 팬티
□ комбина́ция 깜비나쯔야 n.f. 란제리(여성의 속옷)
= комбина́шка 깜비나쉬까 (회화)
□ бюстга́льтер 뷰즈갈떼(ㄹ) n.m. 브래지어 → tip. те를 [тэ]로 발음합니다.
= ли́фчик 리프치(ㅋ) (회화)

□ фо́рма 포르마 n.f. 유니폼

□ спорти́вный костю́м 스빠르찌브느이 까스쯤 운동복

□ пла́вки 쁠라프끼 n.pl. (남성용 팬츠) 수영복
  □ купа́льник 꾸빨니(ㅋ) n.m. (여성용) 수영복
  □ купа́льная ша́почка 꾸빨나야 샤빠츠까 수영모
  □ очки́ для пла́вания 아츠끼 들랴 쁠라바니야 수경

□ очки́ 아츠끼 n.pl. 안경(항상 복수형)
  □ со́лнечные очки́ 솔니츠느예 아츠끼 선글라스

Ле́том я ношу́ со́лнечные очки́.
례땀 야 나슈 솔니츠느예 아츠끼
여름에 나는 선글라스를 끼고 다닌다.

□ зонт 존(ㅌ) n.m. 우산

□ (дождево́й) плащ (다즈지보이) 쁠라쒸 n.m. 비옷

□ шарф 샤르(ㅍ) n.m. 목도리
  □ плато́к 쁠라또(ㅋ) n.m. 스카프; 목도리

□ перча́тки 삐르차트끼 n.pl. 장갑(주로 복수형)

tip. 장갑 한 짝은 단수형 여성명사 перча́тка 삐르차트까입니다.

□ ма́ска 마스까 n.f. 마스크

□ шлем 쉴렘 n.m. 헬멧

□ ша́пка 샤프까 n.f. 모자
  □ мехова́я ша́пка 미하바야 샤프까 털모자
  □ вя́заная ша́пка 뱌자나야 샤프까 니트 모자
  □ ке́пка 꼐프까 n.f. 캡모자

□ га́лстук 갈스뚜(ㅋ) n.f. 넥타이

□ носки́ 나스끼 n.pl. 양말 (주로 복수형)

□ чулки́ 출끼 n.pl. 스타킹 (주로 복수형)

Куда́ ты положи́ла мои́ носки́?
꾸다 뜨 빨라즐라 마이 나스끼?
내 양말 어디 뒀니?

tip. 양말 한 짝은 носо́к 나소(ㅋ), 스타킹 한 짝은 чуло́к 출로(ㅋ)입니다. 둘다 남성형 단수명사입니다. '팬티스타킹'은 복수형으로 колго́тки 깔고트끼입니다.

□ о́бувь 오부피 n.f. 신발(집합명사, 단수 취급)

□ боти́нки 바찐끼 n.pl. 단화; 앵클 부츠

□ ту́фли на высо́ком каблуке́ 뚜플리 나 브소깜 까블루께 하이힐

□ кроссо́вки 끄라소프끼 n.pl. 운동화

Я хочу́ купи́ть но́вые кроссо́вки.
야 하추 꾸삐찌 노브예 끄라소프끼
난 새 운동화를 사고 싶다.

□ сапоги́ 사빠기 n.pl. 부츠; 장화

□ шлёпанцы 쉴료빤쯔 n.pl. 슬리퍼

□ та́почки 따빠츠끼 n.pl. 실내용 슬리퍼

□ шнурки́ 쉬누르끼 n.pl. 신발끈

tip. 신발별로 한 짝을 나타내는 단수형입니다.
боти́нок 바찌나(ㅋ) n.m. 단화; 앵클부츠,
кроссо́вка 끄라소프까 n.f. 운동화,
сапо́г 사뽀(ㅋ) n.m. 부츠; 장화,
шлёпанец 쉴료빠니(ㅉ) n.m. 슬리퍼,
та́почка 따빠츠까 n.f. 실내용 슬리퍼,
шнуро́к 쉬누로(ㅋ) n.m. 신발끈

□ завя́зывать I - завяза́ть I (з-ж) 자뱌즈바찌－자비자찌 v. 묶다, (매듭) 맺다

□ развя́зывать I - развяза́ть I (з-ж) 라즈뱌즈바찌－라즈비자찌 v. (끈, 매듭) 풀다

□ су́мка 숨까 n.f. 가방

□ чемода́н 치마단 n.m. 트렁크, 여행용 가방

□ рюкза́к 류그자(ㅋ) n.m. 배낭

□ портфе́ль 빠르트펠 n.m. 서류가방

□ кошелёк 까쉴료(ㅋ) n.m. 지갑

□ реме́нь 리멘 n.m. 벨트; 가죽끈
□ по́яс 뽀이(ㅅ) n.m. 허리띠

□ ювели́рные изде́лия 유빌리르느예 이즈젤리야 보석류

□ же́мчуг 젬추(ㅋ) n.m. 진주

□ бижуте́рия 비주떼리야 n.f. (인조) 장신구; 액세서리

□ ожере́лье 아즈렐리예 n.n. (보석, 진주) 목걸이
□ колье́ 깔리예 n.n. 목걸이
□ цепо́чка 쯔뽀츠까 n.f. (쇠사슬 모양의) 목걸이

tip. колье́는 중앙에 큰 장식이나 여러 줄로 된 장식이 있는 목걸이예요.

□ брасле́т 브라슬례(ㅌ) n.m. 팔찌

□ се́рьги 세리기 n.pl. 귀걸이

tip. 귀걸이 한 짝은 단수형 여성명사 серьга́ 시리가입니다.

□ кольцо́ 깔쪼 n.n. 반지

□ брошь 브로쉬 n.f. 브로치

□ зако́лка 자꼴까 n.f. 머리핀

□ була́вка 불라프까 n.f. 옷핀

□ ткань 뜨까니 n.f. 천, 직물
□ шёлк 숄(ㅋ) n.m. 실크
□ хло́пок 흘로빠(ㅋ) n.m. 면(직물)
□ шерсть 셰르스찌 n.f. 양모
□ волокно́ 발라크노 n.n. 섬유
□ синтети́ческое волокно́ 신떼찌치스까예 발라크노 합성 섬유

□ ко́жа 꼬자 n.f. 가죽; 피부
□ ко́жаный (-ая, -ое, -ые) 꼬자느이 a. 가죽의
□ ко́жаная ку́ртка 꼬자나야 꾸르트까 가죽 재킷

□ узо́р 우조(ㄹ) n.m. 무늬

□ поло́ска 빨로스까 n.f. 줄무늬

□ кле́тка 끌례트까 n.f. 체크무늬

□ вы́шивка 브쉬프까 n.f. 자수

□ мо́да 모다 n.f. 유행, 패션

□ мо́дный (-ая, -ое, -ые) 모드느이 a. 유행의

□ немо́дный (-ая, -ое, -ые) 니모드느이 a. 유행이 지난

Э́ти брю́ки о́чень мо́дные.
에찌 블류끼 오친 모드느예
이 바지가 최신 유행이다.

11. 새 옷

꼭! 써먹는 **실전 회화**

Са́ша Мне ну́жно что-нибу́дь купи́ть на весну́.
므녜 누즈나 쉬또 니부찌 꾸삐찌 나 삐스누
난 봄에 입을 옷을 사야 돼.

Ди́ма А что ты хо́чешь купи́ть?
아 쉬또 뜨 호치쉬 꾸삐찌?
뭐 사고 싶은데?

Са́ша Ку́ртку или ветро́вку.
꾸르트꾸 일리 비트로프꾸
점퍼나 바람막이를 원해.

Ди́ма Е́сли хо́чешь, я могу́ пойти́ с тобо́й по магази́нам.
예슬리 호치쉬, 야 마구 빠이찌 스 따보이 빠 마가지남
원하면, 쇼핑 같이 갈 수 있어.

음식 Еда 이다

□ еда́ 이다
n.f. 음식

□ мя́со 먀사
n.n. 고기

□ говя́дина 가뱌지나
n.f. 쇠고기

□ свини́на 스비니나
n.f. 돼지고기

□ бара́нина 바라니나
n.f. 양고기

□ куря́тина 꾸랴찌나
n.f. 닭고기

□ мука́ 무까
n.f. 밀가루

□ рис 리(ㅅ)
n.m. 쌀

□ ара́хис 아라히(ㅅ)
n.m. 땅콩

□ морепроду́кты
모리프라두크뜨
n.pl. 해산물

□ ры́ба 르바
n.f. 생선, 물고기

□ лосо́сь 라소(ㅅ)
n.m. 연어

□ кальма́р 깔마(ㄹ)
n.m. 오징어

□ креве́тка 끄리볘트까
n.f. 새우

□ ома́р 아마(ㄹ)
n.m. 바닷가재

□ о́вощи 오바쒸
n.pl. 채소

□ карто́фель 까르또필
n.m. 감자

□ сла́дкий карто́фель
슬라트끼 까르또필
고구마 (단맛의 감자)

□ морко́вь 마르꼬피
n.f. 당근

□ капу́ста 까뿌스따
n.f. 양배추

□ помидо́р 빠미도(ㄹ)
n.m. 토마토

□ огуре́ц 아구례(ㅉ)
n.m. 오이

□ баклажа́н 바클라잔
n.m. 가지

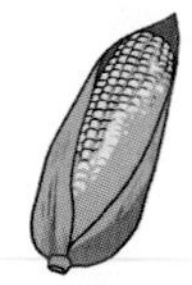

□ кукуру́за 꾸꾸루자
n.f. 옥수수

□ шпина́т 쉬삐나(ㅌ)
n.m. 시금치

□ оли́вки 알리프끼
n.pl. 올리브

□ гриб 그리(ㅍ)
n.m. 버섯

□ кра́сный пе́рец
끄라스느이 뻬리(ㅉ)
고추

□ ре́пчатый лук
례프치뜨이 루(ㅋ)
양파

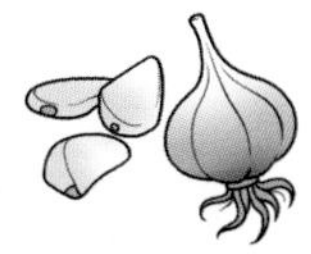

□ чесно́к 치스노(ㅋ)
n.m. 마늘

□ фрукт 프루크(ㅌ) n.m., фру́кты 프루크뜨 n.pl. 과일

□ я́блоко 야블라까 n.n. 사과

□ гру́ша 그루샤 n.f. 배

□ лимо́н 리몬 n.m. 레몬

□ апельси́н 아삘신 n.m. 오렌지

□ пе́рсик 뻬르시(ㅋ) n.m. 복숭아

□ ви́шня 비쉬냐 n.f. 체리

□ виногра́д 비나그라(ㅌ) n.m. 포도

□ арбу́з 아르부(ㅅ) n.m. 수박

□ бана́н 바난 n.m. 바나나

□ клубни́ка 끌루브니까 n.f. 딸기

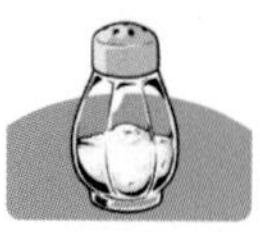

□ припра́ва 쁘리프라바 n.f. 조미료; 양념

□ соль 솔 n.f. 소금

□ са́хар 사하(ㄹ) n.m. 설탕

□ чёрный пе́рец 쵸르느이 뻬리(ㅉ) 후추

□ у́ксус 우크수(ㅅ) n.m. 식초

□ ма́сло 마슬라 n.n. 기름

□ гото́вить II (в-вл) - пригото́вить II (в-вл)
가또비찌－쁘리가또비찌
v. 요리하다; 조리하다

□ ре́зать I (з-ж) - наре́зать I (з-ж)
례자찌－나례자찌
v. 썰다, 자르다

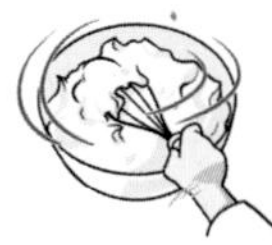

□ разме́шивать I - размеша́ть I
라즈몌쉬바찌－라즈미샤찌
v. 섞다

□ вари́ть II - свари́ть II
바리찌－스바리찌
v. (물에 넣고) 익히다; 끓이다; 삶다

□ кипяти́ть II (т-ч) - вскипяти́ть II (т-ч)
끼삐찌찌－프스끼삐찌찌
v. (물을) 끓이다

□ жа́рить II - пожа́рить II
자리찌－빠자리찌
v. 튀기다; 볶다; 굽다

□ нож 노쉬
n.m. 칼

□ кастрю́ля
가스트률랴
n.f. 냄비

□ сковорода́
스까바라다
n.f. 프라이팬

□ ча́шка 차쉬까
n.f. 공기, 작은 사발; 찻잔

□ таре́лка 따롈까
n.f. 접시

□ подно́с 빠드노(ㅅ)
n.m. 쟁반

□ ло́жка 로쉬까
n.f. 숟가락

□ ви́лка 빌까
n.f. 포크

□ па́лочки 빨라츠끼
n.pl. 젓가락

□ еда́ 이다 n.f. 음식
 □ ингредие́нт 인그리지옌(ㅌ) n.m. 음식 재료

□ мя́со 먀사 n.n. 고기
 □ говя́дина 가뱌지나 n.f. 쇠고기
 □ свини́на 스비니나 n.f. 돼지고기
 □ бара́нина 바라니나 n.f. 양고기
 □ куря́тина 꾸랴찌나 n.f. 닭고기
 □ ку́рица 꾸리짜 n.f. 닭고기; 닭, 암탉 → tip. 일반적으로 닭고기는 ку́рица라 해요.
 □ утя́тина 우쨔찌나 n.f. 오리고기
 □ у́тка 우트까 n.f. 오리고기; 오리

□ колбаса́ 깔바사 n.f. 칼바사(러시아식 소시지)
 □ соси́ска 사시스까 n.f. 소시지

tip. колбаса́는 바로 썰어서 먹어요. сосиска는 колбаса́보다 더 작고, 삶거나 구워서 먹어요.

□ ветчина́ 비치나 n.f. 햄

□ сыр 스(ㄹ) n.m. 치즈

□ яйцо́ 이이쪼 n.n. 달걀 → tip. 반숙은 яйцо́ всмя́тку 이이쪼 프스먀트꾸, 완숙은 яйцо вкруту́ю 이이쪼 프크루뚜유입니다.

□ со́ус 소우(ㅅ) n.m. (모든 종류의) 소스
 □ подли́ва 빠들리바 n.f. 소스
 = подли́вка 빠들리프까

tip. подли́ва는 육수와 여러 재료로 끓여 만든 따뜻한 소스로, 으깬 감자나 밥 위에 부어 먹습니다.

□ мука́ 무까 n.f. 밀가루
 □ лапша́ 라프샤 n.f 면, 국수류
 □ те́сто 쩨스따 n.n. 반죽

□ хлеб 흘례(ㅍ) n.m. 빵; 식빵 → tip. хлеб는 밀가루, 물 그리고 효모로 반죽하여 구워낸 빵입니다. 러시아 식사에서 빵은 필수며 수프나 고기, 만두 등과 같이 먹어요.
 □ бе́лый хлеб 벨르이 흘례(ㅍ) 흰빵
 □ чёрный хлеб 쵸르느이 흘례(ㅍ) 흑빵(호밀빵)
 □ сдо́ба 즈도바 n.f. (맛을 낸) 빵 → tip. сдо́ба는 우유, 버터, 계란 등이 들어간 반죽으로 만든 빵입니다.

□ крупа́ 끄루빠 n.f. 곡물

tip. 시리얼은 кукуру́зные хло́пья 꾸꾸루즈느예 흘로삐야입니다.

□ рис 리(ㅅ) n.m. 쌀

□ со́я 소야 n.f. 노란콩; 대두

□ оре́х 아례(ㅎ) n.m. 견과

□ гре́цкий оре́х 그례쯔끼 아례(ㅎ) 호두

□ ара́хис 아라히(ㅅ) n.m. 땅콩

□ морепроду́кты 모리프라두크뜨 n.pl. 해산물(항상 복수형, 물고기 제외)

□ ры́ба 르바 n.f. 생선, 물고기

□ треска́ 뜨리스까 n.f. 대구

□ минта́й 민따이 n.m. 명태

□ ску́мбрия 스꿈브리야 n.f. 고등어

□ селёдка 실료트까 n.f. 청어

□ туне́ц 뚜녜(ㅉ) n.m. 참치

□ лосо́сь 라소(ㅅ) n.m. 연어

tip. 연어알은 кра́сная икра́ 끄라스나야 이크라(붉은 어란), 철갑상어알(캐비아)은 чёрная икра́ 쵸르나야 이크라(검은 어란)입니다.

□ икра́ 이크라 n.f. 어란

Чёрная икра́ явля́ется одни́м из трёх лу́чших деликате́сов ми́ра.
쵸르나야 이크라 이블랴이짜 아드님 이(ㅅ) 뜨료(ㅎ) 루츠쉬(ㅎ) 질리까떼사(ㅍ) 미라
캐비아는 세계 3대 진미 중 하나이다.

□ кальма́р 깔마(ㄹ) n.m. 오징어

□ осьмино́г 아시미노(ㅋ) n.m. 문어

□ креве́тка 끄리베트까 n.f. 새우

tip. 대하(왕새우)는 короле́вская креве́тка 까랄례프스까야 끄리베트까입니다.

□ краб 끄라(ㅍ) n.m. 게

□ ома́р 아마(ㄹ) n.m. 바닷가재

tip. 바닷가재를 морско́й рак 마르스꼬이 라(ㅋ), ло́бстер 라프스떼(ㄹ)라고도 합니다.

□ моллю́ск 말류스(ㅋ) n.m. 조개

□ у́стрица 우스트리짜 n.f. 굴

□ о́вощи 오바쒸 n.pl. 채소

tip. 채소 한 종류는 남성명사 단수형 о́вощ 오바쒸를 쓰지만, 보통 복수형을 씁니다.

□ карто́фель 까르또필 n.m. 감자
= карто́шка 까르또쉬까 n.f.

□ сла́дкий карто́фель 슬라트끼 까르또필 고구마 (단맛의 감자)
= бата́т 바따(ㅌ) n.m.

□ морко́вь 마르꼬피 n.f. 당근
= морко́вка 마르꼬프까

□ капу́ста 까뿌스따 n.f. 양배추

□ помидо́р 빠미도(ㄹ) n.m. 토마토

□ огуре́ц 아구례(ㅉ) n.m. 오이

tip. 오이피클은 марино́ванные огурцы́ 마리노바느예 아구르쯔입니다.

□ баклажа́н 바클라잔 n.m. 가지

□ ты́ква 뜨크바 n.f. 호박
□ кабачо́к 까바초(ㅋ) n.m. 서양호박

tip. 러시아 마트에 가면 кабачко́вая икра́ 까바츠꼬바야 이크라 (호박 캐비아)라는 통조림이 있어요. 볶은 кабачо́к을 갈아서 만든 것으로 버터 빵이나 삶은 계란을 반으로 잘라 위에 발라서 먹으면 맛있어요.

□ кукуру́за 꾸꾸루자 n.f. 옥수수

□ свёкла 스뵤클라 n.f. 비트

□ ре́дька 례찌까 n.f. 무

□ укро́п 우크로(ㅍ) n.m. 딜

tip. укро́п는 허브의 한 종류로 단 향기와 쓴 맛이 납니다.

Да́йте, пожа́луйста, борщ, то́лько без укро́па.
다이쩨, 빠잘루스따, 보르쒸, 똘까 볘즈 우크로빠
딜 빼고 보르시를 주세요.

tip. борщ 보르쒸는 고기, 양배추, 감자, 당근, 양파, 토마토, 비트를 넣어 끓인 붉은 색의 러시아 수프로 마요네즈나 смета́на 스미따나(사워크림)를 곁들여 먹습니다.

□ шпина́т 쉬삐나(ㅌ) n.m. 시금치

□ оли́вки 알리프끼 n.pl. 올리브

tip. 올리브의 단수형은 여성명사로 оли́вка 알리프까지만 주로 복수형을 씁니다.

□ гриб 그리(ㅍ) n.m. 버섯

□ кра́сный пе́рец 끄라스느이 삐리(ㅉ) 고추

□ сла́дкий пе́рец 슬라트끼 삐리(ㅉ) 피망; 파프리카

□ лук 루(ㅋ) n.m. 파

□ ре́пчатый лук 례프치뜨이 루(ㅋ) 양파

□ чесно́к 치스노(ㅋ) n.m. 마늘

□ фрукт 프루크(ㅌ) n.m., фру́кты 프루크뜨 n.pl. 과일

□ я́блоко 야블라까 n.n. 사과

□ гру́ша 그루샤 n.f. 배

□ лимо́н 리몬 n.m. 레몬

□ апельси́н 아삘신 n.m. 오렌지

□ пе́рсик 뻬르시(ㅋ) n.m. 복숭아

□ ви́шня 비쉬냐 n.f. 체리

□ виногра́д 비나그라(ㅌ) n.m. 포도

□ арбу́з 아르부(ㅅ) n.m. 수박

□ бана́н 바난 n.m. 바나나

□ клубни́ка 끌루브니까 n.f. 딸기

□ припра́ва 쁘리프라바 n.f. 조미료; 양념
  □ соль 솔 n.f. 소금

□ са́хар 사하(ㄹ) n.m. 설탕
□ чёрный пе́рец 쵸르느이 삐리(ㅉ) 후추
□ у́ксус 우크수(ㅅ) n.m. 식초
□ ма́сло 마슬라 n.n. 기름

□ сли́вочное ма́сло 슬리바츠나예 마슬라 버터
□ майоне́з 마이아네(ㅅ) n.m. 마요네즈
□ ке́тчуп 꼐추(ㅍ) n.m. 케첩
□ мёд 묘(ㅌ) n.m. 꿀
□ джем 드젬 n.m. 잼
□ варе́нье 바례니예 n.n. 러시아식 잼

tip. 러시아 사람들은 빵, 만두, 죽 등을 먹을 때도 버터를 곁들여 먹어요. 땅콩버터는 ара́хисовое ма́сло 아라히사바예 마슬라입니다.

tip. варе́нье는 시럽에 과일을 넣고 약한 불에서 조리는데 과일 형태가 그대로 유지됩니다.

□ реце́пт 리쩨프(ㅌ) n.m. 레시피

□ гото́вить II (в-вл) - пригото́вить II (в-вл) 가또비찌—쁘리가또비찌 v. 요리하다; 조리하다
□ ре́зать I (з-ж) - наре́зать I (з-ж) 례자찌—나례자찌 v. 썰다, 자르다
□ кроши́ть II - покроши́ть II 끄라쉬찌—빠크라쉬찌 v. 다지다
□ разме́шивать I - размеша́ть I 라즈몌쉬바찌—라즈미샤찌 v. 섞다
□ налива́ть I - нали́ть I p.322 날리바찌—날리찌 v. (액체를) 따르다, 붓다

□ вари́ть II - свари́ть II 바리찌—스바리찌 v. (물에 넣고) 익히다; 끓이다; 삶다
□ кипяти́ть II (т-ч) - вскипяти́ть II (т-ч) 끼삐찌찌—프스끼삐찌찌 v. (물을) 끓이다
□ ошпа́ривать I - ошпа́рить II 아쉬빠리바찌—아쉬빠리찌 v. 데치다
□ печь I p.317 - испе́чь I 뼤(ㅊ)—이스뼤(ㅊ) v. (오븐에) 굽다
□ жа́рить II - пожа́рить II 자리찌—빠자리찌 v. 튀기다; 볶다; 굽다
□ подгора́ть I - подгоре́ть II 빠드가라찌—빠드가례찌 v. 타다
□ подогрева́ть I - подогре́ть I 빠다그리바찌—바다그례찌 v. 데우다

tip. испе́чь의 변화는 печь와 같습니다.

□ замора́живать I - заморо́зить II (з-ж) 자마라즈바찌—자마로지찌 v. 냉동하다
□ размора́живать I - разморо́зить II (з-ж) 라즈마라즈바찌—라즈마로지찌 v. 녹이다, 해동하다

□ посу́да 빠수다 n.f. 식기

□ нож 노쉬 n.m. 칼

tip. 식사용 나이프는 столо́вый нож 스딸로브이 노쉬, 요리용 식칼은 ку́хонный нож 꾸하느이 노쉬입니다.

□ разде́лочная доска́ 라즈젤라츠나야 다스까 도마

= ку́хонная доска́ 꾸하나야 다스까

□ кастрю́ля 가스트률랴 n.f. 냄비

□ сковорода́ 스까바라다 n.f. 프라이팬

= сковоро́дка 스까바로트까 (회화)

□ ча́шка 차쉬까 n.f. 공기, 작은 사발; 찻잔

□ таре́лка 따렐까 n.f. 접시

□ подно́с 빠드노(ㅅ) n.m. 쟁반

□ ло́жка 로쉬까 n.f. 숟가락

□ ви́лка 빌까 n.f. 포크

□ па́лочки 빨라츠끼 n.pl. 젓가락

tip. 젓가락의 단수형은 여성명사로 па́лочка 빨라츠까지만 보통 복수형을 씁니다.

□ ба́нка 반까 n.f. (원통형의) 단지; 병; 캔

□ стака́н 스따깐 n.m. (손잡이 없는) 컵

□ кру́жка 끄루쉬까 n.f. (손잡이 있는) 컵

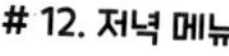

12. 저녁 메뉴

꼭! 써먹는 **실전 회화**

Са́ша Что сего́дня на у́жин?
쉬또 시보드냐 나 우즌?
오늘 저녁은 뭐야?

Со́ня Я ещё ничего́ не гото́вила.
А что есть в холоди́льнике?
야 이쑈 니치보 니 가또빌라. 아 쉬또 예스찌 프 할라질니꼐?
난 아직 아무것도 요리하지 않았어. 근데 냉장고에 뭐가 있니?

Са́ша Есть мя́со и ещё о́вощи.
예스찌 마사 이 이쑈 오바쒸
고기와 채소가 있어.

Со́ня Тогда́ пожа́рю мя́со с овоща́ми.
따그다 빠자류 마사 스 아바쌰미
그러면 채소를 넣어서 고기를 볶을게.

취미 Хобби 호비

□ хо́бби 호비
n.n. 취미

□ спорт 스뽀르(ㅌ)
n.m. 운동 (경기), 스포츠

□ футбо́л 푸드볼
n.m. 축구

□ хокке́й 하꼐이
n.m. 아이스하키

□ бейсбо́л 볘이즈볼
n.m. 야구

□ баскетбо́л 바스끼드볼
n.m. 농구

□ волейбо́л 발리이볼
n.m. 배구

□ бег 볘(ㅋ)
n.m. 달리기; 경주

□ пробе́жка 쁘라볘쉬까
n.f. 조깅

□ пла́вание 쁠라바니예
n.n. 수영

□ лы́жи 르즈
n.pl. 스키

□ коньки́ 깐끼
n.pl. 스케이트

□ пинг-по́нг 삔(ㅋ) 뽄(ㅋ)
n.m. 탁구

□ гольф 골(ㅍ)
n.m. 골프

□ бокс 보크(ㅅ)
n.m. 권투

□ йо́га 요가
n.f. 요가

□ му́зыка 무즈까
n.f. 음악

□ пев́ец 삐베(ㅉ) n.m., певи́ца 삐비짜 n.f.
가수

□ музыка́льный инструме́нт
무즈깔느이 인스트루멘(ㅌ)
악기

□ игра́ть I - сыгра́ть I
이그라찌-스그라찌
v. 연주하다, 켜다, 치다

□ пиани́но 삐아니나
n.n. 피아노

□ скри́пка 스크리프까
n.f. 바이올린

□ бараба́н 바라반
n.m. 북; 드럼

□ гита́ра 기따라
n.f. 기타

□ гармо́нь 가르모니
n.f. (러시아 전통) 아코디언

□ пе́сня 뻬스냐
n.f. 노래

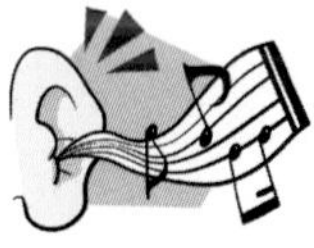

□ слу́шать I - послу́шать I
슬루샤찌-빠슬루샤찌
v. 듣다; 청취하다

□ конце́рт 깐쩨르(ㅌ)
n.m. 콘서트, 음악회

□ о́пера 오뻬라
n.f. 오페라

□ мю́зикл 뮤지클
n.m. 뮤지컬

□ бале́т 발레(ㅌ)
n.m. 발레

□ фильм 필림
n.m. 영화

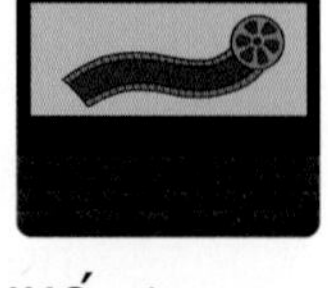

□ кино́ 끼노
n.n. 영화; 영화관

□ сериа́л 시리알
n.m. 드라마

□ чте́ние 츠쩨니예
n.n. 독서

□ кни́га 끄니가
n.f. 책

□ литерату́ра 리찌라뚜라
n.f. 문학; 서적

□ стих 스찌(ㅎ) n.m. 시

□ рома́н 라만 n.m. 장편소설

□ расска́з 라스까(ㅅ) n.m. 단편소설

□ о́черк 오치르(ㅋ) n.m. 수필

□ журна́л 주르날
n.m. 잡지

□ ко́микс 꼬미크(ㅅ)
n.m. 만화; 만화책

□ фотогра́фия
파따그라피야
n.f. 사진; 사진 찍기

□ фотоаппара́т
포따아빠라(ㅌ)
n.m. 사진기, 카메라

□ фо́то 포따 n.n. 사진

□ рису́нок 리수나(ㅋ)
n.m. 그림; 삽화

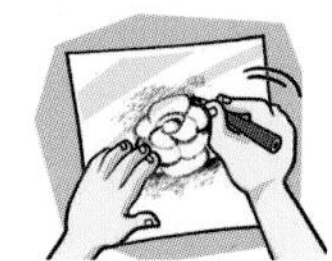

□ рисова́ть I (ова-у) - нарисова́ть I (ова-у)
리사바찌－나리사바찌
v. 그리다

□ кра́ска 끄라스까 n.f., кра́ски 끄라스끼 n.pl.
물감

□ игра́ 이그라
n.f. 게임; 놀이

□ ша́хматы 샤흐마뜨
n.pl. 체스(놀이)

□ подъём на го́ру
빠드욤 나 고루
등산

□ рыба́лка 르발까
n.f. 낚시

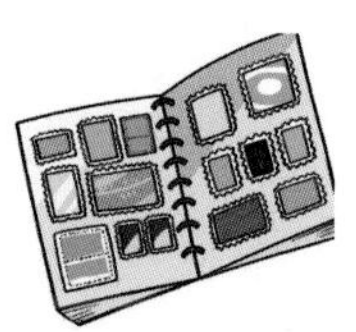

□ коллекциони́рование
깔리크쯔아니라바니예
n.n. 수집

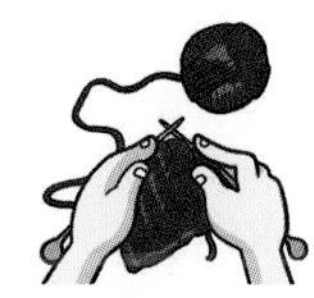

□ вяза́ние 비자니예
n.n. 뜨개질

□ хо́бби 호비 n.n. 취미

Како́е у вас хо́бби?
까꼬예 우 바(ㅅ) 호비?
당신은 취미가 뭐예요?

□ досу́г 다수(ㅋ) n.m. 여가

□ спорт 스뽀르(ㅌ) n.m. 운동 (경기), 스포츠
□ занима́ться I спо́ртом 자니마짜 스뽀르땀 운동을 하다

Я люблю́ занима́ться спо́ртом.
야 류블류 자니마짜 스뽀르땀
난 운동하는 것을 좋아해.

□ кома́нда 까만다 n.f. 팀

□ боле́ть I 발례찌 v. 응원하다 [불완료상]

tip. 접두사 по 뽀가 붙어 완료상 поболе́ть 빠발례찌가 되면 '~동안 응원하다'라는 뜻이 됩니다.

□ боле́льщик 발롈쒸(ㅋ) n.m. 서포터, 응원자

За каку́ю кома́нду вы боле́ете?
자 까꾸유 까만두 브 발례이쩨?
어떤 팀을 응원하세요?

□ счёт 쑈(ㅌ) n.m. 점수; 계산서; 청구서
□ ничья́ 니치야 n.f. 무승부, 비김
□ выи́грывать I - вы́играть I 브이그르바찌－브이그라찌 v. 이기다
□ прои́грывать I - проигра́ть I 쁘라이그르바찌－쁘라이그라찌 v. 지다

□ мяч 먀(ㅊ) n.m. 공

□ футбо́л 푸드볼 n.m. 축구

□ хокке́й 하꼐이 n.m. 아이스하키

tip. 러시아 인기 스포츠는 축구와 아이스하키입니다.

□ клю́шка 끌류쉬까 n.m. (아이스하키용) 채
□ ша́йба 샤이바 n.f. (아이스하키용) 퍽

□ бейсбо́л 베이즈볼 n.m. 야구

□ баскетбо́л 바스끼드볼 n.m. 농구

□ волейбо́л 발리이볼 n.m. 배구

□ бег 베(ㅋ) n.m. 달리기; 경주
□ пробе́жка 쁘라볘쉬까 n.f. 조깅
= бег трусцо́й 베(ㅋ) 뜨루스쪼이
□ ходьба́ 하지바 n.f. 걷기
□ прогу́лка 쁘라굴까 n.f. 산책

□ пла́вание 쁠라바니예 n.n. 수영
□ пла́вать I 쁠라바찌 v. 수영하다 [불완료상]
□ бассе́йн 바세인 n.m. 수영장

Вы уме́ете пла́вать?
브 우메이쪠 쁠라바찌?
수영할 줄 아세요?

□ лы́жи 르즈 n.pl. 스키
tip. 스키 한짝을 나타내는 단수형은 여성명사로 лы́жа 르자입니다.
□ лы́жная ба́за 르즈나야 바자 스키장
□ коньки́ 깐끼 n.pl. 스케이트
tip. 스케이트 한 짝을 나타내는 단수형은 남성명사로 конёк 까뇨(ㅋ)입니다.
□ като́к 까또(ㅋ) n.m. 스케이트장

□ велосипе́д 빌라시뻬(ㅌ) n.m. 자전거
□ ката́ться I на велосипе́де 까따짜 나 빌라시뻬제 자전거를 타다

□ пинг-по́нг 삔(ㅋ) 뽄(ㅋ) n.m. 탁구

□ гольф 골(ㅍ) n.m. 골프

□ бокс 보크(ㅅ) n.m. 권투

□ йо́га 요가 n.f. 요가

□ тренажёрный зал 뜨리나조르느이 잘 헬스장
□ бегова́я доро́жка 비가바야 다로쉬까 러닝 머신

□ му́зыка 무즈까 n.f. 음악

□ пев́ец 삐볘(ㅉ) n.m., певи́ца 삐비짜 n.f. 가수

□ музыка́льный инструме́нт 무즈깔느이 인스트루멘(ㅌ) 악기
□ игра́ть I - сыгра́ть I 이그라찌–스그라찌 v. 연주하다, 켜다, 치다

□ пиани́но 삐아니나 n.n. 피아노

□ скри́пка 스크리프까 n.f. 바이올린

□ бараба́н 바라반 n.m. 북; 드럼

□ гита́ра 기따라 n.f. 기타
□ игра́ть I на гита́ре 이그라찌 나 기따례 기타를 치다

□ гармо́нь 가르모니 n.f. (러시아 전통) 아코디언
= гармо́шка 가르모쉬까 (회화)
□ игра́ть I на гармо́шке 이그라찌 나 가르모쉬꼐 아코디언을 연주하다

tip. 러시아 시골에서 гармо́нь를 연주하는 사람들을 자주 볼 수 있습니다.

□ пе́сня 뻬스냐 n.f. 노래
□ петь I p.317 - спеть I 뼤찌–스뼤찌 v. 노래하다
□ слу́шать I - послу́шать I 슬루샤찌–빠슬루샤찌 v. 듣다; 청취하다

tip. спеть의 변화는 петь와 같습니다.

□ смотре́ть II - посмотре́ть II 스마트례찌–빠스마트례찌 v. 보다

□ конце́рт 깐쩨르(ㅌ) n.m. 콘서트, 음악회

□ орке́стр 아르꼐스트(ㄹ) n.m. 오케스트라
□ дирижёр 지리조(ㄹ) n.m. 지휘자

□ о́пера 오뻬라 n.f. 오페라

□ мю́зикл 뮤지클 n.m. 뮤지컬

□ бале́т 발례(ㅌ) n.m. 발레

□ фильм 필림 n.m. 영화

□ кино́ 끼노 n.n. 영화; 영화관

□ кинотеа́тр 끼나찌아트(ㄹ) n.m. 영화관

Пойдём в кино́.
빠이좀 프 끼노
영화 보러 가자. (영화관에 가자.)

□ дубли́рованный фильм 두블리라바느이 필림 더빙 영화

□ субти́тр 수프찌트(ㄹ) n.m. 자막

Есть англи́йские субти́тры?
예스찌 안글리이스끼예 수프찌트르?
영어 자막이 있나요?

□ сериа́л 시리알 n.m. 드라마

□ сцена́рий 스쯔나리 n.m. 대본

□ чте́ние 츠쩨니예 n.n. 독서

□ чита́ть I - прочита́ть I 치따찌－쁘라치따찌 v. 읽다

□ писа́ть I (с-ш) - написа́ть I (с-ш) 삐사찌－나삐사찌 v. 쓰다

□ кни́га 끄니가 n.f. 책

tip. 전자책은 электро́нная кни́га 엘리크트로나야 끄니가입니다.

□ литерату́ра 리찌라뚜라 n.f. 문학; 서적

□ стих 스찌(ㅎ) n.m. 시

□ рома́н 라만 n.m. 장편소설

□ расска́з 라스까(ㅅ) n.m. 단편소설

□ о́черк 오치르(ㅋ) n.m. 수필

□ журна́л 주르날 n.m. 잡지

□ ко́микс 꼬미크(ㅅ) n.m. 만화; 만화책

□ газе́та 가제따 n.f 신문

□ статья́ 스따찌야 n.f. 기사

□ фотографи́ровать I (ова-у) - сфотографи́ровать I (ова-у)
파따그라피라바찌—스파따그라피라바찌 v. 사진을 찍다
= фо́тать I - сфо́тать I 포따찌—스포따찌 (회화)
= фо́ткать I - сфо́ткать I 포트까찌—스포트까찌 (회화)
□ фотогра́фия 파따그라피야 n.f. 사진; 사진 찍기
□ фо́то 포따 n.n. 사진
□ фотоаппара́т 포따아빠라(ㅌ) n.m. 사진기, 카메라

□ рисова́ть I (ова-у) - нарисова́ть I (ова-у) 리사바찌—나리사바찌 v. 그리다
□ рису́нок 리수나(ㅋ) n.m. 그림; 삽화
□ кра́ска 끄라스까 n.f., кра́ски 끄라스끼 n.pl. 물감
□ ки́сточка 끼스따츠까 n.f. 붓
□ пали́тра 빨리트라 n.f. 팔레트
□ холст 홀스(ㅌ) n.m. 캔버스

□ игра́ 이그라 n.f. 게임; 놀이 → **tip.** 보드게임은 насто́льная игра́ 나스똘나야 이그라입니다.
□ ша́хматы 샤흐마뜨 n.pl. 체스(놀이)
□ ша́шки 샤쉬끼 n.pl. 체커(놀이) → **tip.** 체스, 체커의 말 한 개는 ша́хмата 샤흐마따, ша́шка 샤쉬까입니다.
□ виктори́на 비크따리나 n.f. 퀴즈

□ путеше́ствие 뿌찌셰스트비예 n.n. (지역 탐사나 관광 목적의 장기) 여행; 여정
□ путеше́ствовать I (ова-у) 뿌찌셰스트바바찌 v. 여행하다 [불완료상]

Я люблю́ путеше́ствовать.
야 류블류 뿌찌셰스트바바찌
나는 여행하는 것을 좋아한다.

□ подъём на го́ру 빠드욤 나 고루 등산

□ похо́д 빠호(ㅌ) n.m. 하이킹, 도보여행

□ рыба́лка 르발까 n.f. 낚시
□ лови́ть II (в-вл) - пойма́ть I ры́бу 라비찌—빠이마찌 르부
물고기를 잡다; 낚시하다

□ садово́дство 사다보쯔트바 n.n. 원예

□ цветово́дство 쯔비따보쯔트바 n.n. 화초재배

□ выра́щивать I - вы́растить II (ст-щ) цветы́ 브라쒸바찌−브라스찌찌 쯔비뜨 화초를 재배하다

□ огоро́д 아가로(ㅌ) n.m. 텃밭

□ аранжиро́вка цвето́в 아란즈로프까 쯔비또(ㅍ) 꽃꽂이

□ коллекциони́рование 깔리크쯔아니라바니예 n.n. 수집

□ вяза́ние 비자니예 n.n. 뜨개질

□ вяза́ть I (з-ж) - связа́ть I (з-ж) 비자찌−스비자찌 v. 뜨개질하다, 짜다

□ лоску́тное шитьё 라스꾸트나예 쉬찌요 퀼트

\# 13. 기타

꼭! 써먹는 **실전 회화**

Со́ня Что ты де́лаешь в свобо́дное вре́мя?
쉬또 뜨 젤라이쉬 프 스바보드나예 브레먀?
시간 있을 때 뭐해?

Ле́ра Учу́сь игра́ть на гита́ре.
우추시 이그라찌 나 기따례
기타를 치는 거 배우고 있어.

Со́ня Кла́ссно! Сыгра́й мне что-нибу́дь.
끌라스나! 스그라이 므녜 쉬또 니부찌
멋지다! 나에게 아무거나 연주해 봐.

Ле́ра Я неда́вно начала́ учи́ться, но попро́бую сыгра́ть.
야 니다브나 나칠라 우치짜, 노 빠프로부유 스그라찌
시작한 지 얼마 안됐지만 한번 시도해 볼게.

Раздел 14.

전화 & 인터넷 Телефон и Интернет 찔리폰 이 인떼르네(ㅌ)

□ телефо́н 찔리폰
n.m. 전화; 전화기

□ моби́льный телефо́н
마빌리느이 찔리폰
= со́товый телефо́н
소따브이 찔리폰
휴대전화

□ смартфо́н 스마르트폰
n.m. 스마트폰

□ но́мер телефо́на
노미(ㄹ) 찔리포나
전화번호

□ звони́ть II - позвони́ть II
즈바니찌－빠즈바니찌
v. 전화하다

□ класть I p.317 - положи́ть II тру́бку
끌라스찌－빨라즈찌 뜨루프꾸
전화를 끊다

□ отправля́ть I - отпра́вить II (в-вл)
아트프라블랴찌－아트프라비찌
v. 보내다

□ получа́ть I - получи́ть II
빨루차찌－빨루치찌
v. 받다

□ те́кстовое сообще́ние
쪠크스따바예 사아프쎄니예
문자 메시지

□ СМС 에세메(ㅅ) n.f./n.n.
문자 메시지, SMS

□ видеозвоно́к
비디오즈바노(ㅋ)
n.m. 영상통화

□ приложе́ние 쁘릴라제니예
n.n. 애플리케이션, 앱; 첨부

□ ска́чивание 스까치바니예
n.n. 다운로드

□ загру́зка 자그루스까
n.f. 업로드

□ включа́ть I - включи́ть II
프클류차찌 – 프클류치찌
v. 켜다

□ выключа́ть I - вы́ключить II
브클류차찌 – 브클류치찌
v. 끄다

□ батаре́я 바따레야
n.f. 배터리, 건전지

□ подзаряжа́ть I - подзаряди́ть II (д-ж)
빠드자리자찌 – 빠드자리지찌
v. (배터리를) 충전하다

□ интерне́т 인떼르네(ㅌ)
n.m. 인터넷

□ по́иск 뽀이스(ㅋ)
n.m. 검색

□ сеть 세찌
n.f. 네트워크

□ Wi-Fi [вайфай] 바이파이
n.m. 와이파이

□ онла́йн-игра́
온라인 이그라
온라인 게임

□ интерне́т-шо́пинг
인떼르네(ㅌ) 쇼핀(ㅋ)
인터넷 쇼핑

□ входи́ть II (д-ж) - войти́ I p.320
프하지찌—바이찌
v. 들어가다; 로그인하다

□ электро́нная по́чта
엘리크트로나야 뽀츠따
이메일

□ компью́тер
깜피유떼(ㄹ)
n.m. 컴퓨터

□ ноутбу́к 노우트부(ㅋ)
n.m. 노트북

□ планше́т 쁠란셰(ㅌ)
n.m. 태블릿 컴퓨터

□ монито́р 마니또(ㄹ)
n.m. 모니터

□ клавиату́ра
끌라비아뚜라
n.f. 키보드

□ мы́шка 므쉬까
n.f. (컴퓨터) 마우스; 쥐

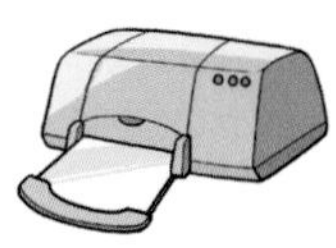

□ при́нтер 쁘린떼(ㄹ)
n.m. 프린터

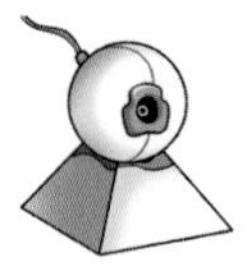

□ веб-ка́мера 베프까미라
n.f. 웹캠

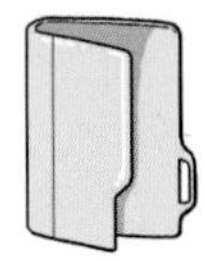

□ па́пка 빠프까
n.f. 폴더

□ файл 파일
n.m. 파일

□ сохраня́ть I - сохрани́ть II
사흐라냐찌-사흐라니찌
v. 저장하다

□ удаля́ть I - удали́ть II
우달랴찌-우달리찌
v. 삭제하다, 없애다

□ ви́рус 비루(ㅅ)
n.m. (컴퓨터) 바이러스

□ антиви́рус 안찌비루(ㅅ)
n.m. (컴퓨터 바이러스) 백신

□ блог 블로(ㅋ)
n.m. 블로그

□ социа́льная сеть
사쯔알나야 세찌
SNS

□ телефо́н 찔리폰 n.m. 전화; 전화기

□ моби́льный телефо́н 마빌리느이 찔리폰 휴대전화
= со́товый телефо́н 소따브이 찔리폰

□ смартфо́н 스마르트폰 n.m. 스마트폰

□ но́мер 노미(ㄹ) n.m. 번호
□ но́мер телефо́на 노미(ㄹ) 찔리포나 전화번호
□ но́мер моби́льного телефо́на 노미(ㄹ) 마빌나바 찔리포나 휴대 전화 번호

tip. 참고로 러시아 국가번호(код страны́ 꼬(ㅌ) 스트라느)는 7, 한국은 82입니다.

Како́й ваш но́мер телефо́на?
까꼬이 바쉬 노미(ㄹ) 찔리포나?
당신은 전화 번호가 뭐예요?

□ звони́ть II - позвони́ть II 즈바니찌–빠즈바니찌 v. 전화하다
□ отвеча́ть I - отве́тить II (т-ч) на звоно́к
아트비차찌–아트볘찌찌 나 즈바노(ㅋ) 전화를 받다
□ класть I p.317 - положи́ть II тру́бку 끌라스찌–빨라즈찌 뜨루프꾸
전화를 끊다, 수화기를 놓다
□ за́нято 자니따 ad. 비어 있지 않다; 사용 중이다; 통화 중이다

□ набира́ть I - набра́ть I p.321 나비라찌–나브라찌 v. (전화번호를) 누르다

□ отправля́ть I - отпра́вить II (в-вл) 아트프라블랴찌–아트프라비찌 v. 보내다
□ получа́ть I - получи́ть II 빨루차찌–빨루치찌 v. 받다

□ отправи́тель 아트프라비찔 n.m. 발신자
□ получа́тель 빨루차찔 n.n. 수신자

tip. 발신자 표시는 определе́ние но́мера звоня́щего 아프리질례니예 노미라 즈바냐쒸바입니다.

□ те́кстовое сообще́ние 쩨크스따바예 사아프쎄니예 문자 메시지
□ СМС 에세메(ㅅ) n.f./n.n. 문자 메시지, SMS
= эсэмэ́ска 에세메스까 n.f. (회화)

□ видеозвоно́к 비디오즈바노(ㅋ) n.m. 영상통화

□ ме́ссенджер 메센즈(ㄹ) n.m. 메신저

□ чат 차(ㅌ) n.m. 채팅

tip. 채팅방은 ко́мната ча́та 꼼나따 차따입니다.

□ звоно́к 즈바노(ㅋ) n.m. 전화(한 통); 전화 벨소리

□ звук 즈부(ㅋ) n.m. 소리, 음

□ бесшу́мно 비스슘나 ad. 무음으로, 소리가 나지 않게

□ вибра́ция 비브라쯔야 n.f. 진동

tip. бесшу́мно는 휴대전화 벨소리 무음 상태를 나타내는 단어입니다.

Переключи́те звук на вибра́цию.
삐리클류치쩨 즈부(ㅋ) 나 비브라쯔유
벨소리를 진동으로 바꿔주세요.

□ приложе́ние 쁘릴라제니예 n.n. 애플리케이션, 앱; 첨부

□ файл в приложе́нии 파일 프 쁘릴라제니이 첨부 파일

□ устана́вливать I - установи́ть II (в-вл) 우스따나블리바찌 – 우스따나비찌 v. 설치하다

□ ска́чивание 스까치바니예 n.n. 다운로드

□ ска́чивать I - скача́ть I 스까치바찌 – 스까차찌 v. 다운로드하다

□ загру́зка 자그루스까 n.f. 업로드

□ загру́живать I - загрузи́ть II (з-ж) 자그루즈바찌 – 자그루지찌 v. 업로드하다; 다운로드하다

□ обновля́ть I - обнови́ть II (в-вл) 아브나블랴찌 – 아브나비찌 v. 업데이트하다

□ пополня́ть I - попо́лнить II бала́нс моби́льного телефо́на
빠빨냐찌 – 빠뽈니찌 발란(ㅅ) 마빌나바 찔리포나 휴대폰 잔액을 충전하다
= заки́дывать I - заки́нуть I де́ньги на телефо́н
자끼드바찌 – 자끼누찌 졔니기 나 찔리폰 (돈을 전화기로 던지다, 회화)

tip. 러시아 휴대폰은 통신사에 가입하거나 잔액을 충전해서 사용합니다. 대리점, 시내 곳곳에 있는 자동서비스 단말기(платёжный термина́л 쁠라쬬즈느이 찌르미날), 은행 계좌로 요금을 선불합니다.

□ включа́ть I - включи́ть II 프클류차찌 – 프클류치찌 v. 켜다

□ выключа́ть I - вы́ключить II 브클류차찌－브클류치찌 v. 끄다

□ отключа́ться I - отключи́ться II 아트클류차짜－아트클류치짜 v. (전원이) 끊어지다, 꺼지다

□ батаре́я 바따례야 n.f. 배터리, 건전지

□ подзаря́дка 빠드자랴트까 n.f. 충전기

□ подзаряжа́ть I - подзаряди́ть II (д-ж) 빠드자리자찌－빠드자리지찌 v. (배터리를) 충전하다

□ разряжа́ться I - разряди́ться II (д-ж) 라즈리자짜－라즈리지짜 v. 방전되다

□ сади́ться II (д-ж) - сесть I p.327 사지짜－세스찌 v. 앉다; 방전되다(회화)

□ интерне́т 인떼르네(ㅌ) n.m. 인터넷

tip. интерне́т(인터넷) 첫글자 И은 대·소문자 모두 가능하지만 복합어로 쓰이는 경우 소문자입니다.

□ беспроводно́й интерне́т 비스프라바드노이 인떼르네(ㅌ) 무선 인터넷

□ сайт 사이(ㅌ) n.m. 사이트

□ по́иск 뽀이스(ㅋ) n.m. 검색

tip. 러시아에서 많이 쓰이는 검색엔진 (поиско́вая систе́ма 빠이스꼬바야 시스쪠마)은 얀덱스(Яндекс)와 구글(Гугл)입니다.

□ сеть 세찌 n.f. 네트워크

□ Wi-Fi 바이파이 n.m. 와이파이

tip. 영어로 Wi-Fi라 쓰고, 러시아식 вайфай 바이파이라 읽습니다.

Здесь подключён Wi-Fi?
즈졔시 빠트클류촌 바이파이?
여기 와이파이 되나요? (여기 와이파이 연결되어 있나요?)

□ онла́йн 온라인 ad. 온라인

□ онла́йн-игра́ 온라인 이그라 온라인 게임

□ онла́йн-шо́пинг 온라인 쇼핀(ㅋ) 온라인 쇼핑

□ интерне́т-шо́пинг 인떼르네(ㅌ) 쇼핀(ㅋ) 인터넷 쇼핑

□ связь 스뱌시 n.f. 연결

□ подключа́ть I - подключи́ть II 빠트클류차찌－빠트클류치찌 v. 접속하다; 연결하다

□ вход 프호(ㅌ) n.m. 로그인

□ входи́ть II (д-ж) - войти́ I p.320 프하지찌–바이찌
v. 들어가다(오다); 로그인하다

□ залоги́ниваться I - залоги́ниться II 잘라기니바짜–잘라기니짜
v. 로그인하다(회화)

□ вы́ход 브하(ㅌ) n.m. 로그아웃
= лога́ут 로가우(ㅌ) (회화)

□ выходи́ть II (д-ж) - вы́йти I 브하지찌–브이찌
v. 나가다, 나오다; 로그아웃하다

□ электро́нная по́чта 엘리크트로나야 뽀츠따 이메일

tip. 이메일 주소는 а́дрес электро́нной по́чты 아드리(ㅅ) 엘리크트로나이 뽀츠뜨입니다.

□ спам 스빰 n.m. 스팸메일

□ логи́н 로긴 n.m. 아이디; 로그인(회화)

□ паро́ль 빠롤 n.m. 비밀번호

□ акка́унт 아까운(ㅌ) n.m. (인터넷의) 계정

□ регистра́ция 리기스트라쯔야 n.f. 등록; 등기

□ регистри́ровать I (ова-у) - зарегистри́ровать I (ова-у)
리기스트리라바찌–자리기스트리라바찌 v. 등록하다

□ удаля́ть I - удали́ть II акка́унт 우달랴찌–우달리찌 아까운(ㅌ)
v. 탈퇴하다, 계정을 없애다

□ компью́тер 깜피유떼(ㄹ) n.m. 컴퓨터

□ ноутбу́к 노우트부(ㅋ) n.m. 노트북

□ планше́т 쁠란셰(ㅌ) n.m. 태블릿 컴퓨터

□ монито́р 마니또(ㄹ) n.m. 모니터

□ экра́н 에크란 n.m. 화면

tip. 컴퓨터 '바탕화면'은 'рабо́чий стол 라보치이 스똘 (작업용 책상)'이라 합니다.

□ клавиату́ра 끌라비아뚜라 n.f. 키보드

□ печа́тать I - напеча́тать I 삐차따찌–나삐차따찌 v. 타이핑하다

□ **щёлкать** I - **щёлкнуть** I 쑐까찌 – 쑐크누찌 v. 클릭하다

□ **мы́шка** 므쉬까 n.f. (컴퓨터) 마우스; 쥐

□ **беспроводна́я мы́шка** 비스프라바드나야 므쉬까 무선 마우스

□ **ко́врик для мы́шки** 꼬브리(ㅋ) 들랴 므쉬끼 마우스 패드

□ **коло́нка** 깔론까 n.f., **коло́нки** 깔론끼 n.pl. 스피커

□ **головна́я гарниту́ра** 갈라브나야 그르니뚜라 헤드셋

□ **нау́шники** 나우쉬니끼 n.pl. 이어폰(항상 복수형)

□ **при́нтер** 쁘린떼(ㄹ) n.m. 프린터

tip. 3D 프린터는 3D при́нтер 뜨리 데 쁘린떼(ㄹ)로, 3D를 러시아식 [три дэ] 뜨리 데로 발음합니다.

□ **распеча́тывать** I - **распеча́тать** I 라스삐차뜨바찌 – 라스삐차따찌 v. 인쇄하다, 프린트하다

Распеча́тай, пожа́луйста, э́ти докуме́нты.
라스삐차따이 빠잘루스따, 에찌 다꾸멘뜨
이 서류들을 좀 프린트해 줘.

□ **ска́нер** 스까네(ㄹ) n.m. 스캐너

tip. не를 [нэ]로 발음합니다.

□ **веб-ка́мера** 베프까미라 n.f. 웹캠

tip. ве를 [вэ]로 발음합니다.

□ **па́пка** 빠프까 n.f. 폴더

□ **файл** 파일 n.m. 파일

tip. 러시아에서 'pdf 파일'을 файл PDF 파일 삐지에(ㅍ)라 발음합니다.

□ **копи́ровать** I (ова-у) - **скопи́ровать** I (ова-у) 까삐라바찌 – 스까삐라바찌 v. 복사하다, 복제하다

□ **вставля́ть** I - **вста́вить** II (вл-л) 프스따블랴찌 – 프스따비찌 v. 붙여넣다

□ **сохраня́ть** I - **сохрани́ть** II 사흐라냐찌 – 사흐라니찌 v. 저장하다

□ **удаля́ть** I - **удали́ть** II 우달랴찌 – 우달리찌 v. 삭제하다, 없애다

□ програ́мма 쁘라그라마 n.f. 프로그램

□ ви́рус 비루(ㅅ) n.m. (컴퓨터) 바이러스

□ антиви́рус 안찌비루(ㅅ) n.m. (컴퓨터 바이러스) 백신

□ блоки́ровать I (ова-у) - заблоки́ровать I (ова-у)
블라끼라바찌–자블라끼라바찌 v. 차단하다

□ блог 블로(ㅋ) n.m. 블로그

tip. 러시아 대표 SNS는 «Вконта́кте 프깐따크쩨», «Однокла́ссники 아드나클라스니끼»입니다.

□ социа́льная сеть 사쯔알나야 세찌 SNS

□ коммента́рий 까민따리 n.m. 댓글

꼭! 써먹는 **실전 회화** # 14. 이메일

Ви́ктор Вы прочита́ли электро́нное письмо́, кото́рое я вам отпра́вил?
브 쁘라치딸리 엘리크트로나예 삐시모, 까또라예 야 밤 아트프라빌?
내가 보낸 이메일 봤어요?

Са́ша Ещё нет.
이쑈 녜(ㅌ)
아직입니다.

Ви́ктор Отпра́вьте, пожа́луйста, мне отве́т сра́зу по́сле прочте́ния письма́.
아트프라피쩨, 빠잘루스따, 므녜 아트볘(ㅌ) 스라주 뽀슬례 쁘라츠쩨니야 삐시마
확인하면, 바로 내게 답신해 줄 수 있어요?
(메일 확인 후 바로 내게 답신해 주세요.)

Са́ша Да, коне́чно. Не волну́йтесь.
다, 까녜쉬나. 니 발누이찌시
네, 물론입니다. 걱정하지 마세요.

연습 문제 Упражнение 우프라즈녜니예

다음 단어를 읽고 맞는 뜻과 연결하세요.

1. дом •		• 가구
2. еда́ •		• 가방
3. интерне́т •		• 신발
4. ме́бель •		• 영화
5. му́зыка •		• 옷
6. о́бувь •		• 운동, 스포츠
7. оде́жда •		• 음식
8. спорт •		• 음악
9. су́мка •		• 인터넷
10. телефо́н •		• 전화
11. фильм •		• 집
12. хо́бби •		• 취미

1. дом – 집 2. еда́ – 음식 3. интерне́т – 인터넷 4. ме́бель – 가구
5. му́зыка – 음악 6. о́бувь – 신발 7. оде́жда – 옷 8. спорт – 운동, 스포츠
9. су́мка – 가방 10. телефо́н – 전화 11. фильм – 영화 12. хо́бби – 취미

Глава 5

Раздел 15.

학교 Школа 쉬꼴라

□ шко́ла 쉬꼴라
n.f. 학교

□ нача́льная шко́ла
나찰나리야 쉬꼴라 초등학교(1~4학년)

□ основна́я шко́ла
아스나브나야 쉬꼴라
중학교(기본학교) (5~9학년)

□ ста́ршие кла́ссы
스따르쉬예 끌라스
고등학교(고학년) (10~11학년)

□ вы́сшее уче́бное заведе́ние
브스셰예 우체브나예 자비졔니예
= вуз 부(ㅅ) n.m. (약자)
대학(고등 교육기관)

□ университе́т 우니비르스쪠(ㅌ)
n.m. 종합대학교

□ поступле́ние (в шко́лу)
빠스뚜플레니예 (프 쉬꼴루) (학교에) 입학

□ День зна́ний 젠 즈나니
입학식 날(지식의 날)

□ оконча́ние (шко́лы)
아깐차니예 (쉬꼴르) (학교) 졸업

□ выпускно́й 브뿌스크노이
n.m. 졸업식

□ занима́ться I - заня́ться I p.321
자니마짜－자냐짜
v. (복습, 예습, 암기 등 학습활동을 하며) 배우다, 공부하다; (~을) 하다, (~에) 종사하다

□ учи́ть II - научи́ть II
우치찌－나우치찌
v. 가르치다

□ учи́тель 우치찔 n.m., учи́тельница 우치찔니짜 n.f.
선생님

□ профе́ссор 쁘라페사(ㄹ)
n.m. (전문학교, 대학) 교수

□ посеща́ть I - посети́ть II (т-щ)
빠시쌰찌－빠시찌찌
v. 출석하다

□ посеще́ние 빠시쎄니예
n.n. 출석

□ опа́здывать I - опозда́ть I
아빠즈드바찌－아빠즈다찌
v. 늦다; 지각하다

□ опозда́ние 아빠즈다니예
n.n. 지각

□ уро́к 우로(ㅋ)
n.m. 수업

□ ле́кция 례크쯔야
n.f. 강의

□ шко́льник 쉬꼴리니(ㅋ) n.m., шко́льница 쉬꼴리니짜 n.f.
학생

□ студе́нт 스뚜젠(ㅌ) n.m., студе́нтка 스뚜젠트까 n.f.
대학생

□ вопро́с 바프로(ㅅ)
n.m. 질문, 의문

□ отве́т 아트볘(ㅌ)
n.m. 대답

□ калькуля́тор
깔꿀랴따(ㄹ)
n.m. 계산기

□ уче́бник 우체브니(ㅋ)
n.m. 교과서

□ бума́га 부마가
n.f. 종이

□ каранда́ш 까란다쉬
n.m. 연필

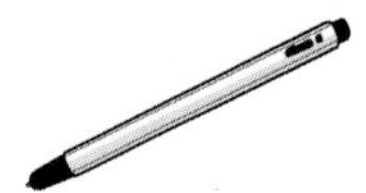

□ ру́чка 루츠까
n.f. 볼펜

□ стира́тельная рези́нка
스찌라찔나야 리진까
= ла́стик 라스찌(ㅋ) n.m.
지우개

□ пена́л 삐날
n.m. 필통

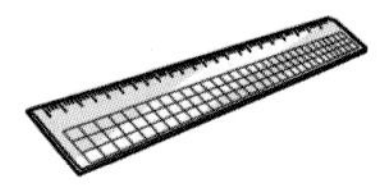

□ лине́йка 리녜이까
n.f. 자

□ но́жницы 노즈니쯔
n.pl. 가위

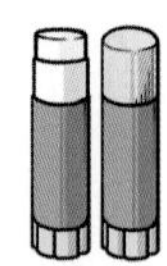

□ клей 끌례이
n.m. 풀

□ тетра́дь 찌트라찌
n.f. 공책

□ доска́ 다스까
n.f. 칠판

□ мел 멜
n.m. 분필

□ дома́шнее зада́ние
다마쉬녜예 자다니예
숙제

□ рефера́т 리피라(ㅌ)
n.m. 리포트

□ экза́мен 에그자민
n.m. 시험

□ оце́нивать I - оцени́ть II
아쩨니바찌－아쯔니찌
v. 평가하다

□ лёгкий (-ая, -ое, -ие)
료흐끼
a. 쉬운; 가벼운

□ тру́дный (-ая, -ое, -ые)
뜨루드느이
a. 어려운

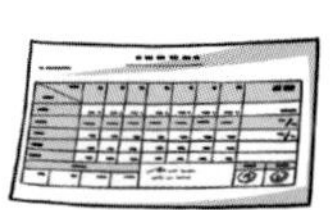

□ оце́нка 아쩬까
= отме́тка 아트메트까
n.f. 점수; 성적

□ стипе́ндия
스찌뼨지야
n.m. 장학금

□ нау́чная сте́пень
나우츠나야 스쩨삔
학위

□ зачёт 자쵸(ㅌ)
n.m. 합격

□ незачёт 니자쵸(ㅌ)
n.m. 불합격

□ кани́кулы 까니꿀르
n.pl. 방학

□ шко́ла 쉬꼴라 n.f. 학교 tip. 러시아에서는 만 6~7세에 입학을 합니다. 의무교육 9년을 마치면 2~4년제 기술전문학교, 11학년을 졸업하면 전문학교나 대학에 들어갑니다.

□ сре́дняя общеобразова́тельная шко́ла
스례드냐야 오프쒸아브라자바찔나야 쉬꼴라 중등보통교육학교(11년 과정)
□ нача́льная шко́ла 나찰나리야 쉬꼴라 초등학교(1~4학년)
□ основна́я шко́ла 아스나브나야 쉬꼴라 중학교(기본학교, 5~9학년)
□ ста́ршие кла́ссы 스따르쉬예 끌라스 고등학교(고학년, 10~11학년)

□ гимна́зия 김나지야 n.f. 특수학교(특성화학교, 5~11학년)
□ лице́й 리쩨이 n.m. 특수학교(특성화학교, 7~11학년)

tip. 우수한 학생들은 시험을 쳐서 수학, 과학, 외국어, 예능 등을 전문으로 가르치는 특수학교(특성화학교)에 입학할 수 있습니다.

□ мла́дшая шко́ла 믈라트샤야 쉬꼴라 (한국) 초등학교
□ сре́дняя шко́ла 스례드냐야 쉬꼴라 (한국) 중학교
□ ста́ршая шко́ла 스따르샤야 쉬꼴라 (한국) 고등학교

□ те́хникум 쪠흐니꿈 n.m. 기술전문학교, 전문대

tip. те́хникум은 9학년 또는 11학년 졸업 후 입학하며, 전공에 따라 2~3년을 다닙니다.

□ ко́лледж 꼴리트쉬 n.m. 기술전문학교, (일부 대학에서) 단과대학

tip. ко́лледж는 9학년 또는 11학년을 졸업 후 입학하며, 전공에 따라 3~4년을 다닙니다.

□ (профессиона́льное) учи́лище (쁘라피시아날나예) 우칠리쎄 직업전문학교

□ вы́сшее уче́бное заведе́ние 브스셰예 우체브나예 자비졔니예
대학(고등 교육기관)
= вуз 부(ㅅ) n.m. (약자)
□ университе́т 우니비르스쪠(ㅌ) n.m. 종합대학교
□ аспиранту́ра 아스삐란뚜라 n.f. 대학원

□ поступа́ть I - поступи́ть II (п-пл) 빠스뚜빠찌－빠스뚜삐찌 v. 입학하다
□ поступле́ние (в шко́лу) 빠스뚜플레니예 (프 쉬꼴루) (학교에) 입학
□ День зна́ний 졘 즈나니 입학식 날(지식의 날)
= Пе́рвое сентября́ 뻬르바예 신찌브랴 (9월 1일) tip. 러시아에서는 9월 1일에 새학기가 시작됩니다.

□ Пе́рвый звоно́к 뻬르브이 즈바노(ㅋ) 입학식(첫 종소리)

tip. 러시아 입학식 행사로 11학년 남학생이 1학년 신입 여학생을 한 쪽 어깨에 태워 학생들과 학부모, 선생님들 앞에서 한 바퀴를 돕니다. 이때 여학생이 학교 종을 울리면서 새학기가 시작됩니다.

□ ока́нчивать I - око́нчить II 아깐치바찌–아꼰치찌 v. 마치다; 졸업하다

□ оконча́ние (шко́лы) 아깐차니예 (쉬꼴르) (학교) 졸업

□ выпускно́й 브뿌스크노이 n.m. 졸업식

□ образова́ние 아브라자바니예 n.n. 학력; 교육

□ нау́чная сте́пень 나우츠나야 스쩨삔 학위

□ бакала́вр 바깔라브(ㄹ) n.m. 학사

□ маги́стр 마기스트(ㄹ) n.m. 석사

□ до́ктор нау́к 도크따(ㄹ) 나우(ㅋ) 박사

□ диссерта́ция 지시르따쯔야 n.f. (학위) 논문

□ учи́ть II - вы́учить II 우치찌–브우치찌 v. 배우다; 외우다

□ учи́ться II - вы́учиться II 우치짜–브우치짜 v. (학생으로 교육기관에서) 배우다, 공부하다

tip. '배우다' 동사들의 활용법은 교재나 시험에서 매우 강조되는 부분이니, 확장 표현도 같이 학습합니다.

□ учи́ться в университе́те 우치짜 브 우니비르시쩨쩨 대학교에서 배우다 (대학교를 학생 신분으로 다니다)

□ учи́ться ру́сскому языку́ 우치짜 루스까무 이즈꾸 러시아어를 배우다

□ учи́ться чита́ть 우치짜 치따찌 읽기를 배우다

□ учи́ться хорошо́ 우치짜 하라쇼 공부를 잘 하다

tip. 배우는 대상을 여격형태나 동사원형으로 표현합니다.

□ занима́ться I - заня́ться I p.321 자니마짜–자냐짜 v. (복습, 예습, 암기 등 학습활동을 하며) 배우다, 공부하다; (~을) 하다, (~에) 종사하다

tip. 완료상 заня́ться는 '(공부, 일, 활동을) 시작하다'는 뜻입니다.

□ занима́ться в библиоте́ке 자니마짜 브 비블리아쩨꼐 도서관에서 공부하다

□ занима́ться ру́сским языко́м 자니마짜 루스낌 이즈꼼 러시아어를 공부하다

□ занима́ться спо́ртом 자니마짜 스뽀르땀 운동을 하다

tip. 공부, 일, 활동을 조격형태로 표현합니다.

□ учи́ть II - научи́ть II 우치찌 – 나우치찌 v. 가르치다

□ преподава́ть I (ва -) - препода́ть I p.324 쁘리빠다바찌 – 쁘리빠다찌 v. 가르치다; 교수하다

□ учи́тель 우치찔 n.m., учи́тельница 우치찔니짜 n.f. 선생님

□ преподава́тель 쁘리빠다바찔 n.m. 선생, 교사, 강사; 교원

□ профе́ссор 쁘라폐사(ㄹ) n.m. (전문학교, 대학) 교수

tip. 러시아어 직업 명사 대부분은 남성형이며 남녀 구분 없이 공통으로 사용합니다. 남성형과 여성형을 가진 명사들도 있지만, 특별히 여성을 강조하는 경우가 아니면 일반적으로 남성형을 쓰면 됩니다.

□ посеща́ть I - посети́ть II (т-щ) 빠시샤찌 – 빠시찌찌 v. 출석하다

□ посеще́ние 빠시셰니예 n.n. 출석

□ опа́здывать I - опозда́ть I 아빠즈드바찌 – 아빠즈다찌 v. 늦다; 지각하다

□ опозда́ние 아빠즈다니예 n.n. 지각

□ прогу́ливать I - прогуля́ть I 쁘라굴리바찌 – 쁘라굴랴찌 v. 결석하다(회화)

□ пропуска́ть I - пропусти́ть II (ст-щ) уро́к 쁘라뿌스까찌 – 쁘라뿌스찌찌 우로(ㅋ) 수업에 결석하다(수업을 빠지다)

□ уро́к 우로(ㅋ) n.m. 수업

tip. 러시아 대학 수업은 80분(40분씩 두 교시)을 한 교시로 па́ра 빠라(한 쌍)라 합니다.

□ заня́тие 자냐찌예 n.n. 수업; 과업

□ ле́кция 례크쯔야 n.f. 강의

□ аудито́рия 아우지또리야 n.f. 강의실

У меня́ сего́дня четы́ре па́ры.
우 미냐 시보드냐 치뜨리 빠르
난 오늘 수업이 4개 있다.

□ уче́бная програ́мма 우체브나야 쁘라그라마 교육 과정, 커리큘럼

□ расписа́ние уро́ков 라스삐사니예 우로까(ㅍ) 수업 시간표

□ кружо́к 끄루조(ㅋ) n.m. (학교) 동아리

□ переме́на 삐리몌나 n.f. (학교) 쉬는 시간

□ переры́в 삐리르(ㅍ) n.m. (대학) 쉬는 시간

□ предме́т 쁘리드메(ㅌ) n.m. 과목

Како́й твой люби́мый предме́т?
까꼬이 뜨보이 류비므이 쁘리드메(ㅌ)?
네가 좋아하는 과목이 뭐니?

□ ру́сский язы́к 루스끼 이즈(ㅋ) 러시아어

□ литерату́ра 리찌라뚜라 n.f. 문학

□ исто́рия 이스또리야 n.f. 역사

□ обществозна́ние 아프쒸스트바즈나니예 n.n. 사회

□ матема́тика 마찌마찌까 n.f. 수학

□ геогра́фия 기아그라피야 n.f. 지리학

□ биоло́гия 비알로기야 n.f. 생물학

□ фи́зика 피지까 n.f. 물리학

□ хи́мия 히미야 n.f. 화학

□ физи́ческая культу́ра 피지치스까야 꿀뚜라 체육

□ му́зыка 무즈까 n.f. 음악

□ изобрази́тельное иску́сство 이자브라지찔나예 이스꾸스트바 시각 예술; 미술

= изо 이조 n.n.

□ шко́льник 쉬꼴리니(ㅋ) n.m., шко́льница 쉬꼴리니짜 n.f. 학생

□ студе́нт 스뚜젠(ㅌ) n.m., студе́нтка 스뚜젠트까 n.f. 대학생

□ однокла́ссник 아드나크라스니(ㅋ) n.m.,
однокла́ссница 아드나클라스니짜 n.f. 급우, 동급생(학교)

□ одноку́рсник 아드나꾸르스니(ㅋ) n.m.,
одноку́рсница 아드나꾸르스니짜 n.f. 동급생, 동창생(대학)

□ класс 끌라(ㅅ) n.m. 학년(학교); 교실

□ курс 꾸르(ㅅ) n.m. 학년(대학)

Ты в како́м кла́ссе?
뜨 프 까꼼 끌라세?
넌 몇 학년이니? (학교)

Ты на како́м ку́рсе?
뜨 나 까꼼 꾸르세?
넌 몇 학년이니? (전문대, 대학)

□ факульте́т 파꿀쩨(ㅌ) n.m. 학과

tip. 러시아에서 중등보통교육학교는 보통 4학기, 전문학교나 대학은 2학기입니다.

□ че́тверть 체트비르찌 n.f. (4학기로 된 학년) 한 학기; 1/4; 15분

□ семе́стр 시메스트(ㄹ) n.m. (2학기로 된 학년) 한 학기

□ задава́ть I (ва -) - зада́ть I/II p.321 вопро́с 자다바찌–자다찌 바프로(ㅅ) v. 질문하다; 문제를 제기하다

□ вопро́с 바프로(ㅅ) n.m. 질문, 의문

□ отвеча́ть I - отве́тить II (т-ч) 아트비치찌–아트볘찌찌 v. 대답하다

□ отве́т 아트볘(ㅌ) n.m. 대답

□ повторя́ть I - повтори́ть II 빠프따랴찌–빠프따리찌 v. 따라하다, 반복하다; 복습하다; 다시 말하다

□ реша́ть I - реши́ть II 리샤찌–리쉬찌 v. (수학 문제를) 풀다; 결심하다; 해결하다

□ счита́ть I - посчита́ть I 쒸따찌–빠쒸따찌 v. (숫자를) 세다; 계산하다

□ калькуля́тор 깔꿀랴따(ㄹ) n.m. 계산기

□ уче́бник 우체브니(ㅋ) n.m. 교과서

□ бума́га 부마가 n.f. 종이

□ каранда́ш 까란다쉬 n.m. 연필

□ ру́чка 루츠까 n.f. 볼펜

□ стира́тельная рези́нка 스찌라찔나야 리진까 지우개

= ла́стик 라스찌(ㅋ) n.m.

= стёрка 스쬬르까 n.f. (회화)

tip. рези́нка 리진까는 '고무'란 뜻입니다.

□ корре́ктор 까례크따(ㄹ) n.m. 수정액; 수정테이프

□ пена́л 삐날 n.m. 필통

□ лине́йка 리녜이까 n.f. 자

□ канцеля́рский нож 깐쯜랴르스끼 노쉬 (문구용) 칼

□ но́жницы 노즈니쯔 n.pl. 가위

□ клей 끌례이 n.m. 풀

□ тетра́дь 찌트라찌 n.f. 공책

□ доска́ 다스까 n.f. 칠판

□ мел 멜 n.m. 분필

□ ма́ркер 마르끼(ㄹ) n.m. 마커

□ сме́нная о́бувь 스메나야 오부피 실내화(갈아 신는 신발)

□ сме́нка 스멘까 n.f. 실내화; 실내화 가방(회화)

□ дома́шнее зада́ние 다마쉬녜예 자다니예 숙제

□ де́лать I - сде́лать I дома́шнее зада́ние

젤라찌–즈젤라찌 다마쉬녜예 자다니예 숙제를 하다

□ сдава́ть I (ва -) - сдать I/II p.327 дома́шнее зада́ние

즈다바찌–즈다찌 다마쉬녜예 자다니예 숙제를 제출하다

□ рефера́т 리피라(ㅌ) n.m. 리포트

□ сочине́ние 사치녜니예 n.n. 작문

□ изложе́ние 이즐라제니예 n.n. 서술

□ эссе́ 에세 n.n. 에세이

□ писа́ть I (с-ш) - написа́ть I (с-ш) 삐사찌–나삐사찌 v. 쓰다

□ запи́сывать I - записа́ть I (с-ш) 자삐스바찌–자삐사찌 v. 필기하다, 적어두다

□ чита́ть I - прочита́ть I 치따찌–쁘라치따찌 v. 읽다

□ экза́мен 에그자민 n.m. 시험

□ контро́льная рабо́та 깐트롤나야 라보따 검사 시험

tip. 러시아 학교에서는 매학기 후 контро́льная рабо́та를 봅니다.

□ вступи́тельный экза́мен 프스뚜삐찔느이 에그자민 입학 시험

□ ЕГЭ 예게 통합국가시험(러시아 수능)

= еди́нный госуда́рственный экза́мен

이지느이 가수다르스트비느이 에그자민

□ выпускно́й экза́мен 브쁘스크노이 에그자민 졸업 시험

□ экзаменацио́нный лист 에그자미나쯔오느이 리스(ㅌ) 시험지

□ сдава́ть I (ва -) - сдать I/II p.327 즈다바찌 – 즈다찌 v. (시험에) 합격하다; 맡기다

□ сдава́ть - сдать экза́мен 즈다바찌 – 즈다찌 에그자민
시험을 치다 [불완료상]; 시험에 합격하다 [완료상]

□ прова́ливать I - провали́ть II экза́мен
쁘라발리바찌 – 쁘라발리찌 에그자민 시험에 불합격하다(회화)

= не сдать экза́мен 니 즈다찌 에그자민

tip. не는 뒤에 오는 단어 또는 구를 부정(~이 아니다, ~하지 않다)하는 부정사입니다.

□ оце́нивать I - оцени́ть II 아쩨니바찌 – 아쯔니찌 v. 평가하다

□ лёгкий (-ая, -ое, -ие) 료흐끼 a. 쉬운; 가벼운

□ тру́дный (-ая, -ое, -ые) 뜨루드느이 a. 어려운

□ результа́т 리줄따(ㅌ) n.m. 결과

Результа́ты экза́мена бу́дут на сле́дующей неде́ле.
리줄따뜨 에그자미나 부두(ㅌ) 나 슬례두쎼이 니곌례
시험 결과가 다음주에 나올 거다.

□ оце́нка 아쩬까 n.f. 점수; 성적

= отме́тка 아트몌트까

□ ста́вить II (в-вл) - поста́вить II (в-вл) оце́нку
스따비찌 – 빠스따비찌 아쩬꾸 점수를 매기다

tip. 러시아의 학교 성적제도는 1~5점입니다. 5점 만점으로, 1~2점은 낙제며, 3점 이상 받아야 과목 이수로 처리됩니다. 대학교도 같은 성적 제도이나 별도로 합격(зачёт)과 불합격(незачёт)으로 평가되는 일부 과제나 보조시험이 있습니다.

□ зачёт 자쵸(ㅌ) n.m. 합격

□ незачёт 니자쵸(ㅌ) n.m. 불합격

□ дневни́к 드니브니(ㅋ) n.m. (학교) 알림장

tip. 학교 알림장은 숙제장 겸 성적장으로 수업시간표가 적혀 있고 숙제와 점수를 기록합니다. 알림장 뒷부분에 매 학기 시험 성적도 씁니다. 선생님이 학생의 출결 상황이나 수업 태도에 대한 의견 등도 메모해 학부모에게 전달합니다. 또한 전자알림장이 있어 학부모가 바로바로 성적을 온라인상에서 확인할 수 있습니다.

□ зачётная кни́жка 자쵸트나야 끄니쉬까 (전문학교, 대학교) 성적증

□ студе́нческий биле́т 스뚜젠치스끼 빌례(ㅌ) (대학생의) 학생증

□ стипе́ндия 스찌뻰지야 n.m. 장학금

□ получа́ть I - получи́ть II 빨루차찌 – 빨루치찌 v. 받다

□ получа́ть - получи́ть стипе́ндию 빨루차찌 – 빨루치찌 스찌뻰지유 장학금을 받다

□ кани́кулы 까니꿀르 n.pl. 방학

□ осе́нние кани́кулы 아세니예 까니꿀르 가을 방학(10월 말~11월 초 1주간)

□ зи́мние кани́кулы 짐니예 까니꿀르 겨울 방학(12월 말~1월 초 2주간)

□ весе́нние кани́кулы 비세니예 까니꿀르 봄 방학(3월 말 1주간)

□ ле́тние кани́кулы 례트니예 까니꿀르 여름방학(6~8월 3개월간)

Ле́то - э́то сезо́н отпуско́в и кани́кул.
례따 에따 시존 아트뿌스꼬(ㅍ) 이 까니꿀
여름은 휴가와 방학의 계절이다.

15. 시험 결과

꼭! 써먹는 **실전 회화**

Макси́м Я пло́хо сдал экза́мен.
야 쁠로하 즈달 에그자민
시험을 잘 못 봤어.

Андре́й Я то́же провали́л в э́тот раз.
야 또제 쁘라발릴 브 에따(ㅌ) 라(ㅅ)
나도 이번에 망쳤어.

Макси́м В сле́дующий раз ну́жно бу́дет бо́льше занима́ться.
프 슬례두쒸 라(ㅅ) 누즈나 부지(ㅌ) 볼셰 자니마짜
다음 번에 더 많이 공부해야 할 거야.

Андре́й Да, дава́й! У нас всё полу́чится!
다, 다바이! 우 나(ㅅ) 프쇼 빨루치짜!
그래, 하자! 우리는 할 수 있을 거야!

Раздел 16.

직장 Работа 라보따

□ рабо́та 라보따
n.f. 일; 직업; 직장

□ профе́ссия 쁘라폐시야
n.f. 직업

□ о́фис 오피(ㅅ)
n.m. 사무실

□ иска́ть - найти́ рабо́ту
이스까찌-나이찌 라보뚜
구직하다[불완료상];
직장을 찾아내다[완료상]

□ резюме́ 리쥬메
n.n. 이력서

□ собесе́дование
사비세다바니예
n.n. 면접

□ обя́занность 아뱌자나스찌
n.f. 의무; 임무

□ обя́занности 아뱌자나스찌
n.pl. 업무

□ собра́ние 사브라니예
n.n. 회의

□ докуме́нт 다꾸멘(ㅌ)
n.m. 서류

□ презента́ция 쁘리진따쯔야
n.f. 프레젠테이션; 발표

□ сотру́дник 사트루드니(ㅋ) n.m.,
сотру́дница 사트루드니짜 n.f.
사무원; 직원; 동료

□ о́тпуск 오트뿌스(ㅋ)
n.m. 휴가

□ за́работная пла́та
자라바트나야 쁠라따
= зарпла́та 자르쁠라따 n.f.
= за́работок 자라바따(ㅋ) n.m.
임금, 급여

□ пре́мия 쁘레미야
n.f. 상여금, 보너스; 수상

□ бо́нус 보누(ㅅ)
n.m. 상여금, 보너스

□ идти́ I p.317 -
пойти́ I p.324 на рабо́ту
이찌-빠이찌 나 라보뚜
v. 출근하다(직장에 가다)

□ уходи́ть II (д-ж) -
уйти́ I с рабо́ты
우하지찌-우이찌 스 라보뜨
퇴근하다; 퇴직하다

□ увольня́ть I - уво́лить II
우발리냐찌-우볼리찌
v. 해고하다

□ увольня́ться I - уво́литься II
우발리냐짜-우볼리짜
v. 사직하다

□ полице́йский 빨리쩨이스끼
n.m. 경찰관

□ пожа́рник 빠자르니(ㅋ)
n.m. 소방관

□ учи́тель 우치찔 n.m.,
учи́тельница 우치찔니짜 n.f.
선생님

□ программи́ст 쁘라그라미스(ㅌ)
n.m. 프로그래머

□ гид 기(ㅌ)
n.m. 가이드, 안내원

□ журнали́ст 주르날리스(ㅌ) n.m.,
журнали́стка 주르날리스트까 n.f.
기자

□ ди́ктор 지크따(ㄹ)
n.m. 아나운서

□ поли́тик 빨리찌(ㅋ)
n.m. 정치가

□ судья́ 수지야
n.f. 판사

□ врач 브라(ㅊ)
n.m. 의사

□ медбра́т 메드브라(ㅌ) n.m., медсестра́ 메트시스트라 n.f. 간호사

□ фармаце́вт 파르마쩨프(ㅌ) n.m. 약사

□ продаве́ц 쁘라다베(ㅉ) n.m. 점원; 판매원

□ архите́ктор 아르히쩨크따(ㄹ) n.m. 건축가

□ столя́р 쓰딸랴(ㄹ) n.m. 목수; 목공

□ по́вар 뽀바(ㄹ)
= кулина́р 꿀리나(ㄹ)
n.m. 요리사

□ пе́карь 뻬까(ㄹ) n.m. 제빵사

□ парикма́хер 빠리크마히(ㄹ) n.m. 미용사; 이발사

□ фе́рмер 페르미(ㄹ) n.m. 농부; 농장경영자

□ рыба́к 르바(ㅋ) n.m. 어부

□ рабóтать I - порабóтать I 라보따찌–빠라보따찌
v. 일하다[불완료상]; 얼마 동안 일하다[완료상]

□ рабóта 라보따 n.f. 일; 직업; 직장
□ профéссия 쁘라폐시야 n.f. 직업

Кем вы рабóтаете?
꼠 브 라보따이쩨?
당신은 무슨 일을 하나요?
(당신 직업은 무엇인가요?)

Кто вы по профéссии?
끄또 브 빠 쁘라폐시이?
직업이 뭐예요?

□ искáть I p.316 - найтú I p.322 이스까찌–나이찌 v. 찾다, 찾고 있다[불완료상];
찾아내다[완료상]
□ искáть - найтú рабóту 이스까찌–나이찌 라보뚜 구직하다[불완료상];
직장을 찾아내다[완료상]
□ пóиск рабóты 뽀이스(ㅋ) 라보뜨 구직
□ объявлéние 아브이블레니예 n.n. (신문 등) 광고; 공고

□ подавáть I (ва -) - подáть I/II p.323 заявлéние
빠다바찌–바다찌 자이블레니예 v. 지원하다(지원서를 제출하다)
□ резюмé 리쥬메 n.n. 이력서
□ собесéдование 사비세다바니예 n.n. 면접

Пришлúте своё резюмé.
쁘리쉴리쩨 스바요 리쥬메
자신의 이력서를 보내주세요.

□ нанимáть I - нанять I p.322 나니마찌–나냐찌 v. 고용하다

□ предприя́тие 쁘리트프리야찌예 n.n. 기업
□ госудáрственное предприя́тие 가수다르스트비나예 쁘리트프리야찌예
국영기업
□ чáстное предприя́тие 차스나예 쁘리트프리야찌예 사기업

□ фúрма 피르마 n.f. 회사
= компáния 깜빠니야

□ обя́занность 아뱌자나스찌 n.f. 의무; 임무
□ обя́занности 아뱌자나스찌 n.pl. 업무

□ о́фис 오피(ㅅ) n.m. 사무실

□ отде́л 아젤 n.m. 부서
□ произво́дственный отде́л 쁘라이즈보쯔트비느이 아젤 생산부
□ о́пытно-констру́кторский отде́л 오쁘트나 깐스트루크따르스끼 아젤 연구개발부
□ отде́л информацио́нных систе́м и техноло́гий 아젤 인파르마쯔오느(ㅎ) 시스뗌 이 찌흐날로기 IT부
□ отде́л по о́бщим вопро́сам 아젤 빠 오프쒸 바프로삼 총무부
□ отде́л сбы́та 아젤 즈브따 영업부
□ юриди́ческий отде́л 유리지치스끼 아젤 법무부

□ докуме́нт 다꾸멘(ㅌ) n.m. 서류
□ догово́р 다가보(ㄹ) n.m. 계약서
= контра́кт 깐트라크(ㅌ)

□ собра́ние 사브라니예 n.n. 회의
□ зал собра́ний 잘 사브라니 회의실

□ пове́стка дня 빠볘스까 드냐 안건
□ презента́ция 쁘리진따쯔야 n.f. 프레젠테이션; 발표
□ предложе́ние 쁘리들라제니예 n.n. 제안; 권유

□ перегово́ры 삐리가보르 n.pl. 협상
□ торго́вые перегово́ры 따르고브예 삐리가보르 무역 협상

□ рабо́чий 라보치 n.m., рабо́чая 라보차야 n.f. 노동자
□ сотру́дник 사트루드니(ㅋ) n.m., сотру́дница 사트루드니짜 n.f. 사무원; 직원; 동료
□ слу́жащий 슬루자쒸 n.m., слу́жащая 슬루자쌰야 n.f. 사무원; 직원
□ колле́га 깔례가 n.f. 동료

tip. 남·녀 구분 없이 공통으로 씁니다.

□ до́лжность 돌즈나스찌 n.f. 직무; 직위
□ генера́льный дире́ктор 기니랄느이 지례크따(ㄹ) 최고경영자
□ дире́ктор 지례크따(ㄹ) n.m. 이사; 최고책임자
□ сове́т директоро́в 사볘(ㅌ) 지리크따로(ㅍ) 이사회
□ замести́тель дире́ктора 자미스찌찔 지례크따라 부대표; 부책임자
□ босс 보(ㅅ) n.m. 상사 (회화)
□ ме́неджер 메네즈(ㄹ) n.m. 부장
□ руководи́тель 루까바지찔 n.m. 관리자; 지도자

□ повыше́ние 빠브셰니예 n.n. 승진
□ получа́ть I - получи́ть II повыше́ние 빨루차찌—빨루치찌 빠브셰니예 승진하다

□ за́работная пла́та 자라바트나야 쁠라따 임금, 급여
= зарпла́та 자르플라따 n.f.
= за́работок 자라바따(ㅋ) n.m.
□ сре́дний за́работок 스례드니 자라바따(ㅋ) 평균 임금
□ минима́льный за́работок 미니말느이 자라바따(ㅋ) 최저 임금

□ пре́мия 쁘례미야 n.f. 상여금, 보너스; 수상
□ бо́нус 보누(ㅅ) n.m. 상여금, 보너스
□ годово́й окла́д 가다보이 아클라(ㅌ) 연봉

tip. Но́белевская пре́мия 노빌리프스까야 쁘례미야는 '노벨상'입니다.

□ идти́ I p.317 - пойти́ I p.324 на рабо́ту 이찌—빠이찌 나 라보뚜 v. 출근하다(직장에 가다)

□ уходи́ть II (д-ж) - уйти́ I с рабо́ты 우하지찌—우이찌 스 라보뜨 퇴근하다; 퇴직하다

tip. уйти́의 변화는 пойти́와 같습니다.

□ час пик 차(ㅅ) 삐(ㅋ) n.m. 러시아워
□ доро́жный зато́р 따로즈느이 자또(ㄹ) 교통 체증
□ про́бка 쁘로프까 n.f. 교통 체증(회화); 코르크 마개

□ сокраща́ть I - сократи́ть II (т-щ) 사크라쌰찌－사크라찌찌 v. 줄이다; 해직하다
□ увольня́ть I - уво́лить II 우발리냐찌－우볼리찌 v. 해고하다

□ увольня́ться I - уво́литься II 우발리냐짜－우볼리짜 v. 사직하다
□ заявле́ние об ухо́де 자이블례니예 아(ㅂ) 우호제 사직서

□ забасто́вка 자바스또프까 n.f. 파업

□ о́тпуск 오트뿌스(ㅋ) n.m. 휴가
□ брать I p.316 - взять I p.320 о́тпуск 브라찌－브자찌 오트뿌스(ㅋ) 휴가를 내다
□ о́тпуск по боле́зни 오트뿌스(ㅋ) 빠 발례즈니 병가
= больни́чный 발리니츠느이 n.m. (회화)
□ о́тпуск по бере́менности и ро́дам 오트뿌스(ㅋ) 빠 비례미나스찌 이 로담 출산 휴가
= декре́тный о́тпуск 지크례트느이 오트뿌스(ㅋ) (회화)
□ о́тпуск по ухо́ду за ребёнком 오트뿌스(ㅋ) 빠 우호두 자 리본깜 육아 휴직

tip. 실제 회화에서는 더 줄여서 декре́т 지크례(ㅌ)라고도 합니다.

Я в о́тпуске.
야 브 오트뿌스꼐
난 휴가 중이다.

□ госслу́жащий 고슬루자쒸 n.m. 공무원
= госуда́рственный слу́жащий 가수다르스트비느이 슬루자쒸

tip. 성별을 강조하지 않는 일반 직업명은 남성형으로 하면 됩니다.

□ полице́йский 빨리쩨이스끼 n.m. 경찰관

□ пожа́рник 빠자르니(ㅋ) n.m. 소방관

tip. 공식 명칭은 пожа́рный 빠자르느이입니다.

□ почтальо́н 빠츠딸리온 n.m. 집배원

□ учи́тель 우치찔 n.m., учи́тельница 우치찔니짜 n.f. 선생님
□ преподава́тель 쁘리빠다바찔 n.m. 선생, 교사, 강사; 교원

□ программи́ст 쁘라그라미스(ㅌ) n.m. 프로그래머

□ гид 기(ㅌ) n.m. 가이드, 안내원

tip. 자음 결합 дч를 [ч]로 발음합니다.

□ перево́дчик 삐리보치(ㅋ) n.m., перево́дчица 삐리보치짜 n.f. 통번역사

□ журнали́ст 주르날리스(ㅌ) n.m., журнали́стка 주르날리스트까 n.f. 기자

□ ди́ктор 지크따(ㄹ) n.m. 아나운서

□ поли́тик 빨리찌(ㅋ) n.m. 정치가

□ судья́ 수지야 n.f. 판사

tip. 여성형 명사이지만, 남녀 구분 없이 공통으로 사용합니다.

- □ прокуро́р 쁘라꾸로(ㄹ) n.m. 검사
- □ адвока́т 아드바까(ㅌ) n.m. 변호사(송무업무 및 자문)
- □ юри́ст 유리스(ㅌ) n.m. 변호사(법률 자문)

□ бухга́лтер 부할찌(ㄹ) n.m. 회계사; 회계원

tip. хг이 마찰음 [г]와 [х]의 중간 소리로 발음되기 때문에 [부갈찌(ㄹ)]로 발음하는 사람들이 많습니다.

□ врач 브라(ㅊ) n.m. 의사

- □ медбра́т 메드브라(ㅌ) n.m., медсестра́ 메트시스트라 n.f. 간호사
- □ ветерина́р 비찌리나(ㄹ) n.m. 수의사

□ фармаце́вт 파르마쩨프(ㅌ) n.m. 약사

□ ба́нковский слу́жащий 반까프스끼 슬루자쒸 은행원
= рабо́тник ба́нка 라보트니(ㅋ) 반까

□ продаве́ц 쁘라다볘(ㅉ) n.m. 점원; 판매원

□ инжене́р 인즈녜(ㄹ) n.m. 기술자, 엔지니어

□ архите́ктор 아르히쩨크따(ㄹ) n.m. 건축가

□ столя́р 쓰딸랴(ㄹ) n.m. 목수; 목공

□ водопрово́дчик 바다프라보치(ㅋ) n.m. 배관공
= санте́хник 산쪠흐니(ㅋ)

□ вахтёр 바흐쬬(ㄹ) n.m. 경비원

□ по́вар 뽀바(ㄹ) n.m. 요리사
= кулина́р 꿀리나(ㄹ)
□ шеф-по́вар 셰(ㅍ) 뽀바(ㄹ) n.m. 주방장

□ пе́карь 뻬까(ㄹ) n.m. 제빵사

□ парикма́хер 빠리크마히(ㄹ) n.m. 미용사; 이발사

□ спортсме́н 스빠르쯔멘 n.m., спортсме́нка 스빠르쯔멘까 n.f. 운동선수

tip. 자음 결합 тс를 [ц]로 발음합니다.

□ фе́рмер 페르미(ㄹ) n.m. 농부; 농장경영자
□ рыба́к 르바(ㅋ) n.m. 어부

□ води́тель 바지찔 n.m. 운전기사; 운전자
□ такси́ст 따크시스(ㅌ) n.m. 택시기사

꼭! 써먹는 **실전 회화**

16. 보너스

Со́ня Я получи́ла нового́дний бо́нус.
야 빨루칠라 나바고드니 보누(ㅅ)
난 신정 보너스를 받았어.

Са́ша Хорошо́ тебе́. Не то что у меня́.
하라쇼 찌베. 니 또 쉬또 우 미냐
넌 좋겠다. 난 안됐고.

Со́ня А ты ра́зве не получи́л?
아 뜨 라즈볘 니 빨루칠?
근데 넌 진짜 안받았어?

Са́ша В э́том году́ у нас отмени́ли бо́нусы.
브 에땀 가두 우 나(ㅅ) 아트미닐리 보누스
올해 우리 회사에 보너스를 없앴어.

Раздел 17.

음식점 & 카페 Рестораны и Кафе 리스따라느 이 까페

□ рестора́н 리스따란
n.m. 음식점, 레스토랑

□ тормозо́к 따르마조(ㅋ)
n.m. 도시락(회화)

□ столо́вая 스딸로바야
n.f. 식당

□ пита́ние 삐따니예
n.n. 식사

□ ку́хня 꾸흐냐 n.f. 요리; 부엌, 주방

□ блю́до 블류다 n.n. 요리

□ официа́нт 아피쯔안(ㅌ) n.m.,
официа́нтка 아피쯔안트까 n.f.
종업원

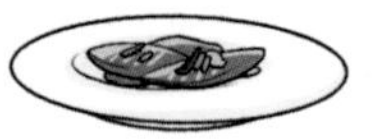

□ меню́ 미뉴
n.n. 차림표, 식단, 메뉴

□ заку́ска 자꾸스까
n.f. 전채; 반찬, 안주

□ суп 수(ㅍ)
n.m. 수프, 국

□ гарни́р 가르니(ㄹ)
n.m. 사이드 디쉬(곁들임 요리)

□ бефстро́ганов 비프스트로가나(ㅍ)
n.m. 베프스트로가노프(쇠고기 요리)

□ котле́та 까틀례따
n.f. (일종의) 커틀릿

□ су́ши 수쉬
n.n. 초밥

□ сала́т 살라(ㅌ)
n.m. 샐러드

□ сала́тная запра́вка
사라트나야 자프라프까
= дре́ссинг 드례신(ㅋ) n.m.
드레싱

□ голубе́ц 갈루베(ㅉ)
n.m. 고루브치
(양배추 잎에 고기소를 넣고 찐 요리)

□ шашлы́к 샤쉴르(ㅋ)
n.m. 샤슬릭(꼬치구이)

□ сэ́ндвич 샌드비(ㅊ)
n.m. 샌드위치

□ га́мбургер 감부르계(ㄹ)
n.m. 햄버거

□ пи́цца 삐짜
n.f. 피자

☐ кафе́ 까페
n.n. 카페

☐ напи́ток 나삐따(ㅋ)
n.m. 음료

☐ вода́ 바다
n.f. 물

☐ газиро́ванная вода́
가지로바나야 바다
탄산수

☐ чай 차이 n.m. 차

☐ чёрный чай
쵸르느이 차이 홍차

☐ ко́фе 꼬폐
n.m., n.n. 커피

☐ эспре́ссо 에스프레소
n.m., n.n. 에스프레소

☐ молоко́ 말라꼬
n.n. 우유

☐ сок 소(ㅋ)
n.m. 음료, 주스

☐ десе́рт 지세르(ㅌ)
n.m. 디저트

☐ моро́женое 마로즈나예
n.n. 아이스크림

☐ пече́нье 삐체니예
n.n. 비스킷, 쿠키

☐ торт 또르(ㅌ)
n.m. 케이크

☐ конфе́та 깐폐따
n.f. 사탕

☐ шокола́д 샤깔라(ㅌ)
n.m. 초콜릿

□ алкого́ль 알까골
n.m. 알코올, 술

□ во́дка 보트까
n.f. 보드카

□ пи́во 삐바
n.n. 맥주

□ вино́ 비노
n.n. 와인

□ шампа́нское
샴빤스까예
n.n. 샴페인

□ лёд 료(ㅌ)
n.m. 얼음

□ вкус 프꾸(ㅅ)
n.m. 맛; 취향

□ солёный
(-ая, -ое, -ые) 살료느이
a. 짠

□ сла́дкий
(-ая, -ое, -ие) 슬라트끼
a. 달콤한

□ о́стрый
(-ая, -ое, -ые) 오스트르이
a. 매운

□ го́рький
(-ая, -ое, -ие) 고리끼
a. 쓴; 매운(회화)

□ ки́слый
(-ая, -ое, -ые) 끼슬르이
a. 신

□ рестора́н 리스따란 n.m. 음식점, 레스토랑

□ столо́вая 스딸로바야 n.f. 식당

□ буфе́т 부폐(ㅌ) n.m. (극장, 정거장 등의) 작은 식당

□ тормозо́к 따르마조(ㅋ) n.m. 도시락(회화)

□ пита́ние 삐따니예 n.n. 식사

□ есть I/II p.316 - съесть I/II 예스찌－스예스찌 v. 먹다

tip. съесть의 변화는 есть와 같습니다.

□ пить I p.318 - вы́пить I 삐찌－브삐찌 v. 마시다

tip. вы́пить의 변화는 пить와 같으며, 강세만 вы에 있습니다.

□ официа́нт 아피쯔안(ㅌ) n.m., официа́нтка 아피쯔안트까 n.f. 종업원

□ меню́ 미뉴 n.n. 차림표, 식단, 메뉴

□ ку́хня 꾸흐냐 n.f. 요리; 부엌, 주방

□ ру́сская ку́хня 루스까야 꾸흐냐 러시아 요리

□ рестора́н ру́сской ку́хни 리스따란 루스까이 꾸흐니 러시아 요리 레스토랑

□ нра́виться II (в-вл) - понра́виться II (в-вл) 느라비짜－빠느라비짜 v. 마음에 들다[불완료상]; 마음에 들게 되다[완료상]

Вам нра́вится ру́сская ку́хня?
밤 느라비짜 루스까야 꾸흐냐
러시아 요리가 마음에 드세요?

□ блю́до 블류다 n.n. 요리

□ гла́вное блю́до 글라브나예 블류다 메인 요리

□ блю́до дня 블류다 드냐 오늘의 특선 요리

□ заку́ска 자꾸스까 n.f. 전채; 반찬, 안주

□ пе́рвое 뻬르바예 n.n. (점심 코스) 첫 번째 음식

tip. 러시아 점심 코스 음식의 첫번째는 국이나 수프, 두번째는 고기나 생선, 세번째는 디저트입니다.

□ второ́е 프따로예 n.n. (점심 코스) 두 번째 음식

□ тре́тье 뜨례찌예 n.n. (점심 코스) 세 번째 음식; 후식

□ суп 수(ㅍ) n.m. 수프, 국

□ борщ 보르쒸 n.m. 보르시

□ рассо́льник 라솔니(ㅋ) n.m. 라솔닉

tip. рассо́льник은 고기, 곡물, 감자, 절인 오이 등의 재료를 넣어 끓인 러시아 수프입니다.

□ ка́ша 까샤 n.f. 죽

tip. 러시아 죽은 우유와 곡식을 끓여 소금, 설탕, 버터로 간을 하여 빵과 함께 먹습니다.

□ блю́до из мя́са 블류다 이(ㅈ) 마사 고기 요리

□ бефстро́ганов 비프스트로가나(ㅍ) n.m. 베프스트로가노프(쇠고기 요리)

□ котле́та 까틀례따 n.f. (일종의) 커틀릿

tip. котле́та는 다진 고기를 둥글게 빚은 후 굽거나 튀긴 러시아식 커틀릿입니다.

□ блю́до из ры́бы 블류다 이(ㅈ) 르브 생선 요리

□ блю́до из ку́рицы 블류다 이(ㅅ) 꾸리쯔 닭고기 요리

□ су́ши 수쉬 n.n. 초밥

Здесь побли́зости есть рестора́н, в кото́ром гото́вят су́ши с лосо́сем?
즈졔시 빠블리자스찌 예스찌 리스따란, 프 까또람 가또뱌(ㅌ) 수쉬 스 라소심
연어 초밥을 하는 식당이 근처에 있어?

□ гарни́р 가르니(ㄹ) n.m. 사이드 디쉬(곁들임 요리)

□ карто́фельное пю́ре 까르또필나예 쀼레 으깬 감자

□ карто́фель-фри 까르또필 프리 감자튀김

Что вы бу́дете на гарни́р?
쉬또 브 부지쪠 나 가르니(ㄹ)?
사이드 디쉬는 무엇으로 하시겠어요?

□ сала́т 살라(ㅌ) n.m. 샐러드

tip. винегре́т는 주재료 비트와 각종 채소로 만듭니다.

□ винегре́т 비니그례(ㅌ) n.m. 비네그레트 샐러드(러시아식 샐러드)

□ оливье́ 알리비예 n.m. 올리비에 샐러드

tip. оливье́는 쇠고기와 각종 채소로 만듭니다.

□ сала́тная запра́вка 사라트나야 자프라프까 드레싱

= дре́ссинг 드례신(ㅋ) n.m.

tip. 만두는 낱개로 1개를 말할 때 단수형을 쓰며, 주로 복수형으로 씁니다.

□ пельме́нь 삘멘 n.m., пельме́ни 삘메니 n.pl. (러시아식) 고기만두

□ варе́ник 바례니(ㅋ) n.m., варе́ники 바례니끼 n.pl.
(감자, 양배추, 응유(커드)나 베리류를 넣은) 만두

□ голубе́ц 갈루베(ㅉ) n.m. 고루브치(양배추 잎에 고기소를 넣고 찐 요리)

□ шашлы́к 샤쉴르(ㅋ) n.m. 샤슬릭(꼬치구이)

□ сэ́ндвич 샌드비(ㅊ) n.m. 샌드위치

□ бутербро́д 부떼르브로(ㅌ) n.m. 버터 바른 빵(러시아식 샌드위치)

tip. 빵에 버터만 바르거나 베이컨, 햄, 칼바사, 치즈, 캐비아, 채소 등을 올립니다.

□ га́мбургер 감부르계(ㄹ) n.m. 햄버거

□ пи́цца 삐짜 n.f. 피자

□ блины́ 블리느 n.pl. 블리느(얇은 팬케이크)

tip. 남성명사 단수형 блин 블린은 팬케이크 1개를 말하며, 주로 복수형으로 씁니다.

□ пиро́г 삐로(ㅋ) n.m. 파이

□ пирожо́к 삐라조(ㅋ) n.m. 삐라족(작은 파이)

tip. пирожо́к은 길쭉한 모양으로 안에 감자나 양배추, 고기를 넣어 굽거나 튀깁니다. 러시아 사람들이 출출할 때 홍차와 자주 먹습니다.

□ пирожо́к с карто́шкой 삐라조(ㅋ) 스 까르또쉬까이 감자 삐라족

□ пирожо́к с капу́стой 삐라조(ㅋ) 스 까뿌스따이 양배추 삐라족

□ пирожо́к с мя́сом 삐라조(ㅋ) 스 먀삼 고기 삐라족

□ ватру́шка 바트루쉬까 n.f. 바트루쉬까 파이(오픈형의 작은 파이)

tip. ватру́шка는 단맛나는 둥글고 작은 파이로 잼이나 응유(커드)를 올려 오븐에 굽습니다.

□ кафе́ 까페 n.n. 카페

□ напи́ток 나삐따(ㅋ) n.m. 음료

□ газиро́ванный напи́ток 가지로바느이 나삐따(ㅋ) 탄산음료

= газиро́вка 가지로프까 n.f. (회화)

□ прохлади́тельный напи́ток 쁘라흘라지찔느이 나삐따(ㅋ) 청량 음료

□ квас 끄바(ㅅ) n.m. 끄바스

tip. квас는 호밀과 보리를 발효시켜 만든 청량 음료입니다.

□ ко́лла 꼴라 n.f. 콜라

□ вода́ 바다 n.f. 물

□ газиро́ванная вода́ 가지로바나야 바다 탄산수

□ негазиро́ванная вода́ 니가지로바나야 바다 탄산이 없는 물

□ лёд 료(ㅌ) n.m. 얼음

□ чай 차이 n.m. 차

□ чёрный чай 쵸르느이 차이 홍차

□ зелёный чай 질료느이 차이 녹차

tip. 러시아 사람들은 홍차를 즐기는데 설탕, 꿀, 연유, 러시아식 잼을 넣거나 디저트 과자와 같이 마십니다.

□ ко́фе 꼬폐 n.m., n.n. 커피

□ чёрный ко́фе 쵸르느이 꼬폐 블랙 커피

□ эспре́ссо 에스프레소 n.m., n.n. 에스프레소

□ ла́тте 라떼 n.m., n.n. 라떼

□ капучи́но 까뿌치노 n.m., n.n. 카푸치노

tip. 커피 종류는 문법상 남성 명사지만 회화에서는 중성 명사로 사용될 수 있습니다.

□ молоко́ 말라꼬 n.n. 우유

□ кефи́р 끼피(ㄹ) n.m. 케피어(발효 우유)

□ йо́гурт 요구르(ㅌ) n.m. 요구르트

□ сок 소(ㅋ) n.m. 음료, 주스

□ овощно́й сок 아바쒸노이 소(ㅋ) 야채주스

□ фрукто́вый сок 프루크또브이 소(ㅋ) 과일주스

□ десе́рт 지세르(ㅌ) n.m. 디저트

□ моро́женое 마로즈나예 n.n. 아이스크림

□ пиро́жное 삐로즈나예 n.n. 디저트 과자(슈크림, 푸딩, 케이크 종류)

□ пече́нье 삐체니예 n.n. 비스킷, 쿠키

□ торт 또르(ㅌ) n.m. 케이크

□ конфе́та 깐폐따 n.f. 사탕

□ шокола́д 샤깔라(ㅌ) n.m. 초콜릿

□ алкого́ль 알까골 n.m. 알코올, 술

□ во́дка 보트까 n.f. 보드카

□ рю́мка 륨까 n.f. 보드카잔

□ конья́к 까니야(ㅋ) n.m. 코냑

□ пи́во 삐바 n.n. 맥주

□ вино́ 비노 n.n. 와인

□ кра́сное вино́ 끄라스나예 비노 레드 와인

tip. 러시아 보드카로 Столи́чная(= Stolichnaya) 스딸리츠나야와 Ру́сский станда́рт(= Russian Standard) 루스끼 스딴다르(ㅌ)가 유명합니다. 우리에게 친숙한 Абсолю́т(= Absolut) 아프살류(ㅌ)는 스웨덴, Смирно́в(= Smirnoff) 스미르노(ㅍ)는 영국 브랜드입니다.

□ бе́лое вино́ 벨라예 비노 화이트 와인

□ шампа́нское 샴빤스까예 n.n. 샴페인

□ бока́л 바깔 n.m. 샴페인잔; 와인잔

□ те́рмос 떼르마(ㅅ) n.m. 보온병 → tip. те를 [тэ]로 발음합니다.

□ термокру́жка 떼르마크루쉬까 n.f. 텀블러 → tip. те를 [тэ]나 [те]로 발음합니다.

□ салфе́тка 살폐트까 n.f., салфе́тки 살폐트끼 n.pl. 티슈, 냅킨

□ ви́лка 빌까 n.f. 포크

□ ло́жка 로쉬까 n.f. 숟가락

□ ча́йная ло́жка 차이나야 로쉬까 찻숟가락

□ брони́ровать I (ова-у) - заброни́ровать I (ова-у)
브라니라바찌—자브라니라바찌 v. 예약하다

□ брони́рование 브라니라바니예 n.n. 예약

□ зака́зывать I - заказа́ть I (з-ж) 자까즈바찌—자까자찌 v. 주문하다

Что вы хоти́те заказа́ть?
쉬또 브 하찌쪠 자까자찌?
무엇을 주문하시겠어요?

□ сове́товать I (ова-у) - посове́товать I (ова-у) 사볘따바찌—빠사볘따바찌
v. 권유하다, 추천하다; 충고하다, 조언하다

□ выбира́ть I - вы́брать I p.320 브비라찌—브브라찌 v. 고르다, 선택하다

□ брать I p.316 - взять I p.320 с собо́й 브라찌—브쟈찌 사보이 가져가다(오다)

Здесь или с собо́й?
즈졔시 일리 사보이?
여기서 먹나요 아니면 가져가나요?

□ счёт 쑈(ㅌ) n.m. 계산서; 청구서; 점수 → tip. сч를 [щ]로 발음합니다.

□ чаевы́е 치이브예 n.pl. 팁

Принеси́те счёт.
쁘리니시쪠 쑈(ㅌ)
계산서 갖다 주세요.

□ вкус 프꾸(ㅅ) n.m. 맛; 취향

□ вку́сный (-ая, -ое, -ые) 프꾸스느이 a. 맛있는

□ невку́сный (-ая, -ое, -ые) 니프꾸스느이 a. 맛없는

□ солёный (-ая, -ое, -ые) 살료느이 a. 짠

□ пре́сный (-ая, -ое, -ые) 쁘례스느이 a. 싱거운

□ сла́дкий (-ая, -ое, -ие) 슬라트끼 a. 달콤한

□ о́стрый (-ая, -ое, -ые) 오스트르이 a. 매운

□ го́рький (-ая, -ое, -ие) 고리끼 a. 쓴; 매운(회화)

□ ки́слый (-ая, -ое, -ые) 끼슬르이 a. 신

□ жи́рный (-ая, -ое, -ые) 즈르느이 a. 기름진

□ по́ртиться II (т-ч) - испо́ртиться II (т-ч)
뽀르찌짜－이스뽀르찌짜 v. 상하다

□ па́хнуть I - пахну́ть I
빠흐누찌－빠흐누찌 v. 냄새나다

꼭! 써먹는 **실전 회화** **# 17. 요리 주문**

Официа́нт Что вы хоти́те заказа́ть?
쉬또 브 하찌쩨 자까자찌?
무엇을 주문하시겠어요?

Со́ня А како́е у вас сего́дня блю́до дня?
아 까꼬예 우 바(ㅅ) 시보드냐 블류다 드냐?
그런데 오늘의 특선요리는 무엇인가요?

Официа́нт Сего́дня у нас бефстро́ганов с карто́фельным пюре́. Бу́дете зака́зывать?
시보드냐 우 나(ㅅ) 비프스트로가나(ㅍ) 스 까르또필늠 쀼레.
부지쩨 자까즈바찌?
오늘은 으깬 감자 곁들인 베프스트로가노프입니다. 주문하시겠어요?

Со́ня Да. И, пожа́луйста, бока́л кра́сного вина́.
다. 이, 빠잘루스따, 바깔 끄라스나바 비나
네. 그리고 레드와인 한 잔도 주세요.

Раздел 18.

쇼핑 Шопинг 쇼삔(ㅋ)

□ шóпинг 쇼삔(ㅋ)
n.m. 쇼핑

□ магази́н 마가진
n.m. 상점, 가게

□ блоши́ный ры́нок
블라쉬느이 르나(ㅋ)
벼룩시장

□ суперма́ркет 수뻬르마르끼(ㅌ)
n.m. 슈퍼마켓

□ покупа́ть I - купи́ть II (п-пл)
빠꾸바찌－꾸삐찌
v. 사다, 구입하다

□ това́р 따바(ㄹ)
n.m. 상품; 물품

□ ры́нок 르나(ㅋ)
= база́р 바자(ㄹ)
n.m. 시장

□ кио́ск 끼오스(ㅋ) n.m. 간이매점

□ ларёк 라료(ㅋ)
n.m. 매점, 간이매점(회화)

□ универма́г 우니비르마(ㅋ)
n.m. 백화점

□ клие́нт 끌리옌(ㅌ) n.m.
клие́нтка 끌리옌트까 n.f.
손님, 고객

□ продава́тьI (ва -) - прода́тьI/II p.325
빠라다바찌－빠라다찌
v. 팔다

□ продаве́ц 쁘라다볘(ㅉ)
n.m. 점원; 판매원

□ дешёвый (-ая, -ое, -ые) 지쇼브이
a. 싼

□ дёшево 죠쉬바 ad. 싸게, 싸다

□ дорого́й (-а́я, -о́е, -и́е) 다라고이
a. 비싼

□ до́рого 도라가 ad. 비싸게, 비싸다

□ цена́ 쯔나
n.f. 가격, 값

□ креди́тная ка́рта
끄리지트나야 까르따
= креди́тка 끄리지트까 n.f. (회화)
신용카드

□ нали́чные де́ньги
날리츠느예 졔니기
= нали́чка 날리츠까 n.f. (회화)
현금

□ чек 체(ㅋ) n.m. 영수증

□ счёт 쑈(ㅌ)
n.m. 계산서; 청구서; 점수

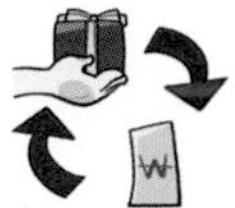

□ возвра́т де́нег
바즈브라(ㅌ) 졔니(ㅋ)
환불

□ обме́ниватьI - обменя́тьI
아브몌니바찌－아브미냐찌
v. 교환하다

□ продукто́вый магази́н
뻐라두크또브이 마가진
식료품 가게

□ полуфабрика́ты бы́строго приготовле́ния
뽈루파브리까뜨 브스트라바 쁘리가따블례니야
인스턴트 식품

□ мясно́й магази́н
미스노이 마가진
정육점

□ ры́бный магази́н
르브느이 마가진
생선 가게

□ овощно́й магази́н
아바쒸노이 마가진
채소 가게

□ хле́бный магази́н
흘례브느이 마가진
빵 가게

□ магази́н оде́жды
마가진 아졔즈드
옷가게

□ приме́рочная 쁘리몌라츠나야
n.f. 탈의실, 피팅룸

□ обувно́й магази́н
아부브노이 마가진
신발 가게

□ галантере́йный магази́н
갈란찌례이느이 마가진
잡화점

□ магази́н о́птики
마가진 오프찌끼
안경점

□ кни́жный магази́н
끄니즈느이 마가진
서점

□ магази́н канцеля́рских това́ров
마가진 깐쯜랴르스끼(ㅎ) 따바라(ㅍ)
문구점

□ цвето́чный магази́н
쯔비또츠느이 마가진
꽃집

□ парикма́херская
빠리크마히르스까야
n.f. 미용실; 이발소

□ косметí́ческий магази́н
까스미찌치스끼 마가진
화장품 가게

□ пра́чечная 쁘라치츠나야
n.f. 세탁소; 세탁실

□ апте́ка 아프쪠까
n.f. 약국

□ туристи́ческая фи́рма
뚜리스찌치스까야 피르마
= турфи́рма 뚜르피르마 n.f.
여행사

□ аге́нтство недви́жимости
아곈쯔트바 니드비즈마스찌
부동산 중개소

□ шо́пинг 쇼삥(ㅋ) n.m. 쇼핑

□ интерне́т-шо́пинг 인떼르네(ㅌ) 쇼삥(ㅋ) 인터넷 쇼핑

□ онла́йн-шо́пинг 온라인 쇼삥(ㅋ) 온라인 쇼핑

□ телешо́пинг 쩰례쇼삥(ㅋ) n.m. 홈쇼핑

□ покупа́ть I - купи́ть II (п-пл) 빠꾸바찌-꾸삐찌 v. 사다, 구입하다

□ поку́пка 빠꾸프까 n.f. 구매, 구입; 구매품

□ де́лать I - сде́лать I поку́пки 젤라찌-즈젤라찌 빠꾸프끼 쇼핑하다

Я люблю́ де́лать поку́пки в больши́х магази́нах.
야 류블류 젤라찌 빠꾸프끼 브 발쉬(ㅎ) 마가지나(ㅎ)
나는 큰 상점에서 쇼핑하는 것을 좋아한다.

□ магази́н 마가진 n.m. 상점, 가게

□ ры́нок 르나(ㅋ) n.m. 시장

= база́р 바자(ㄹ)

□ блоши́ный ры́нок 블라쉬느이 르나(ㅋ) 벼룩시장

□ суперма́ркет 수삐르마르끼(ㅌ) n.m. 슈퍼마켓

□ торго́вый центр 따르고브이 쩬트(ㄹ) 쇼핑몰

□ универма́г 우니비르마(ㅋ) n.m. 백화점

□ кио́ск 끼오스(ㅋ) n.m. 간이매점

□ ларёк 라료(ㅋ) n.m. 매점, 간이매점(회화)

□ това́р 따바(ㄹ) n.m. 상품; 물품

□ ка́чество 까치스트바 n.n. 품질

□ о́тзыв на това́р 오드즈(ㅍ) 나 따바(ㄹ) 상품평

□ покупа́тель 빠꾸빠찔 n.m. 구매자

□ клие́нт 끌리엔(ㅌ) n.m., клие́нтка 끌리엔트까 n.f. 손님, 고객

tip. 여성을 강조하지 않을 때는 남성형을 사용하면 됩니다.

□ дешёвый (-ая, -ое, -ые) 지쇼브이 a. 싼

□ дёшево 죠쉬바 ad. 싸게, 싸다

tip. 비교급은 деше́вле 디셰블례(더 싸게), доро́же 다로제(더 비싸게)입니다.

Покупа́ть ве́щи в интерне́т-магази́не деше́вле.
빠꾸빠찌 볘쒸 브 인떼르네(ㅌ) 마가지녜 지셰블례
인터넷 숍에서 옷을 구입하는 것이 더 싸다.

□ дорого́й (-а́я, -о́е, -и́е) 다라고이 a. 비싼

□ до́рого 도라가 ad. 비싸게, 비싸다

□ продава́ть I (ва -) - прода́ть I/II p.325 쁘라다바찌 – 쁘라다찌 v. 팔다

□ прода́жа 쁘라다자 n.f. 판매

□ продаве́ц 쁘라다볘(ㅉ) n.m. 점원; 판매원

□ торгова́ть I (ова-у) - поторгова́ть I (ова-у) 따르가바찌 – 빠따르가바찌 v. 장사하다 [불완료상]; ~동안 장사하다 [완료상]

□ торгова́ться I (ова-у) - сторгова́ться I (ова-у) 따르가바짜 – 스따르가바짜 v. 흥정하다

□ бы́вший в употре́блении 브프쉬 브 우빠트리블레니이 중고의

tip. 줄임말은 б/у [бэ-у] 베우입니다.

□ опт 오(ㅍ)(ㅌ) n.m. 도매

□ ро́зница 로즈니짜 n.f. 소매

□ плати́ть II (т-ч) - заплати́ть II (т-ч) 쁠라찌찌 – 자플라찌찌 v. 지불하다

□ цена́ 쯔나 n.f. 가격, 값

□ креди́тная ка́рта 끄리지트나야 까르따 신용카드

= креди́тка 끄리지트까 n.f. (회화)

□ дебето́вая ка́рта 지비또바야 까르따 직불 카드

□ нали́чные де́ньги 날리츠느예 졔니기 현금
= нали́чка 날리츠까 n.f. (회화)
□ ме́лочь 멜라(ㅊ) n.f. 잔돈

Я бу́ду плати́ть нали́чкой.
야 부두 쁠라찌찌 날리츠까이
현금으로 지불할게요.

□ теле́жка 찔례쉬까 n.f. (쇼핑) 카트
□ корзи́на 까르지나 n.f. (쇼핑) 바구니

□ чек 체(ㅋ) n.m. 영수증
□ счёт 쑈(ㅌ) n.m. 계산서; 청구서; 점수

□ упако́вка 우빠꼬프까 n.f. 포장

□ возвра́т това́ра 바즈브라(ㅌ) 따바라 반품
□ возвра́т де́нег 바즈브라(ㅌ) 졔니(ㅋ) 환불
□ возвраща́ть I - возврати́ть II (т-щ) 바즈브라쌰찌—바즈브라찌찌 v. 돌려주다

□ обме́нивать I - обменя́ть I 아브메니바찌—아브미냐찌 v. 교환하다
□ меня́ть I - поменя́ть I 미냐찌—빠미냐찌 v. 교환하다; 바꾸다

□ ски́дка 스끼트까 n.f. 할인
□ распрода́жа 라스프라다자 n.f. 세일
□ промоа́кция 쁘로마아크쯔야 n.f. 판촉 행사

tip. 러시아 마트에 가면 Акция 1+1 문구를 볼 수 있습니다. а́кция 아크쯔야는 (промо)а́кция를 의미합니다.

□ продукто́вый магази́н 쁘라두크또브이 마가진 식료품 가게
□ проду́кты 쁘라두크뜨 n.pl. 식료품(항상 복수형)
= проду́кты пита́ния 쁘라두크뜨 삐따니야
□ овощно́й отде́л 아바쒸노이 아젤 채소 코너
□ фрукто́вый отде́л 프루크뚜브이 아젤 과일 코너
□ проду́кты се́льского хозя́йства 쁘라두크뜨 셀스까바 하자이스트바 농산물

□ морепроду́кты 모리프라두크뜨 n.pl. 해산물(항상 복수형, 물고기 제외)

□ заморо́женные проду́кты 자마로즈느예 쁘라두크뜨 냉동식품

□ полуфабрика́ты бы́строго приготовле́ния
뿔루파브리까뜨 브스트라바 쁘리가따블레니야 인스턴트 식품

tip. бы́строе приготовле́ние 브스트라예 쁘리가따블레니예는 '즉석 조리'란 뜻입니다.

□ бакале́я 바깔레야 식료 잡화(차, 커피, 식용유, 조미료, 밀가루 등)

□ да́та изготовле́ния 다따 이즈가따블레니야 제조 날짜

□ срок хране́ния 스로(ㅋ) 흐라녜니야 유통기한

□ промы́шленные това́ры 쁘라므쉴리느예 따바르 (식료품 이외의) 일상용품

□ бытова́я те́хника 브따바야 쪠흐니까 가전 제품

□ электротова́ры 엘레크트라따바르 n.pl. 전기 제품

□ мясно́й магази́н 미스노이 마가진 정육점

□ ры́бный магази́н 르브느이 마가진 생선 가게

□ овощно́й магази́н 아바쒸노이 마가진 채소 가게

□ хле́бный магази́н 흘레브느이 마가진 빵 가게

□ магази́н оде́жды 마가진 아졔즈드 옷가게

□ приме́рочная 쁘리몌라츠나야 n.f. 탈의실, 피팅룸

□ разме́р 라즈몌(ㄹ) n.m. 사이즈

□ примеря́ть I - приме́рить II 쁘리미랴찌－쁘리몌리찌
v. (신발, 옷, 모자 등을) 입어보다

□ обувно́й магази́н 아부브노이 마가진 신발 가게

□ галантере́йный магази́н 갈란찌레이느이 마가진 잡화점

□ галантере́я 갈란찌례야 n.f. 잡화

□ игру́шечный магази́н 이그루쉬츠느이 마가진 장난감 가게
□ игру́шка 이그루쉬까 n.f. 장난감

□ магази́н о́птики 마가진 오프찌끼 안경점
□ ли́нза 린자 n.f., ли́нзы 린즈 n.pl. 렌즈(주로 복수형)

□ кни́жный магази́н 끄니즈느이 마가진 서점

□ магази́н канцеля́рских това́ров 마가진 깐쯜랴르스끼(ㅎ) 따바라(ㅍ) 문구점
□ канцеля́рские това́ры 깐쯜랴르스끼예 따바르 문구류

□ ювели́рный магази́н 유빌리르느이 마가진 보석 가게
□ ювели́рные изде́лия 유빌리르느예 이즈젤리야 보석류

□ цвето́чный магази́н 쯔비또츠느이 마가진 꽃집

□ парикма́херская 빠리크마히르스까야 n.f. 미용실; 이발소
□ подстрига́ть I - подстри́чь I p.324 빠쯔트리가찌–빠쯔트리(ㅊ) v. (머리를) 자르다; 다듬다
□ кра́сить II (с-ш) - покра́сить II (с-ш) 끄라시찌–빠크라시찌 v. 염색하다
□ бри́ть I p.316 - побри́ть I 브리찌–빠브리찌 v. 면도하다

tip. побри́ть의 변화는 бри́ть와 같습니다.

Подстриги́те мне во́лосы до плеч.
빠쯔트리기쩨 므녜 볼라스 다 쁠례(ㅊ)
머리를 어깨까지 다듬어 주세요.

□ космети́ческий магази́н 까스미찌치스끼 마가진 화장품 가게
□ косме́тика 까스메찌까 n.f. 화장품
□ то́ник 또니(ㅋ) n.m. 스킨
□ крем-лосьо́н 끄렘 라시온 n.m. (보습용) 로션
□ лосьо́н 라시온 n.m. (클렌징) 로션
□ тона́льный крем 따날느이 끄렘 파운데이션
= тона́к 따나(ㅋ) n.m.
□ губна́я пома́да 구브나야 빠마다 립스틱
□ духи́ 두히 n.pl. 향수(항상 복수형)

tip. 러시아에서 лосьо́н은 세안 후 솜에 묻혀 닦는 알콜 성분의 클린징용 화장품으로 생각합니다. 한국에서 쓰는 로션은 крем-лосьо́н이라 하면 됩니다.

□ пра́чечная 쁘라치츠나야 n.f. 세탁소; 세탁실

□ химчи́стка 힘치스까 n.f. 드라이클리닝

□ выводи́ть II (д-ж) - вы́вести I p.320 пя́тна 브바지찌–브볘스찌 빠트나 얼룩을 없애다

□ ремо́нт оде́жды 리몬(ㅌ) 아졔즈드 옷 수선

□ апте́ка 아프쩨까 n.f. 약국

□ туристи́ческая фи́рма 뚜리스찌치스까야 피르마 여행사

= турфи́рма 뚜르피르마 n.f.

□ аге́нтство недви́жимости 아곈쯔트바 니드비즈마스찌 부동산 중개소

= рие́лторская фи́рма 리엘따르스까야 피르마

□ недви́жимость 니드비즈마스찌 n.f. 부동산, 고정자산

□ магази́н со́товой свя́зи

마가진 소따바이 스뱌지 이동 통신 가게

= сало́н свя́зи 살론 스뱌지

18. 원피스

꼭! 써먹는 **실전 회화**

Продаве́ц Чем я могу́ вам помо́чь?

첨 야 마구 밤 빠모(ㅊ)?

무엇을 도와드릴까요?

Со́ня Покажи́те, пожа́луйста, вот э́то пла́тье.

빠까즈쩨, 빠잘루스따, 보(ㅌ) 에따 쁠라찌예

이 원피스를 보여 주세요.

Продаве́ц Како́й разме́р вам показа́ть?

까고이 라즈메(ㄹ) 밤 빠까자찌?

어떤 사이즈를 보여 드릴까요?

Со́ня Да́йте со́рок четвёртый разме́р.

다이쪠 소라(ㅋ) 치트뵤르뜨이 라즈메(ㄹ)

44 사이즈를 주세요.

병원 & 은행 Больница и Банк 발리니짜 이 반(ㅋ)

□ больни́ца 발리니짜
n.f. 병원

□ поликли́ника 빨리클리니까
n.f. 종합병원

□ госпитализа́ция 가스삐딸리자쯔야
n.f. 입원

□ ложи́ться II - лечь I p.321 в больни́цу
라즈짜–례(ㅊ) 브 발니쭈
입원하다

□ вы́писка 브삐스까
n.f. 퇴원; 탈퇴

□ выпи́сываться I - вы́писаться I (с-ш)
브삐스바짜–브삐사짜
v. 퇴원하다; 탈퇴하다

□ пацие́нт 빠쯔엔(ㅌ) n.m., пацие́нтка 빠쯔엔트까 n.f.
환자

□ врач 브라(ㅊ)
n.m. 의사

□ медбра́т 메드브라(ㅌ) n.m., медсестра́ 메트시스트라 n.f.
간호사

□ осма́тривать I - осмотре́ть II
아스마트리바찌–아스마트례찌
v. 진찰하다

□ медици́нский осмо́тр
미지쯘스끼 아스모트(ㄹ)
신체 검사; 진찰

□ симпто́м 심프똠
n.m. 증상, 증세

□ боль 볼
n.f. 아픔; 통증

□ боле́знь 발례즌
n.f. (질)병, 질환

□ ожо́г 아조(ㅋ)
n.m. 화상

□ отмороже́ние
아트마라제니예
n.n. 동상

□ ра́на 라나
n.f. 상처

□ перело́м 삐릴롬
n.m. 골절

□ косты́ль 까스뜰 n.f.,
костыли́ 까스뜰리 n.pl.
목발

□ синя́к 시냐(ㅋ)
n.m. (타박에 의한) 멍

□ просту́да 쁘라스뚜다
n.f. 감기

□ ка́шель 까쉘
n.m. 기침

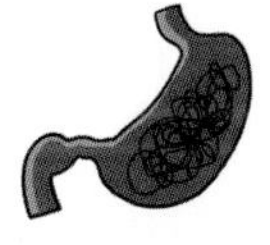

□ расстро́йство пищеваре́ния
라스트로이스트바
삐쒸바례니야
소화 불량

□ тошнота́ 따쉬나따
n.f. 구역질

□ головокруже́ние
갈라바크루제니예
n.n. 어지러움; 현기증

□ кровь 끄로피
n.f. 피, 혈액

□ апте́ка 아프쩨까
n.f. 약국

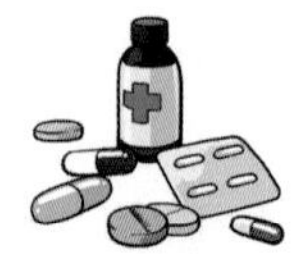

□ лека́рство
리까르스트바
= сре́дство
스례쯔트바
n.n. 약

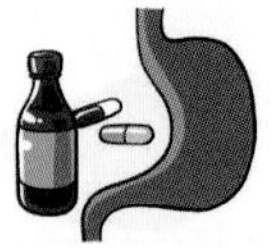

□ сре́дство для улучше́ния пищеваре́ния
스례쯔트바 들랴
울루츠셰니야 삐쒸바례니야
소화제

□ снотво́рное сре́дство
스나트보르나예
스례쯔트바
수면제

□ обезбо́ливающее сре́дство
아비즈볼리바유쎄예
스례쯔트바
진통제

□ жаропонижа́ющее сре́дство
자라빠니자유쎄예
스례쯔트바
해열제

□ мазь 마시
n.f. 연고

□ лейкопла́стырь
리이까플라스트리
n.m. 반창고

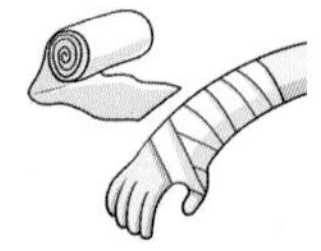

□ бинт 빈(ㅌ)
n.m. 붕대

□ банк 반(ㅋ)
n.m. 은행

□ де́ньги 제니기
n.pl. 돈(주로 복수형)

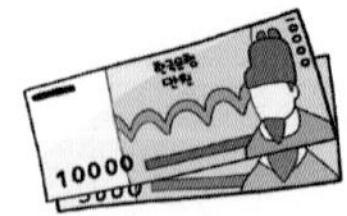

□ бума́жные де́ньги 부마즈느예 제니기
= купю́ра 꾸쀼라
n.f. 지폐

□ моне́та 마녜따
n.f. 동전; 화폐

□ ба́нковский счёт
반까프스끼 쑈(ㅌ)
은행 계좌

□ сберега́тельная кни́жка
즈비리가찔나야 끄니쉬까
저금통장

□ класть I p.317 - положи́ть II на счёт
끌라스찌–빨라즈찌 나 쑈(ㅌ)
계좌에 입금하다

□ снима́ть I - снять I p.327 со счёта
스니마찌–스냐찌 사 쑈따
계좌에서 출금하다

□ ба́нковский проце́нт
반까프스끼 쁘라쩬(ㅌ)
이자

□ интерне́т-ба́нкинг
인떼르네(ㅌ) 반낀(ㅋ)
인터넷뱅킹

□ обме́н валю́ты 아브멘 발류뜨
환전

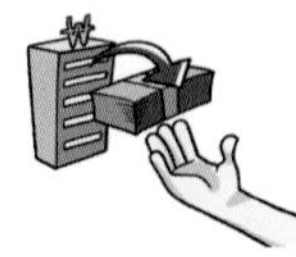

□ креди́т 끄리지(ㅌ)
n.m. 대출

□ банкома́т 반까마(ㅌ)
n.m. 현금 자동 인출기

□ ПИН-ко́д 삔 꼬(ㅌ)
n.m. 핀 번호, 비밀번호(은행 카드)

□ больни́ца 발리니짜 n.f. 병원
□ поликли́ника 빨리클리니까 n.f. 종합병원

□ регистрату́ра 리기스트라뚜라 n.f. 접수처
□ идти́ I p.317 - пойти́ I p.324 в больни́цу 이찌–빠이찌 브 발니쭈 병원에 가다

Я за́втра пойду́ в больни́цу.
야 자프트라 빠이두 브 발니쭈
난 내일 병원에 갈 거야.

□ госпитализа́ция 가스삐딸리자쯔야 n.f. 입원
□ ложи́ться II - лечь I p.321 в больни́цу 라즈짜–례(ㅊ) 브 발니쭈 입원하다
□ класть I p.317 - положи́ть II в больни́цу 끌라스찌–빨라즈찌 브 발니쭈 입원시키다

□ вы́писка 브삐스까 n.f. 퇴원; 탈퇴
□ выпи́сываться I - вы́писаться I (с-ш) 브삐스바짜–브삐사짜 v. 퇴원하다; 탈퇴하다
□ выпи́сываться - вы́писаться из больни́цы 브삐스바짜–브삐사짜 이(ㅈ) 발니쯔 퇴원하다
□ выпи́сывать I - вы́писать I (с-ш) из больни́цы 브삐스바찌–브삐사찌 이(ㅈ) 발니쯔 퇴원시키다

□ пацие́нт 빠쯔엔(ㅌ) n.m., пацие́нтка 빠쯔엔트까 n.f. 환자

□ врач 브라(ㅊ) n.m. 의사

□ медбра́т 메드브라(ㅌ) n.m., медсестра́ 메트시스트라 n.f. 간호사

□ сиде́лка 시젤까 n.f. 간병인

□ стомато́лог 스따마똘라(ㅋ) n.m. 치과 의사
= зубно́й врач 주브노이 브라(ㅊ) (회화)
□ зубно́й (-а́я, -о́е, -ы́е) 주브노이 a. 치아의

□ осма́тривать I - осмотре́ть II 아스마트리바찌–아스마트례찌 v. 진찰하다
□ медици́нский осмо́тр 미지쯘스끼 아스모트(ㄹ) 신체 검사; 진찰

□ ста́вить II (в-вл) - поста́вить II (в-вл) диа́гноз
스따비찌–빠스따비찌 지아그나(ㅅ) 진단하다
□ диа́гноз 지아그나(ㅅ) n.m. 진단
□ медици́нское заключе́ние 미지쯘스까예 자클류체니예 진단서

□ симпто́м 심프똠 n.m. 증상, 증세

□ боль 볼 n.f. 아픔; 통증
□ головна́я боль 갈라브나야 볼 두통
□ зубна́я боль 주브나야 볼 치통

□ боле́знь 발례즌 n.f. (질)병, 질환
□ больно́й (-а́я, -о́е, -ы́е) 발노이 a. 병든, 병을 앓는
□ боле́ть I - заболе́ть I 발례찌–자발례찌
v. 병을 앓다 [불완료상]; 병에 걸리다 [완료상]
□ боле́ть II - заболе́ть II 발례찌–자발례찌
v. ~가 아프다 [불완료상]; ~가 아프기 시작하다 [완료상]

tip. 명사로 '환자, 병자'라는 뜻도 있습니다.
больно́й 발노이 n.m.,
больна́я 발나야 n.f. 환자, 병자

□ живо́т 즈보(ㅌ) n.m. 배
□ желу́док 즐루다(ㅋ) n.m. 위(장)
□ лёгкое 료흐까예 n.n., лёгкие 료흐끼예 n.pl. 폐, 허파

tip. гк를 [хк]로 발음합니다.

□ го́рло 고를라 n.n. 목(구멍), 인후

tip. 일반적인 '목'은
ше́я 셰야 입니다.

Го́рло боли́т.
고를라 발리(ㅌ)
목이 아프다.

□ воспале́ние 바스빨례니예 n.n. 염증
□ воспале́ние желу́дка 바스빨례니예 질루트까 위염
= гастри́т 가스트리(ㅌ) n.m.
□ аппендици́т 아삔지쯔(ㅌ) n.m. 맹장염

□ гной 그노이 n.m. 고름

□ гнои́ться II - загнои́ться II 그나이짜–자그나이짜 v. 곪다 [불완료상]; 곪기 시작하다 [완료상]

□ ожо́г 아조(ㅋ) n.m. 화상

□ отмороже́ние 아트마라제니예 n.n. 동상

□ ра́на 라나 n.f. 상처

□ шрам 쉬람 n.m. 흉터

□ заживáть I - зажи́ть I 자즈바찌–자즈찌 v. (상처가) 아물다

□ выздора́вливать I - вы́здороветь I 브즈다라블리바찌–브즈다라비찌 v. 회복하다

tip. '상처가 아물다'는 뜻으로 쓰면 주어가 3인칭단수 또는 3인칭복수입니다. зажи́ть의 3인칭단수는 заживёт 자즈뵤(ㅌ), 3인칭복수(미래시제)는 заживу́т 자즈부(ㅌ)입니다.

□ тра́вма 뜨라브마 n.f. 외상

□ перело́м 삐릴롬 n.m. 골절

□ выви́хивать I - вы́вихнуть I 브비히바찌–브비흐누찌 v. 삐다, 접질리다

□ косты́ль 까스뜰 n.f., костыли́ 까스뜰리 n.pl. 목발

□ ходи́ть II (д-ж) 하지찌 v. 걷다, 걸어다니다 [불완료상]

□ опуха́ть I - опу́хнуть I 아뿌하찌–아뿌흐누찌 v. 붓다

□ о́пухоль 오뿌할 n.f. 종기; 종양

□ рак 라(ㅋ) n.m. 암

□ су́дорога 수다라가 n.f. 경련, 쥐

□ своди́ть II - свести́ I (сведёт/свело́) 스바지찌–스비스찌 v. 경련이 일어나다; 쥐가 나다(무인칭 동사)

tip. '쥐가 나다'라는 뜻으로 쓰면 '무인칭 동사'로, 변화형이 현재 또는 미래시제는 3인칭단수로, 과거는 중성형으로만 쓰입니다. свести́의 미래형은 сведёт 스비죠(ㅌ), 과거형은 свело́ 스빌로입니다.

tip. 러시아어에서 주어가 없이 쓰이는 동사를 '무인칭 동사'라 합니다. 러시아어는 주어에 따라 동사가 변하는데 무인칭구문에는 문법상 주어가 없으므로 현재 또는 미래시제에서는 3인칭단수 동사를, 과거시제에서는 중성형태 동사를 사용합니다.

□ синя́к 시냐(ㅋ) n.m. (타박에 의한) 멍

□ ушиб 우쉬(ㅍ) n.m. 타박상

□ ушиба́ться I - ушиби́ться I 우쉬바짜 – 우쉬비짜
v. (누가) 타박상을 입다, (누가) 다치다

□ ушиба́ть I - ушиби́ть I 우쉬바찌 – 우쉬비찌
v. (무엇에) 타박상을 입히다, (무엇을) 다치다

□ просту́да 쁘라스뚜다 n.f. 감기

□ грипп 그리(ㅍ) n.m. 독감

□ ка́шель 까쉴 n.m. 기침

□ ка́шлять I - ка́шлянуть I 까쉴리찌 – 까쉴리누찌 v. 기침하다

□ чиха́ть I - чихну́ть I 치하찌 – 치흐누찌 v. 재채기하다

□ на́сморк 나스마르(ㅋ) n.m. 코감기

□ закла́дывать I - заложи́ть II 자클라드바찌 – 잘라즈찌
v. (코·귀가) 막히다(무인칭 동사)

□ кровяно́е давле́ние 끄라비노예 다블레니예 혈압

□ высо́кое кровяно́е давле́ние 브소까예 끄라비노예 다블레니예 고혈압

□ ни́зкое кровяно́е давле́ние 니스까예 끄라비노예 다블레니예 저혈압

□ пищеваре́ние 삐쒸바레니예 n.n. 소화(력)

□ расстро́йство пищеваре́ния 라스트로이스트바 삐쒸바레니야 소화 불량

□ запо́р 자뽀(ㄹ) n.m. 변비

□ поно́с 빠노(ㅅ) n.m. 설사

= диаре́я 지아레야 n.f.

□ вя́лость 뱔라스찌 n.f. 무기력

□ температу́ра 찜삐라뚜라 n.f. 체온; 온도

□ тошнота́ 따쉬나따 n.f. 구역질

□ тошни́ть II - стошни́ть II 따쉬니찌—스따쉬니찌
v. 구역질 나다; 메슥거리다(무인칭 동사)

□ головокруже́ние 갈라바크루제니예 n.n. 어지러움; 현기증

□ кружи́ться II - закружи́ться II 크루즈짜—자크루즈짜 v. 빙빙 돌다; (머리가) 어지럽다 [불완료상]; 빙빙 돌기 시작하다; (머리가) 어지러워지다 [완료상]

□ кровь 끄로피 n.f. 피, 혈액

□ анеми́я 아니미야 n.f. 빈혈

□ зуд 주(ㅌ) n.m. 가려움

□ опера́ция 아뻬라쯔야 n.f. 수술

□ нарко́з 나르꼬(ㅅ) n.m. 마취

□ уко́л 우꼴 n.m. 주사

□ медици́нское страхова́ние 미지쯘스까예 스트라하바니예 의료 보험

□ реце́пт 리쩨프(ㅌ) n.m. 처방전

□ апте́ка 아프쩨까 n.f. 약국

□ фармаце́вт 파르마쩨프(ㅌ) n.m. 약사

□ лека́рство 리까르스트바 n.n. 약
= сре́дство 스례쯔트바

tip. 러시아어로 '약을 먹다'는 '약을 마시다'로 표현합니다. вы́пить의 변화는 пить와 같고, 강세는 вы에 있습니다.

□ пить I p.318 - вы́пить I лека́рство 삐찌—브삐찌 리까르스트바 약을 먹다

□ принима́ть I - приня́ть I p.325 лека́рство
쁘리니마찌—쁘리냐찌 리까르스트바 약을 복용하다

□ лека́рство от просту́ды 리까르스트바 아(ㅌ) 쁘라스뚜드 감기약

□ сре́дство для улучше́ния пищеваре́ния
스례쯔트바 들랴 울루츠셰니야 삐쒸바례니야 소화제

□ снотво́рное сре́дство 스나트보르나예 스례쯔트바 수면제
□ обезбо́ливающее сре́дство 아비즈볼리바유쎼예 스례쯔트바 진통제
□ лека́рство от головно́й бо́ли 리까르스트바 아(ㅌ) 갈라브노이 볼리 두통약
□ жаропонижа́ющее сре́дство 자라빠니자유쎼예 스례쯔트바 해열제

□ побо́чный эффе́кт 빠보츠느이 에폐크(ㅌ) 부작용

□ профила́ктика 쁘라필라크찌까 n.f. 예방

□ мазь 마시 n.f. 연고

□ лейкопла́стырь 리이까플라스트리 n.m. 반창고
□ бинт 빈(ㅌ) n.m. 붕대
□ гипс 기프(ㅅ) n.m. 깁스; 석고
□ гипсова́ть I (ова-у) - загипсова́ть I (ова-у) 기프사바찌–자기프사바찌
v. 깁스를 끼우다, 깁스 붕대를 하다

□ банк 반(ㅋ) n.m. 은행
□ ба́нковский слу́жащий 반까프스끼 슬루자쒸 은행원

□ де́ньги 졔니기 n.pl. 돈(주로 복수형)

□ ба́нковский чек 반까프스끼 체(ㅋ) 수표
□ бума́жные де́ньги 부마즈느예 졔니기
= купю́ра 꾸쀼라 n.f. 지폐
□ моне́та 마녜따 n.f. 동전; 화폐

□ сберега́тельная кни́жка 즈비리가찔나야 끄니쉬까 저금통장

□ вклад 프클라(ㅌ) n.m. 예금

□ бала́нс 발라느(ㅅ) n.m. 잔액

□ ба́нковский счёт 반까프스끼 쑈(ㅌ) 은행 계좌
□ но́мер счёта 노미(ㄹ) 쑈따 계좌 번호

□ открыва́ть I - откры́ть I p.322 счёт 아트크르바찌–아트크르찌 쑈(ㅌ)
계좌를 개설하다

□ класть I p.317 - положи́ть II на счёт 끌라스찌–빨라즈찌 나 쑈(ㅌ)
계좌에 입금하다

□ снима́ть I - снять I p.327 со счёта 스니마찌–스냐찌 사 쑈따
계좌에서 출금하다

□ ба́нковский проце́нт 반까프스끼 쁘라쩬(ㅌ) (은행) 이자

□ де́нежный перево́д 졔니즈느이 삐리보(ㅌ) 송금

□ переводи́ть II (д-ж) - перевести́ I p.323 삐리바지찌–삐리비스찌
v. 이전시키다; (돈을) 보내다; 송금하다; (통)번역하다

□ переводи́ть - перевести́ де́ньги 삐리바지찌–삐리비스찌 졔니기 송금하다

□ интерне́т-ба́нкинг 인떼르네(ㅌ) 반낀(ㅋ) 인터넷뱅킹

□ ба́нковская коми́ссия 반까프스까야 까미시야 은행 수수료

□ валю́та 발류따 n.f. 통화; 외화

□ рубль 루블 n.m. 루블화(러시아 화폐 단위)

□ во́на 보나 n.f. 원화(한국)

□ до́ллар 돌라(ㄹ) n.m. 달러(미국)

□ е́вро 예브라 n.m. 유로화(유럽)

□ ие́на 이예나 n.f. 엔화(일본)

□ юа́нь 유안 n.m. 위안화(중국)

□ обме́нивать I - обменя́ть I 아브몌니바찌–아브미냐찌 v. 바꾸다; 교환하다

□ обме́нивать - обменя́ть валю́ту 아브몌니바찌–아브미냐찌 발류뚜
환전하다

□ обме́н 아브몐 n.m. 교환

□ обме́н валю́ты 아브몐 발류뜨 환전

Я хочу́ обменя́ть во́ны на рубли́.
야 하추 아브미냐찌 보느 나 루블리
원화를 루블화로 환전하고 싶습니다.

□ креди́т 끄리지(ㅌ) n.m. 대출

□ брать I p.316 - взять I p.320 креди́т 브라찌–브쟈찌 끄리지(ㅌ) 대출 받다

□ банкома́т 반까마(ㅌ) n.m. 현금 자동 인출기

□ креди́тная ка́рта 끄리지트나야 까르따 신용카드

= креди́тка 끄리지트까 n.f. (회화)

□ дебето́вая ка́рта 지비또바야 까르따 직불 카드

□ ПИН-ко́д 삔 꼬(ㅌ) n.m. 핀 번호, 비밀번호(은행 카드)

= паро́ль 빠롤

□ вводи́ть II (д-ж) - ввести́ I p.320 바찌찌–비스찌 v. 입력하다

Введи́те ваш паро́ль.
비지쪠 바쉬 빠롤
비밀번호를 입력하세요.

꼭! 써먹는 **실전 회화** # 19. 두통

Со́ня У тебя́ есть обезбо́ливающее?
우 찌뱌 예스찌 아비즈볼리바유쎼예?
진통제 갖고 있니?

Са́ша Заче́м? Что́-то боли́т?
자쳼? 쉬또 따 발리(ㅌ)?
왜? 어디가 아픈 거야?

Со́ня Си́льно боли́т голова́.
실나 발리(ㅌ) 갈라바
머리가 너무 아파.

Са́ша Никаки́х лека́рств нет.
Сейча́с схожу́ в апте́ку и куплю́.
니까끼(ㅎ) 리까르스트(ㅍ) 녜(ㅌ). 시차(ㅅ) 스하주 브 아프쩨꾸 이 꾸플류
아무 약이 없어. 지금 약국 가서 사올게.

연습 문제 Упражнение 우프라즈녜니예

다음 단어를 읽고 맞는 뜻과 연결하세요.

1. апте́ка •	• 돈
2. банк •	• 병원
3. блю́до •	• 상점, 가게
4. больни́ца •	• 쇼핑
5. де́ньги •	• 약국
6. кафе́ •	• 요리
7. магази́н •	• 은행
8. профе́ссия •	• 음식점, 레스토랑
9. рабо́та •	• 일; 직업; 직장
10. рестора́н •	• 직업
11. шко́ла •	• 카페
12. шо́пинг •	• 학교

1. апте́ка – 약국 2. банк – 은행 3. блю́до – 요리
4. больни́ца – 병원 5. де́ньги – 돈 6. кафе́ – 카페
7. магази́н – 상점, 가게 8. профе́ссия – 직업 9. рабо́та – 일; 직업; 직장
10. рестора́н – 음식점, 레스토랑 11. шко́ла – 학교 12. шо́пинг – 쇼핑

Глава 6

교통 Транспорт 뜨란스빠르(ㅌ)

□ тра́нспорт 뜨란스빠르(ㅌ)
n.m. 교통; 운송, 수송

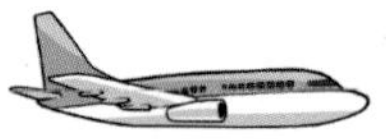

□ самолёт 사말료(ㅌ)
n.m. 비행기

□ аэропо́рт 아에라뽀르(ㅌ)
n.m. 공항

□ термина́л 찌르미날
n.m. 터미널

□ сто́йка 스또이까
n.f. 카운터, 창구

□ поса́дка 빠사트까
n.f. 착륙; 탑승

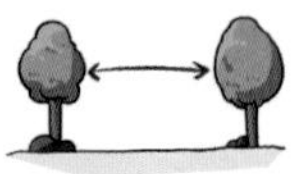

□ расстоя́ние 라스따야니예
n.n. 거리

□ биле́т 빌례(ㅌ)
n.m. (차)표; 티켓; 승차권; 입장권

□ авиабиле́т 아비아빌례(ㅌ)
n.m. 항공권

□ па́спорт 빠스빠르(ㅌ)
n.m. 여권; 신분 증명서

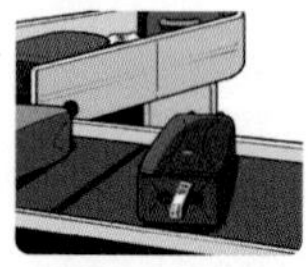

□ бага́ж 바가쉬
n.m. (여객) 수하물; 짐

□ сади́ться - сесть в самолёт
사지짜-세스찌 프 사말료(ㅌ)
비행기를 타다, 탑승하다

□ выса́живаться I - вы́садиться II (д-ж)
브사즈바짜-브사지짜
v. 하차하다, (비행기에서) 내리다

□ отправле́ние 아트프라블례니예
n.n. (기차, 비행기 등의) 출발

□ прибы́тие 쁘리브찌예
n.n. 도착

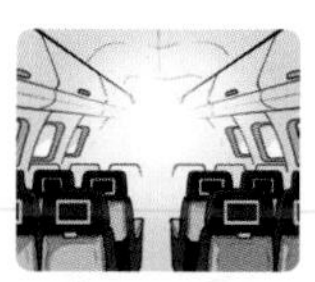

□ ме́сто 메스따
n.n. 자리, 좌석

□ авари́йный вы́ход
아바리이느이 브하(ㅌ)
비상구

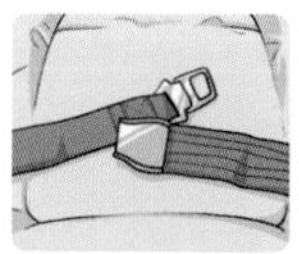

□ реме́нь безопа́сности
리멘 비자빠스나스찌
안전벨트

□ бортово́е пита́ние
바르따보예 삐따니예
기내식

□ пило́т 삘로(ㅌ)
n.m. 조종사

□ бортпроводни́к
보르트프라바드니(ㅋ) n.m.,
бортпроводни́ца
보르트프라바드니짜 n.f. 승무원

□ пóезд 뽀이스(ㅌ)
n.m. 기차

□ стáнция 스딴쯔야
n.f. 기차역

□ кáсса 까사
n.f. 매표소

□ билéт на пóезд
빌례(ㅌ) 나 뽀이스(ㅌ)
기차표

□ пересáдка 삐리사트까
n.f. 환승

□ платфóрма 쁠라트포르마
n.f. 승강장

□ рельс 렐리(ㅅ) n.m.,
рéльсы 렐리스 n.pl.
레일

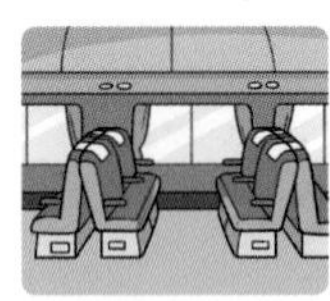

□ вагóн 바곤
n.m. 객차; 기차 칸

□ метрó 미트로
n.n. 지하철

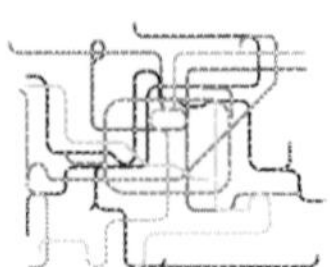

□ лíния метрó 리니야 미트로
지하철 노선

□ авто́бус 아프또부(ㅅ)
n.m. 버스

□ остано́вка 아스따노프까
n.f. 버스 정류장

□ маршру́тное такси́
마르쉬루트나예 따크시
= маршру́тка 마르쉬루트까 n.f.
일정구간 택시(미니버스)

□ такси́ 따크시
n.n. 택시

□ трамва́й 뜨람바이
n.m. 전차

□ мотоци́кл 마따쯔클
n.m. 오토바이

□ тролле́йбус 뜨랄례이부(ㅅ)
n.m. 트롤리버스

□ мото434́ллер 마따롤리(ㄹ)
n.m. 스쿠터

□ шлем 쉴렘
n.m. 헬멧

□ велосипе́д 빌라시뻬(ㅌ)
n.m. 자전거

□ кора́бль 까라블
n.m. 배, 선박

□ ло́дка 로트까
n.f. 보트(조그만 배)

□ тра́нспорт 뜨란스빠르(ㅌ) n.m. 교통; 운송, 수송

□ обще́ственный (-ая, -ое, -ые) 아프쎼스트비느이 a. 공공의

□ обще́ственный тра́нспорт 아프쎼스트비느이 뜨란스빠르(ㅌ) 대중 교통

□ самолёт 사말료(ㅌ) n.m. 비행기

□ аэропо́рт 아에라뽀르(ㅌ) n.m. 공항

□ авиакомпа́ния 아비아깜빠니야 n.f. 항공사

□ рейс 레이(ㅅ) n.m. 항공편

□ вну́тренний (-яя, -ее, -ие) 브누트리니 a. 국내의; 내부의

□ вну́тренний рейс 브누트리니 레이(ㅅ) 국내 항공편

□ заграни́чный (-ая, -ое, -ые) 자그라니츠느이 a. 외국의

□ междунаро́дный (-ая, -ое, -ые) 미즈두나로드느이 a. 국제적인

□ междунаро́дный рейс 미즈두나로드느이 레이(ㅅ) 국제 항공편

□ прямо́й рейс 쁘리모이 레이(ㅅ) 직항편

□ прямо́й (-а́я, -о́е, -ы́е) 쁘리모이 a. 직선적인

□ транзи́тный рейс 뜨란지트느이 레이(ㅅ) 경유편

□ транзи́тный (-ая, -ое, -ые) 뜨란지트느이 a. 중계지를 경유하는

□ расстоя́ние 라스따야니예 n.n. 거리

□ бли́зкий (-ая, -ое, -ие) 블리스끼 a. 가까운

□ да́льний (-яя, -ее, -ие) 달니 a. 먼

□ термина́л 찌르미날 n.m. 터미널

□ сто́йка 스또이까 n.f. 카운터, 창구

□ сто́йка регистра́ции пассажи́ров
스또이까 리기스트라쯔이 빠사즈라(ㅍ) 탑승 수속 창구

□ регистра́ция на рейс 리기스트라쯔야 나 레이(ㅅ) 항공편 수속

□ биле́т 빌례(ㅌ) n.m. (차)표; 티켓; 승차권; 입장권

□ распродава́ть I (ва -) - распрода́ть I/II p.326
라스프라다바찌–라스프라다찌 v. 다 팔다, 매진하다

Биле́ты распро́даны.
빌레뜨 라스프로다느
입장권은 매진했습니다.

□ биле́т в оди́н коне́ц 빌례(ㅌ) 브 아진 까녜(ㅉ) 편도표
□ в оди́н конец 브 아진 까녜(ㅉ) 편도로

□ биле́т в о́ба конца́ 빌례(ㅌ) 브 오바 깐짜 왕복표
= биле́т туда́ и обра́тно 빌례(ㅌ) 뚜다 이 아브라트나
□ в о́ба конца́ 브 오바 깐짜 왕복으로

□ авиабиле́т 아비아빌례(ㅌ) n.m. 항공권
= биле́т на самолёт 빌례(ㅌ) 나 사말료(ㅌ) (비행기를 탈 수 있는 표)
□ электро́нный биле́т 엘리크트로느이 빌례(ㅌ) 전자 항공권

□ поса́дка 빠사트까 n.f. 착륙; 탑승
□ тало́н 딸론 n.m. (대기, 발급)표
□ поса́дочный тало́н 빠사다츠느이 딸론 탑승권

Покажи́те ваш поса́дочный тало́н.
빠까즈쩨 바쉬 빠사다츠느이 딸론
탑승권을 보여주세요.

□ па́спорт 빠스빠르(ㅌ) n.m. 여권; 신분 증명서
□ загранпа́спорт 자그란빠스빠르(ㅌ) n.m. 해외 여권
□ вну́тренний па́спорт 브누트리니 빠스빠르(ㅌ) 국내 여권; 국내 신분 증명서

Покажи́те ваш па́спорт.
빠까즈쩨 바쉬 빠스빠르(ㅌ)
여권 보여주세요.

tip. 러시아에서는 책자 형태의 국내 여권을 신분증으로도 씁니다. 러시아 정부는 이것을 카드형으로 교체할 계획입니다.

□ кладь 끌라찌 n.f. 짐

□ бага́ж 바가쉬 n.m. (여객) 수하물; 짐

□ бага́жный (-ая, -ое, -ые) 바가즈느이 a. 수하물의

□ сдава́ть I (ва -) - сдать I/II p.327 бага́ж 즈다바찌－즈다찌 바가쉬 수하물을 맡기다

□ би́рка на бага́ж 비르까 나 바가쉬 수하물 꼬리표

□ ручна́я кладь 루츠나야 끌라찌 기내 수하물

□ бага́жная квита́нция 바가즈나야 끄비딴쯔야 수하물 인수증

□ зо́на вы́дачи багажа́ 조나 브다치 바가자 수하물 찾는 곳

□ бага́жное отделе́ние 바가즈나예 아질레니예 수하물 취급소

□ хру́пкий (-ая, -ое, -ие) 흐루프끼 a. 깨지기 쉬운

tip. FRAGILE(깨지기 쉬운 물건) 스티커는 накле́йка хру́пкое 나클레이까 흐루프까예입니다.

□ сади́ться II (д-ж) - сесть I p.327 사지짜－세스찌 v. 앉다; (운송수단을) 타다

□ сади́ться - сесть в самолёт 사지짜－세스찌 프 사말료(ㅌ) 비행기를 타다, 탑승하다

□ выса́живаться I - вы́садиться II (д-ж) 브사즈바짜－브사지짜 v. 하차하다, (비행기에서) 내리다

□ поса́дочные воро́та 빠사다츠느예 바로따 탑승구

= вы́ход на поса́дку 브하(ㅌ) 나 빠사트꾸

□ вы́ход 브하(ㅌ) n.m. 출구

□ выходи́ть II (д-ж) - вы́йти I p.320 브하지찌－브이찌 v. 나가다, 나오다; 로그아웃하다

□ отправле́ние 아트프라블례니예 n.n. (기차, 비행기 등의) 출발

□ отправля́ться I - отпра́виться II (в-вл) 아트프라블랴짜－아트프라비짜 v. 출발하다

□ пое́хать I p.324 빠예하찌 v. (타고) 출발하다; 가다 [완료상]

□ прибы́тие 쁘리브찌예 n.n. 도착

□ прибыва́ть I - прибы́ть I p.324 쁘리브바찌–쁘리브찌 v. 도착하다

□ приезжа́ть I - прие́хать I p.325 쁘리이자찌–쁘리예하찌 v. (타고) 도착하다; 오다

□ ме́сто 메스따 n.n. 자리, 좌석

□ ряд 랴(ㅌ) n.m. 줄, 열

□ ме́сто у иллюмина́тора 메스따 우 일류미나따라 창가석

= ме́сто у окна́ 메스따 우 아크나 (창문 옆자리)

□ прохо́д 쁘라호(ㅌ) n.m. 통로, 복도

□ ме́сто у прохо́да 메스따 우 쁘라호다 통로석(통로 옆자리)

□ экономи́ческий класс 에까나미치스끼 끌라(ㅅ) 일반석

□ би́знес-класс 비즈네(ㅅ) 끌라(ㅅ) 비즈니스석

□ пе́рвый класс 뻬르브이 끌라(ㅅ) 일등석

Да́йте ме́сто у окна́.
다이쩨 메스따 우 아크나
창문 쪽 자리를 주세요.

□ авари́йный вы́ход 아바리이느이 브하(ㅌ) 비상구

□ реме́нь безопа́сности 리멘 비자빠스나스찌 안전벨트

□ пристёгивать I - пристегну́ть I 쁘리스쬬기바찌–쁘리스찌그누찌 v. 잠그다, 채우다

□ пристёгивать - пристегну́ть ремни́ безопа́сности 쁘리스쬬기바찌–쁘리스찌그누찌 림니 비자빠스나스찌 안전벨트를 채우다

□ спаса́тельный жиле́т 스빠사찔느이 즐례(ㅌ) 구명조끼

□ туале́т 뚜알례(ㅌ) n.m. 화장실

□ за́нято 자니따 ad. 비어 있지 않다; 사용 중이다; 통화 중이다

□ свобо́дно 스바보드나 ad. (자리, 좌석) 비어 있다; 자유롭게

□ бортово́е пита́ние 바르따보예 삐따니예 기내식

□ напи́ток 나삐따(ㅋ) n.m. 음료

□ плед 쁠례(ㅌ) n.m. 담요

Принеси́те, пожа́луйста, плед.
쁘리니시쪠, 빠잘루스따, 쁠례(ㅌ)
담요 갖다 주세요.

□ пассажи́р 빠사즈(ㄹ) n.m., пассажи́рка 빠사즈르까 n.f. 승객

□ пило́т 삘로(ㅌ) n.m. 조종사

□ бортпроводни́к 보르트프라바드니(ㅋ) n.m.,
бортпроводни́ца 보르트프라바드니짜 n.f. 승무원
□ стю́ард 스쮸아르(ㅌ) n.m. 스튜어드
□ стюарде́сса 스쮸아르데사 n.f. 스튜어디스

□ беспо́шлинный магази́н 비스뽀쉴리느이 마가진 면세점
= дьюти-фри шоп 지유찌 프리 쇼(ㅍ)
□ беспо́шлинный (-ая, -ое, -ые) 비스뽀쉴리느이 a. 면세의

□ по́езд 뽀이스(ㅌ) n.m. 기차
□ скоростно́й по́езд 스까라스노이 뽀이스(ㅌ) 고속열차
□ ско́рый по́езд 스꼬르이 뽀이스(ㅌ) 급행열차
□ по́езд да́льнего сле́дования 뽀이스(ㅌ) 달니바 슬례다바니야 장거리 기차
□ Транссиби́рская магистра́ль 뜨란시비르스까야 마기스트랄
시베리아 횡단철도
= Трансси́б 뜨라시(ㅍ) n.m.

tip. 시베리아 횡단철도는 블라디보스토크부터 모스크바, 상트페테르부르크까지 이어진 세계에서 가장 긴 철도입니다.

Я опозда́л на по́езд.
야 아빠즈달 나 뽀이스(ㅌ)
기차 시간에 늦었어요.

□ вокза́л 바그잘 n.m. 큰 역, 큰 정거장

□ ста́нция 스딴쯔야 n.f. 기차역

□ ка́сса 까사 n.f. 매표소

□ биле́т на по́езд 빌례(ㅌ) 나 뽀이스(ㅌ) 기차표
□ расписа́ние поездо́в 라스삐사니예 빠이즈도(ㅍ) 기차 시간표

□ пункт назначе́ния 뿐크(ㅌ) 나즈나체니야 목적지; 행선지
□ транзи́т 뜨란지(ㅌ) n.m. 통과(중계지 경유)
□ переса́дка 삐리사트까 n.f. 환승

□ проводни́к 쁘라바드니(ㅋ) n.m., проводни́ца 쁘라바드니짜 n.f. 열차 승무원

□ платфо́рма 쁠라트포르마 n.f. 승강장

□ рельс 롈리(ㅅ) n.m., ре́льсы 롈리스 n.pl. 레일

□ ваго́н 바곤 n.m. 객차; 기차 칸
□ сидя́чий ваго́н 시쟈치 바곤 좌석 객차
□ плацка́ртный ваго́н 쁠라쯔까르트느이 바곤 좌석 지정차(6인실 침대객차)
□ купе́ 꾸뻬 n.n. 쿠페(객차 내의 칸막이 방)
□ купе́йный ваго́н 꾸뻬이느이 바곤 쿠페 객차(4인실 침대객차)
□ грузово́й ваго́н 그루자보이 바곤 (열차의) 화물칸
□ ваго́н-рестора́н 바곤 리스따란 n.m. 식당차(식당칸)

tip. 좌석 지정차는 열차 한 칸에 6인실이 9개가 있으며 통로쪽에 칸막이가 없습니다.

tip. 쿠페 객차는 출입문이 설치된 폐쇄형으로 좌석 등급이 더 높습니다.

□ метро́ 미트로 n.n. 지하철
□ ста́нция метро́ 스딴쯔야 미트로 지하철 역
□ биле́т в метро́ 빌례(ㅌ) 브 미트로 지하철 표
□ ли́ния метро́ 리니야 미트로 지하철 노선

□ авто́бус 아프또부(ㅅ) n.m. 버스
□ маршру́т 마르쉬루(ㅌ) n.m. 운행노선
□ авто́бусная полоса́ 아프또부스나야 빨라사 버스 전용 차선

□ остано́вка 아스따노프까 n.f. 버스 정류장
□ проезжа́ть I - прое́хать I p.325 쁘라이자찌 – 쁘라예하찌
v. (타고) 통과하다, 지나가다

□ маршру́тное такси́ 마르쉬루트나예 따크시 일정구간 택시(미니버스)
= маршру́тка 마르쉬루트까 n.f.
□ передава́ть I (ва -) - переда́ть I/II p.323 삐리다바찌－삐리다찌
v. 전달하다

Переда́йте, пожа́луйста, за двои́х.
삐리다이쩨, 빠잘루스따, 자 드바이(ㅎ)
두 명 요금 전달해 주세요.

tip. '일정구간 택시'는 미니버스입니다. 요금은 기사가 직접 받는데 뒷좌석 승객은 앞에 앉은 사람들을 통해 요금을 전달합니다. 잔돈도 마찬가지입니다.

□ такси́ 따크시 n.n. 택시
□ вызыва́ть I - вы́звать I p.320 브즈바찌－브(ㅈ)바찌 v. 불러내다, 호출하다
□ вызыва́ть - вы́звать такси́ по телефо́ну
브즈바찌－브(ㅈ)바찌 따크시 빠 찔리포누 전화로 택시를 불러내다

Мо́жно заказа́ть такси́ че́рез приложе́ние.
모즈나 자까자찌 따크시 체리(ㅅ) 쁘릴라제니예
앱으로 택시를 예약하면 돼요.

tip. 요즘은 대부분 택시 호출을 앱으로 하지만, 인터넷 사이트나 전화로도 호출할 수 있습니다.

□ лови́ть II (в-вл) - пойма́ть I 라비찌－빠이마찌 v. 잡다
□ упуска́ть I - упусти́ть II (ст-щ) 우뿌스까찌－우뿌스찌찌 v. 놓치다

□ трамва́й 뜨람바이 n.m. 전차
□ тролле́йбус 뜨랄례이부(ㅅ) n.m. 트롤리버스

□ мотоци́кл 마따쯔클 n.m. 오토바이
□ моторо́ллер 마따롤리(ㄹ) n.m. 스쿠터
□ шлем 쉴롐 n.m. 헬멧

□ велосипе́д 빌라시뼤(ㅌ) n.m. 자전거

□ ката́ться I - поката́ться I 까따짜－빠까따짜
v. 타고 다니다, 드라이브하다[불완료상];
얼마 동안 타고 다니다, 얼마 동안 드라이브하다[완료상]

□ кора́бль 까라블 n.m. 배, 선박
□ ло́дка 로트까 n.f. 보트(조그만 배)

□ порт 뽀르(ㅌ) n.m. 항구

□ капита́н 까삐딴 n.m. 선장
□ моря́к 마랴(ㅋ) n.m. 선원

□ я́корь 야까리 n.m. 닻
□ весло́ 비슬로 n.n., вёсла 뵤슬라 n.pl. 노

□ ука́чивание 우까치바니예 n.n. 멀미
= кинето́з 끼니또(ㅅ) n.m. (의학적)
□ тошнота́ 따쉬나따 n.f. 구역질
□ гигиени́ческий паке́т
기기이니치스끼 빠꼐(ㅌ) 위생봉투

20. 비행기 예약

꼭! 써먹는 **실전 회화**

Са́ша Я хоте́л бы заброни́ровать биле́т на самолёт до Сеу́ла.
야 하쪨 브 자브라니라바찌 빌례(ㅌ) 나 사말료(ㅌ) 다 시울라
서울까지 가는 항공권을 예약하고 싶은데요.

Авиааге́нт Когда́ вы хоти́те вы́лететь?
까그다 브 하찌쪠 블리찌찌?
언제 떠나고 싶으신가요?

Са́ша Люба́я да́та ме́жду двадца́тым и два́дцать тре́тьим декабря́.
류바야 다따 메즈두 드바짜뜸 이 드바짜찌 뜨례찜 지까브랴
12월 20~23일 사이에 출발하고 싶어요.

Авиааге́нт Вам биле́т в оди́н коне́ц или туда́ и обра́тно?
밤 빌례(ㅌ) 브 아진 까녜(ㅉ) 일리 뚜다 이 아브라트나?
편도 항공권인가요 왕복 항공권인가요?

Са́ша Туда́ и обра́тно.
뚜다 이 아브라트나
왕복으로 주세요.

Раздел 21.

운전 Вождение 바즈제니예

□ вожде́ние 바즈제니예
n.n. 운전

□ води́ть II (д-ж) 바지찌
v. 운전하다 [불완료상]

□ води́тель 바지찔
n.m. 운전자; 운전 기사

□ маши́на 마쉬나 n.f.
= автомоби́ль 아프따마빌 n.m.
자동차

□ малогабари́тный автомоби́ль
말라가바리트느이 아프따마빌
경차(소형차)

□ спорти́вно-утилита́рный автомоби́ль
스빠르찌브나 우찔리따르느이 아프따마빌
SUV

□ грузови́к 그루자비(ㅋ)
n.m. 트럭

□ фа́ра 파라 n.f., фа́ры 파르 n.pl.
(자동차의) 라이트

□ зе́ркало за́днего ви́да
제르깔라 자드니바 비다
룸미러

□ кла́ксон 끌라크산
n.m. 경적

□ колесо́ 깔리소 n.n. 바퀴

□ ши́на 쉬나 n.f.
= покры́шка 빠크르쉬까 n.f. (회화)
타이어

□ доро́жный знак
다로즈느이 즈나(ㅋ)
교통 표지

□ ско́рость 스꼬라스찌
n.f. 속도

□ бы́стро 브스트라
ad. 빨리

□ ме́дленно 메들리나
ad. 천천히

□ наруше́ние 나루셰니예
n.n. 위반

□ наруше́ние ско́рости
나루셰니예 스꼬라스찌
속도 위반

□ доро́жный зато́р
다로즈느이 자또(ㄹ)
교통 체증

□ штраф 쉬트라(ㅍ)
n.m. 벌금

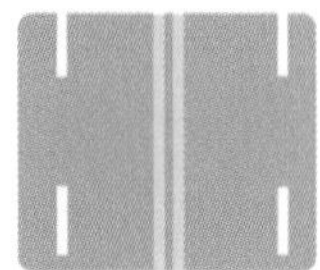

□ центра́льная ли́ния
쯘트랄나야 리니야
중앙선

□ светофо́р 스비따포(ㄹ)
n.m. 신호등

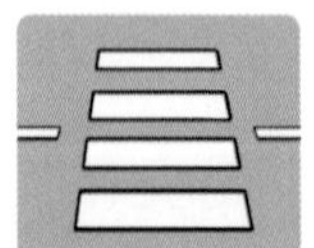

□ пешехо́дный перехо́д
삐쉬호드느이 삐리호(ㅌ)
횡단보도

□ разгово́р по телефо́ну во вре́мя вожде́ния маши́ны
라즈가보(ㄹ) 빠 찔리포누 바 브레먀 바즈제니야 마쉬느
운전 중 통화

□ доро́га 다로가
n.f. 길; 도로

□ перекрёсток 삐리크료스따(ㅋ)
n.m. 사거리, 교차로

□ тротуа́р 뜨라뚜아(ㄹ)
n.m. 인도

□ туннéль 뚜넬
n.m. 터널

□ парко́вка 빠르꼬프까
n.f. 주차장

□ ста́вить II (в-вл) - поста́вить II (в-вл) маши́ну
스따비찌−빠스따비찌 마쉬누
주차하다

□ автомо́йка 아프따모이까
n.f. 세차장

□ мыть - вы́мыть маши́ну
므찌−브므찌 마쉬누
세차하다

□ автозапра́вочная ста́нция
아프따자프라바츠나야 스딴쯔야
= АЗС 아제에(ㅅ)
주유소

□ заправля́ться I - запра́виться II (в-вл)
자프라블랴짜−자프라비짜
v. 주유하다

□ бензи́н 빈진
n.m. 휘발유

□ ди́зельное то́пливо
지질나예 또플리바
= ди́зель 지질 n.m. (회화)
경유

□ вожде́ние 바즈제니예 n.n. 운전

□ води́ть II (д-ж) 바지찌 v. 운전하다 [불완료상]

□ води́тель 바지찔 n.m. 운전자; 운전 기사

□ маши́на 마쉬나 n.f. 자동차
= автомоби́ль 아프따마빌 n.m.
□ маши́на на коро́бке-автома́т 마쉬나 나 까로프꼐 아프따마(ㅌ) 오토메틱 자동차(회화)
= маши́на на автома́те 마쉬나 나 아프따마쪠 (회화)
□ маши́на на механи́ческой коро́бке 마쉬나 나 미하니치스까이 까로프꼐 수동변속기 자동차
= маши́на на меха́нике 마쉬나 나 미하니꼐 (회화)

□ легково́й автомоби́ль 리흐까보이 아프따마빌 승용차

□ малогабари́тный автомоби́ль 말라가바리트느이 아프따마빌 경차(소형차)

□ спорти́вно-утилита́рный автомоби́ль 스빠르찌브나 우찔리따르느이 아프따마빌 SUV

tip. SUV를 회화에서는 'джип 지(ㅍ) (지프)' 또는 'внедоро́жник 브니다로즈니(ㅋ) (비포장도로용 차량, 오프로드 차량)'라고 합니다.

□ грузови́к 그루자비(ㅋ) n.m. 트럭

□ инома́рка 이나마르까 n.f. 외제차

□ маши́на напрока́т 마쉬나 나쁘라까(ㅌ) 렌터카
□ прока́т 쁘라까(ㅌ) n.m. 임대, 임차

Мы взя́ли машину напрока́т.
므 브쟐리 마쉬누 나쁘라까(ㅌ)
우린 렌터카를 빌렸어요.

□ заводи́ть II (д-ж) - завести́ I p.321 자바지찌–자비스찌 v. (태엽을) 감다; 걸다
□ заводи́ть-завести́ маши́ну 자바지찌–자비스찌 마쉬누 자동차 시동을 걸다

□ руль 룰 n.m. (자동차의) 핸들
= бара́нка 바란까 n.f. (도넛처럼 중앙에 구멍이 뚫린 러시아빵, 회화)

□ переда́ча 삐리다차 n.f. 변속기, 기어
□ переключа́ть I - переключи́ть II переда́чу
삐리클류차찌－삐리클류치찌 삐리다추 기어를 바꾸다

□ дви́гатель 드비가찔 n.m. 엔진

□ гло́хнуть I - загло́хнуть I 글로흐누찌－자글로흐누찌 v. (작동이) 멈추다

Дви́гатель загло́х.
드비가찔 자글로(ㅎ)
엔진이 멈췄어요.

□ педа́ль 삐달 n.f. 페달

□ акселера́тор 아크실리라따(ㄹ) n.m. 액셀러레이터, 가속기
□ педа́ль акселера́тора 삐달 아크실리라따라 액셀러레이터 페달
= педа́ль га́за 삐달 가자 (회화)

□ нажима́ть I - нажа́ть I p.322 나즈마찌－나자찌 v. 누르다; (페달을) 밟다
□ отпуска́ть I - отпусти́ть II (ст-щ) 아트뿌스까찌－아트뿌스찌찌 v. 놓아주다
□ отпуска́ть - отпусти́ть газ 아트뿌스까찌－아트뿌스찌찌 가(ㅅ)
가속 페달에서 발을 떼다

□ сцепле́ние 스쯔플례니예 n.n. 클러치

□ то́рмоз 또르마(ㅅ) n.m. 브레이크
□ ре́зкое торможе́ние 례스까예 따르마제니예 급정지
□ ручно́й то́рмоз 루츠노이 또르마(ㅅ) 핸드 브레이크
= ручни́к 루츠니(ㅋ) n.m.
□ поднима́ть I - подня́ть I p.323 빠드니마찌－바드냐찌 v. 올리다
□ опуска́ть I - опусти́ть II (ст-щ) 아뿌스까찌－아뿌스찌찌 v. 내리다

□ капо́т 까뽀(ㅌ) n.m. (자동차의) 보닛

□ ба́мпер 밤삐(ㄹ) n.m. 범퍼

□ бага́жник 바가즈니(ㅋ) n.m. 트렁크

□ фа́ра 파라 n.f., фа́ры 파르 n.pl. (자동차의) 라이트
□ пере́дние фа́ры 삐례드니예 파르 n.pl. 헤드라이트, 전조등
□ фа́ра бли́жнего све́та 파라 블리즈니바 스볘따 하향등
□ сигна́л поворо́та 시그날 빠바로따 방향지시등
= поворо́тник 빠바로트니(ㅋ) n.m.
□ стоп-сигна́л 스또(ㅍ) 시그날 브레이크등
□ свет 스볘(ㅌ) n.m. 빛

□ включа́ть I - включи́ть II 프클류차찌-프클류치찌 v. 켜다
□ выключа́ть I - вы́ключить II 브클류차찌-브클류치찌 v. 끄다

Включи́ фа́ры.
프클류치 파르
라이트를 켜라.

□ ход 호(ㅌ) n.m. 운행, 움직임

□ за́дний (-яя, -ее, -ие) 자드니 a. 뒤의, 후방의
□ за́дний ход 자드니 호(ㅌ) 후진

□ поворо́т 빠바로(ㅌ) n.m. 회전
□ повора́чивать I - поверну́ть I 빠바라치바찌-빠비르누찌 v. 방향을 바꾸다

□ нале́во 날례바 ad. 왼쪽으로

□ напра́во 나프라바 ad. 오른쪽으로

Поверни́те напра́во.
빠비르니쩨 나프라바
오른쪽으로 방향을 돌리세요. (우회전 하세요.)

□ развоpóт 라즈바로(ㅌ) n.m. 유턴

□ зéркало зáднего вúда 제르깔라 자드니바 비다 룸미러

□ сигнáл 시그날 n.m. 신호, 경적
= гудóк 구도(ㅋ)

□ клáксон 끌라크산 n.m. 경적
□ сигнáлить II - просигнáлить II 시그날리찌 – 쁘라시그날리찌
v. (신호로) 알리다; 경고하다
□ бибúкать I - бибúкнуть I 비비까찌 – 비비크누찌
v. (자동차의) 경적을 울리다; 빵빵 울리다(회화)

tip. 한국어에 경적 소리 '빵빵'은 러시아어로 'би-би 비 비' 입니다.

□ стеклоочистúтель 스쩨클라아치스찌찔 n.m. 와이퍼
□ двóрник 드보르니(ㅋ) n.m., двóрники 드보르니끼 n.pl. 청소부; 와이퍼(복수형)

tip. 복수형 двóрники는 회화에서 '와이퍼'라는 뜻으로 사용합니다.

□ колесó 깔리소 n.n. 바퀴
□ шúна 쉬나 n.f. 타이어
= покры́шка 빠크르쉬까 n.f. (회화)
□ запаснóе колесó 자빠스노예 깔리소 스페어 타이어
= запáска 자빠스까 n.f. (회화)
□ зúмняя шúна 짐냐야 쉬나 겨울용(스노우) 타이어
□ прокáлывать I - проколóть I колесó 쁘라깔르바찌 – 쁘라깔로찌 깔리소
v. 타이어를 펑크 내다

□ прáвила дорóжного движéния 쁘라빌라 다로즈나바 드비제니야 교통 규칙

□ дорóжный знак 다로즈느이 즈나(ㅋ) 교통 표지
□ указáтельный знак 우까자찔느이 즈나(ㅋ) 도로 표지

□ скóрость 스꼬라스찌 n.f. 속도
□ знак ограничéния скóрости 즈나(ㅋ) 아그라니체니야 스꼬라스찌
제한 속도 표지

□ бы́стро 브스트라 ad. 빨리
□ ме́дленно 몌들리나 ad. 천천히

□ наруше́ние 나루셰니예 n.n. 위반
□ наруша́ть I - нару́шить II 나루샤찌–나루쉬찌 v. 위반하다

□ наруше́ние ско́рости 나루셰니예 스꼬라스찌 속도 위반
□ превыше́ние ско́рости 쁘리브셰니예 스꼬라스찌 과속

□ превыша́ть I - превы́сить II (с-ш) 쁘리브샤찌–쁘리브시찌 v. 넘다, 초과하다
□ превыша́ть - превы́сить ско́рость
쁘리브샤찌–쁘리브시찌 스꼬라스찌 속도를 초과하다

Вы превы́сили ско́рость.
브 쁘리브실리 스꼬라스찌
속도를 초과했어요.

□ обгоня́ть I - обогна́ть II p.322 아브가냐찌–아바그나찌 v. 추월하다

□ доро́жный зато́р 다로즈느이 자또(ㄹ) 교통 체증
□ про́бка 쁘로프까 n.f. 교통 체증; 코르크 마개
□ час пик 차(ㅅ) 삐(ㅋ) n.m. 러시아워

Мы опозда́ли из-за про́бки.
므 아빠즈달리 이자 쁘로프끼
우린 교통 체증 때문에 늦었어요.

□ штраф 쉬트라(ㅍ) n.m. 벌금
□ штрафова́ть I (ова-у) - оштрафова́ть I (ова-у)
쉬트라파바찌–아쉬트라파바찌 v. 벌금을 부과하다

□ разгово́р по телефо́ну во вре́мя вожде́ния маши́ны
라즈가보(ㄹ) 빠 찔리포누 바 브레먀 바즈졔니야 마쉬느 운전 중 통화

tip. во вре́мя~ 바 브레먀는 '~동안에'입니다.

□ полоса́ 빨라사 n.f. 줄
□ полоса́ движе́ния 빨라사 드비제니야 차로

□ доро́га 다로가 n.f. 길; 도로
□ автомагистра́ль 아프따마기스트랄 n.m. 고속도로

□ ли́ния 리니야 n.f. 선
□ центра́льная ли́ния 쯘트랄나야 리니야 중앙선

□ односторо́ннее движе́ние 아드나스따로녜예 드비제니예 일방통행

□ иску́сственная неро́вность 이스꾸스트비나야 니로브나스찌 과속 방지턱

tip. '과속 방지턱'을 회화로 лежа́чий полице́йский 리자치 빨리쩨이스끼 (누워있는 경찰)이라 합니다.

□ перее́зд 삐리예스(ㅌ) n.m. 교차; 건널목

□ перекрёсток 삐리크료스따(ㅋ) n.m. 사거리, 교차로

□ светофо́р 스비따포(ㄹ) n.m. 신호등

□ тротуа́р 뜨라뚜아(ㄹ) n.m. 인도

□ пешехо́дный перехо́д 삐쉬호드느이 삐리호(ㅌ) 횡단보도
□ зе́бра 제브라 n.f. 횡단보도; 얼룩말
□ надзе́мный перехо́д 나드젬느이 삐리호(ㅌ) 육교
□ подзе́мный перехо́д 빠드젬느이 삐리호(ㅌ) 지하도

□ переходи́ть II (д-ж) - перейти́ I p.323 삐리하지찌－삐리이찌 v. 건너가다
□ переходи́ть-перейти́ доро́гу в неполо́женном ме́сте
삐리하지찌－삐리이찌 다로구 브 니빨로즈남 메스쩨
무단횡단하다(지정되지 않은 장소에서 횡단하다)

□ тунне́ль 뚜넬 n.m. 터널

□ парко́вка 빠르꼬프까 n.f. 주차장
□ стоя́нка 스따얀까 n.f. (장기) 주차장
□ пла́тная стоя́нка 쁠라트나야 스따얀까 유료 장기주차장
□ ста́вить II (в-вл) - поста́вить II (в-вл) маши́ну
스따비찌－빠스따비찌 마쉬누 주차하다

□ запреща́ть I - запрети́ть II (т-щ) 자프리쌰찌–자프리찌찌 v. 금지하다

Здесь стоя́нка запрещена́.
즈졔시 스따얀까 자프리쒸나
여기는 주차 금지다.

□ автомо́йка 아프따모이까 n.f. 세차장

□ мыть I p.317 - вы́мыть I 므찌–브므찌 v. 씻다

□ мыть - вы́мыть маши́ну 므찌–브므찌 마쉬누 세차하다

tip. вы́мыть의 변화는 мыть와 같으며, 강세가 вы에 있습니다.

□ автозапра́вочная ста́нция 아프따자프라바츠나야 스딴쯔야 주유소

= АЗС 아제에(ㅅ)

□ заправля́ться I - запра́виться II (в-вл) 자프라블랴짜–자프라비짜 v. 주유하다

□ бензи́н 빈진 n.m. 휘발유

□ ди́зельное то́пливо 지질나예 또플리바 경유

= ди́зель 지질 n.m. (회화)

□ мото́рное ма́сло 마또르나예 마슬라 엔진 오일

□ приро́дный газ 쁘리로드느이 가(ㅅ) 천연 가스

□ автосе́рвис 아프따세르비(ㅅ) n.m. 카센터

□ води́тельское удостовере́ние 바지찔스까예 우다스따비례니예 운전면허증(공식)

= води́тельские права́ 바지찔스끼예 쁘라바 (예전 명칭, 회화)

□ води́тельский экза́мен 비지찔스끼 에그자민 운전 시험

□ сдава́ть I (ва -) - сдать I/II p.327 води́тельский экза́мен 즈다바찌–즈다찌 바지찔스끼 에그자민 운전시험을 보다 [불완료상]; 운전시험에 합격하다 [완료상]

□ води́тельские ку́рсы 바지찔스끼예 꾸르스 운전 학원

□ ГИБДД [ги-бэ-дэ-дэ] 기베데데 국가도로교통안전국

= Госуда́рственная инспе́кция безопа́сности доро́жного движе́ния 가수다르스트비나야 인스뻬크쯔야 비자빠스나스찌 다로즈나바 드비제니야

□ **сотру́дник ГИБДД** 사트루드니(ㅋ) 기베데데

국가도로교통안전국 경찰관, 교통경찰관(공식)

= **сотру́дник доро́жной поли́ции** 사트루드니(ㅋ) 다로즈나이 빨리쯔이

□ **сотру́дник ГАИ** 사트루드니(ㅋ) 가이 교통안전국 경찰; 교통경찰(예전 명칭)

= **гаи́шник** 가이쉬니(ㅋ) (회화)

tip. ГАИ는 Госуда́рственная автомоби́льная инспе́кция 옛소련의 부서 '교통안전국'으로, 교통경찰 сотру́дник ГАИ도 그때 쓰던 용어입니다. 아직도 40대 이상은 회화에서 이 단어를 사용합니다.

□ **автомоби́льный навига́тор**

아프따마빌느이 나비가따(ㄹ) 자동차 내비게이션

21. 교통 위반

꼭! 써먹는 **실전 회화**

Сотру́дник ГИБДД Покажи́те ва́ше води́тельское удостовере́ние.
빠까즈쪠 바쎼 바지쩰스까예 우다스따비례니예
운전 면허증을 보여 주세요.

Анто́н А в чём де́ло? Я превы́сил ско́рость?
아 프 춈 졜라? 야 쁘리브실 스꼬라스찌?
무슨 일입니까? 제가 속도 초과했나요?

Сотру́дник ГИБДД Нет, вы не останови́лись на кра́сный свет.
녜(ㅌ), 브 니 아스따나빌리시 나 끄라스느이 스베(ㅌ)
아니요, 빨간 불에 멈추지 않았어요.

Анто́н Я не заме́тил. Извини́те, пожа́луйста.
야 니 자메찔. 이즈비니쪠, 빠잘루스따
못 봤습니다. 죄송합니다.

Сотру́дник ГИБДД За прое́зд на кра́сный свет я вы́нужден вы́писать вам штраф.
자 쁘라예스(ㅌ) 나 끄라스느이 스베(ㅌ) 야 브누즈진 브삐사찌 밤 쉬트라(ㅍ)
빨간불 신호 위반으로 벌금 납부서 작성해야 합니다.

Раздел 22.

숙박 Ночлег 나출례(ㅋ)

□ ночле́г 나출례(ㅋ)
n.m. 숙박; 숙소

□ гости́ница 가스찌니짜 n.f.
= оте́ль 아뗄 n.m.
호텔

□ остана́вливаться I - остановиться II (в-вл)
아스따나블리바짜 – 아스따나비짜
v. 머무르나, 묵나

□ регистра́ция 리기스트라쯔야
n.f. 등록; 수속, 체크인

□ вы́писка из гости́ницы
브삐스까 이(ㅈ) 가스찌니쯔
호텔 체크아웃

□ брони́рование 브라니라바니예
n.n. 예약

□ отменя́ть I - отмени́ть II
아트미냐찌 – 아트미니찌
v. 취소하다

□ одноме́стный но́мер
아드나메스느이 노미(ㄹ)
1인실

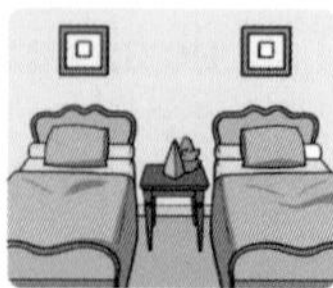

□ двухме́стный но́мер
드부흐메스느이 노미(ㄹ)
2인실

□ сто́йка 스또이까
n.f. 카운터, 창구

□ сто́йка регистра́ции
스또이까 리기스트라쯔이
프런트(등록 카운터)

□ крова́ть 끄라바찌
n.f. 침대

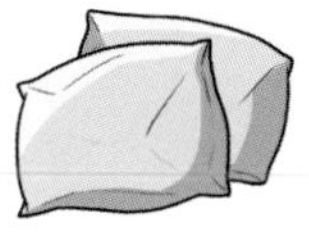

□ поду́шка 빠두쉬까
n.f. 베개

□ туале́т 뚜알례(ㅌ)
n.m. 화장실

□ расчёска 라쑈스까
n.f. 빗

□ ло́бби гости́ницы
로비 가스찌니쯔
호텔 로비

□ простыня́ 쁘라스뜨냐
n.f. 침대 시트

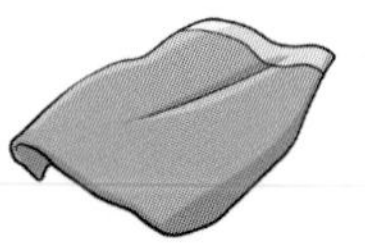

□ одея́ло 아지얄라 n.n. 이불

□ плед 쁠례(ㅌ) n.m. 담요

□ туале́тная бума́га
뚜알례트나야 부마가
화장지

□ фен 펜
n.m. 드라이기

□ бри́тва 브리뜨바
n.f. 면도기

□ полоте́нце 빨라쪤쩨
n.n. 수건

□ зубна́я щётка 주브나야 쑈트까
칫솔

□ зубна́я па́ста 주브나야 빠스따
치약

□ мы́ло 믈라
n.n. 비누

□ шампу́нь 샴뿌니 n.m. 샴푸

□ ополаскиватель для воло́с
아빨라스끼바찔 들랴 발로(ㅅ)
린스

□ душ 두쉬
n.m. 샤워(기)

□ ва́нна 바나
n.f. 욕조

□ сейф 세이(ㅍ)
n.m. 금고

□ балко́н 발꼰
n.m. 발코니

□ хала́т 할라(ㅌ)
n.m. 가운; 실내 옷

□ та́почки 따빠츠끼
n.pl. 실내용 슬리퍼

□ обслу́живание в номера́х
아프슬루즈바니예 브 나미라(ㅎ)
= рум-се́рвис 룸 세르비(ㅅ)
룸 서비스

□ бассе́йн 바세인
n.m. 수영장

□ отопле́ние 아따플례니예
n.n. 난방; 난방 장치

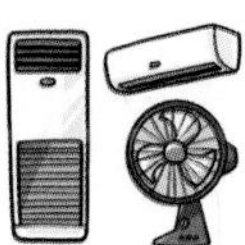

□ устро́йство охлажде́ния
우스트로이스트바 아흘라즈졔니야
냉방 장치

□ радиа́тор 라지아따(ㄹ) n.m.
= батаре́я 바따례야 n.f. (배터리, 건전지)
라디에이터, 난방기

□ кондиционе́р 깐지쯔아녜(ㄹ)
n.m. 에어컨

□ портье́ 빠르찌예
n.m. 도어맨

□ тало́н на за́втрак
딸론 나 자프트라(ㅋ) 조식 쿠폰

□ чи́стый (-ая, -ое, -ые) 치스뜨이
a. 깨끗한

□ гря́зный (-ая, -ое, -ые) 그랴즈느이
a. 더러운

□ чи́сто 치스따 ad. 깨끗하게, 깨끗하다

□ гря́зно 그랴즈나 ad. 더럽게, 더럽다

□ ночле́г 나출례(ㅋ) n.m. 숙박; 숙소

□ ночева́ть I (ева-у) 나치바찌 v. 숙박하다; 밤을 지내다 [불완료상]

□ остана́вливаться I - останови́ться II (в-вл)

아스따나블리바짜-아스따나비짜 v. 머무르다, 묵다

Где мо́жно недо́рого останови́ться в Москве́?

그졔 모즈나 니도라가 아스따나비짜 브 마스크베

모스크바에서 어디에 저렴하게 묵을 수 있어요?

□ гости́ница 가스찌니짜 n.f. 호텔

= оте́ль 아뗄 n.m.

□ хо́стел 호스뗄 n.m. 호스텔

□ моте́ль 마뗄 n.m. 모텔

□ гостево́й дом 가스찌보이 돔 게스트하우스

= гестха́ус 계스트하우(ㅅ) n.m.

□ ча́стный дом для о́тдыха 차스느이 돔 들랴 오드하 민박집

□ пала́тка 빨라트까 n.f. 텐트

□ ста́вить II (в-вл) - поста́вить II (в-вл) пала́тку

스따비찌-빠스따비찌 빨라트꾸 텐트를 치다

□ костёр 까스죠(ㄹ) n.m. 모닥불, 캠프파이어

□ день 젠 n.m. 일(日), 하루; 낮, 오후

□ ночь 노(ㅊ) n.f. 밤

□ су́тки 수트끼 n.pl. 1주야, 하루, 24시간(항상 복수형)

□ дво́е су́ток 드보예 수따(ㅋ) 2주야, 이틀

□ тро́е су́ток 뜨로예 수따(ㅋ) 3주야, 사흘

tip. '2박 3일'은 три дня и две но́чи 뜨리 드냐 이 드베 노치입니다.

□ ну́жный (-ая, -ое, -ые) 누즈느이 a. 필요한; 요구되는

Мне ну́жен но́мер на су́тки.

므녜 누즌 노미(ㄹ) 나 수트끼

하루(24시간) 쓸 호텔방이 필요해요.

tip. 형용사 ну́жный의 단어미형인 ну́жен(нужна́, ну́жно, нужны́) 누즌은 '필요하다'라는 술어로 사용됩니다.

□ регистра́ция 리기스트라쯔야 n.f. 등록; 수속, 체크인

□ регистри́роваться I (ова-у) - зарегистри́роваться I (ова-у) 리기스트리라바짜–자리기스트리라바짜 v. 등록하다; 체크인하다

□ вы́писка из гости́ницы 브삐스까 이(ㅈ) 가스찌니쯔 호텔 체크아웃

□ выпи́сываться I - вы́писаться I (с-ш) из гости́ницы 브삐스바짜–브삐사짜 이(ㅈ) 가스찌니쯔 호텔에서 체크아웃하다

tip. '체크아웃하다'는 동사 выписываться - выписаться 브삐스바짜–브삐사짜(탈퇴하다)를 사용해 표현합니다.

□ брони́рование 브라니라바니예 n.n. 예약

□ брони́ровать I (ова-у) - заброни́ровать I (ова-у) но́мер 브라니라바찌–자브라니라바찌 노미(ㄹ) v. 호텔방을 예약하다

□ продлева́ть I - продли́ть II 쁘라들리바찌–쁘라들리찌 v. (기간) 연장하다

□ снима́ть I - снять I p.327 스니마찌–스냐찌 v. (방을) 임차하다

□ отменя́ть I - отмени́ть II 아트미냐찌–아트미니찌 v. 취소하다

□ но́мер 노미(ㄹ) n.m. (호텔) 호실; 번호

□ одноме́стный но́мер 아드나메스느이 노미(ㄹ) 1인실

□ двухме́стный но́мер 드부흐메스느이 노미(ㄹ) 2인실

□ но́мер твин 노미(ㄹ) 뜨빈 트윈룸

= двухме́стный но́мер с двумя́ крова́тями 드부흐메스느이 노미(ㄹ) 즈 드부먀 끄라바쨔미

□ но́мер дабл 노미(ㄹ) 다블 더블룸

= двухме́стный но́мер с одно́й двухме́стной крова́тью 드부흐메스느이 노미(ㄹ) 스 아드노이 드부흐메스나이 끄라바찌유

□ но́мер сюи́т 노미(ㄹ) 슈이(ㅌ) 스위트룸

Я хочу́ поменя́ть но́мер.
아 하추 빠미냐찌 노미(ㄹ)
방을 바꾸고 싶습니다.

□ за́нятый (-ая, -ое, -ые) 자니뜨이 a. 차지된

□ пусто́й (-а́я, -о́е, -ы́е) 뿌스또이 a. 비어 있는

□ свобо́дный но́мер 스바보드느이 노미(ㄹ) (호텔) 빈방

Извини́те, у нас нет свобо́дных номеро́в.
이즈비니쪠, 우 나(ㅅ) 녜(ㅌ) 스바보드느(ㅎ) 나미로(ㅍ)
죄송합니다. 우리는 빈방이 없습니다.

□ но́мер для некуря́щих 노미(ㄹ) 들랴 니꾸랴쒸(ㅎ) (호텔) 금연방
□ куря́щий 꾸랴쒸 n.m., куря́щая 꾸랴쌰야 n.f. 흡연자
□ некуря́щий 니꾸랴쒸 n.m., некуря́щая 니꾸랴쌰야 n.f. 비흡연자

□ сто́йка 스또이까 n.f. 카운터, 창구
□ сто́йка регистра́ции 스또이까 리기스트라쯔이 프런트(등록 카운터)

□ ло́бби гости́ницы 로비 가스찌니쯔 호텔 로비

□ гла́вный вход 글라브느이 프호(ㅌ) 정문

□ о́тдых 오드(ㅎ) n.m. 휴식
□ отдыха́ть I - отдохну́ть I 아드하찌–아다흐누찌 v. 쉬다, 휴식하다

□ крова́ть 끄라바찌 n.f. 침대
□ односпа́льная крова́ть 아드나스빨나야 끄라바찌 싱글침대
□ двуспа́льная крова́ть 드부스빨나야 끄라바찌 더블침대

□ посте́льные принадле́жности 빠스쪨느예 쁘리나들레즈나스찌 침구
□ простыня́ 쁘라스뜨냐 n.f. 침대 시트
□ поду́шка 빠두쉬까 n.f. 베개
□ на́волочка 나발라츠까 n.f. 베개 커버
□ одея́ло 아지얄라 n.n. 이불
□ плед 쁠례(ㅌ) n.m. 담요

□ приноси́ть II (с-ш) - принести́ I p.325 쁘리나시찌－쁘리니스찌
v. (물건을) 가져오다

Принеси́те, пожа́луйста, плед.
쁘리니시쪠, 빠잘루스따, 쁠례(ㅌ)
담요 갖다 주세요.

□ туале́т 뚜알례(ㅌ) n.m. 화장실

□ бума́га 부마가 n.f. 종이
□ туале́тная бума́га 뚜알례트나야 부마가 화장지
□ салфе́тка 살폐트까 n.f., салфе́тки 살폐트끼 n.pl. 티슈, 냅킨

□ расчёска 라쑈스까 n.f. 빗

□ фен 폔 n.m. 드라이기

□ бри́тва 브리트바 n.f. 면도기

□ полоте́нце 빨라쪤쩨 n.n. 수건
□ моча́лка 마찰까 n.f. 목욕타월

□ туале́тные принадле́жности 뚜알례트느예 쁘리나들례즈나스찌 세면도구
□ однора́зовый (-ая, -ое, -ые) 아드나라자브이 a. 일회용의
□ зубна́я щётка 주브나야 쑈트까 칫솔
□ зубна́я па́ста 주브나야 빠스따 치약
□ мы́ло 므일라 n.n. 비누
□ шампу́нь 샴뿌니 n.m. 샴푸
□ опола́скиватель для воло́с 아빨라스끼바찔 들랴 발로(ㅅ) 린스
□ гель для ду́ша 겔 들랴 두샤 바디워시

□ душ 두쉬 n.m. 샤워(기)
□ принима́ть I - приня́ть I p.325 душ 쁘리니마찌－쁘리냐찌 두쉬 샤워하다

□ ва́нна 바나 n.f. 욕조

□ сейф 세이(ㅍ) n.m. 금고

□ балко́н 발꼰 n.m. 발코니

□ хала́т 할라(ㅌ) n.m. 가운; 실내 옷

□ та́почки 따빠츠끼 n.pl. 실내용 슬리퍼

□ хвата́ть I - хвати́ть II 흐바따찌–흐바찌찌 v. 충분하다(무인칭 동사)

□ недоста́точно 니다스따따츠나 ad. 부족하게, 부족하다

□ пополня́ть I - попо́лнить II 빠빨냐찌–빠뽈니찌 v. 채우다, 보충하다

□ обслу́живание 아프슬루즈바니예 n.n. (손님을 위한 시중 드는) 서비스
  □ обслу́живание в номера́х 아프슬루즈바니예 브 나미라(ㅎ) 룸 서비스
  = рум-се́рвис 룸 세르비(ㅅ)

В э́том оте́ле хоро́шее обслу́живание.
브 에땀 아뗄례 하로셰예 아프슬루즈바니예
이 호텔은 서비스가 좋아요.

□ услу́га 우슬루가 n.f. 서비스

tip. услу́га는 세탁 서비스, 택시 호출 서비스 등 구체적인 일반 서비스입니다.

  □ услу́га пра́чечной 우슬루가 쁘라치츠나이 세탁 서비스
  □ услу́га вы́зова такси́ 우슬루가 브자바 따크시 택시 호출 서비스
  □ тра́нсфер 뜨란스피(ㄹ) n.m. 픽업 서비스

□ бага́ж 바가쉬 n.m. 수하물; 짐
  □ хране́ние багажа́ 흐라녜니예 바가자 수하물 보관

□ добавля́ть I - доба́вить II (в-вл) 다바블랴찌–다바비찌 v. 추가하다
  □ дополни́тельный (-ая, -ое, -ые) 다빨니찔느이 a. 추가의

□ хвали́ть II - похвали́ть II 흐발리찌–빠흐발리찌 v. 칭찬하다

□ жа́ловаться I (ова-у) - пожа́ловаться I (ова-у) 잘라바짜–빠잘라바짜 v. 불평하다; 호소하다

□ пла́тный (-ая, -ое, -ые) 쁠라트느이 a. 유료의

□ беспла́тный (-ая, -ое, -ые) 비스플라트느이 a. 무료의

□ беспла́тный интерне́т 비스플라트느이 인떼르네(ㅌ) 무료 인터넷
□ беспла́тный Wi-Fi 비스플라트느이 바이파이 무료 와이파이

□ удо́бство 우도프스트바 n.n. 편의시설; 편리, 편의
□ отопле́ние 아따플례니예 n.n. 난방; 난방 장치
□ радиа́тор 라지아따(ㄹ) n.m. 라디에이터, 난방기
= батаре́я 바따례야 n.f. (배터리, 건전지)
□ охлажде́ние 아흘라즈졔니예 n.n. 냉방
□ устро́йство охлажде́ния 우스트로이스트바 아흘라즈졔니야 냉방 장치
□ кондиционе́р 깐지쯔아녜(ㄹ) n.m. 에어컨

□ пла́та 쁠라따 n.f. 요금; 지불

□ пла́та за прожива́ние 쁠라따 자 쁘라즈바니예 숙박료

□ счёт 쑈(ㅌ) n.m. 계산서; 청구서; 점수

□ включа́ть I - включи́ть II 프클류차찌–프클류치찌 v. 포함시키다

Скажи́те, пожа́луйста, что включено́ в счёт?
스까즈졔, 빠잘루스따, 쉬또 프클류치나 프 쑈(ㅌ)?
청구서에 무엇이 포함되어 있는지 말씀해 주시겠어요?

□ администра́тор 아드미니스트라따(ㄹ) n.m. 지배인

□ го́рничная 고르니츠나야 n.f. 메이드(호텔의 침실 담당 종업원)

□ портье́ 빠르찌예 n.m. 도어맨

□ бассе́йн 바세인 n.m. 수영장

□ рестора́н 리스따란 n.m. 음식점, 레스토랑

□ шве́дский стол 쉬볘쯔끼 스똘 뷔페(스웨덴식 상)

□ тало́н на за́втрак 딸론 나 자프트라(ㅋ) 조식 쿠폰

□ чи́стый (-ая, -ое, -ые) 치스뜨이 a. 깨끗한

□ чи́сто 치스따 ad. 깨끗하게, 깨끗하다

□ гря́зный (-ая, -ое, -ые) 그랴즈느이 a. 더러운

□ гря́зно 그랴즈나 ad. 더럽게, 더럽다

□ удо́бный (-ая, -ое, -ые) 우도브느이 a. 편리한

□ удо́бно 우도브나 ad. 편리하게, 편리하다

□ неудо́бный (-ая, -ое, -ые) 니우도브느이 a. 불편한

□ неудо́бно 니우도브나 ad. 불편하게, 불편하다

□ ти́хий (-ая, -ое, -ие) 찌히 a. 조용한

□ ти́хо 찌하 ad. 조용하게, 조용하다

□ шу́мный (-ая, -ое, -ые) 슘느이 a. 시끄러운

□ шу́мно 슘나 ad. 시끄럽게, 시끄럽다

□ вид 비(ㅌ) n.m. 경치; 조망

□ вид на го́род 비(ㅌ) 나 고라(ㅌ) 시내 전망

□ вид на мо́ре 비(ㅌ) 나 모례 바다 전망

У вас есть номера́ с ви́дом на мо́ре?
우 바(ㅅ) 예스찌 나미라 스 비담 나 모례?
바다가 보이는 호텔방이 있나요?

□ романти́ческий (-ая, -ое, -ие) 라만찌치스끼 a. 로맨틱한

□ сайт 사이(ㅌ) n.m. 사이트

□ о́тзыв 오드즈(ㅍ) n.m. 평가; (인터넷) 후기

□ сра́внивать I - сравни́ть II це́ны 스라브니바찌–스라브니찌 쩨느
가격을 비교하다
  □ сравне́ние цен 스라브녜니예 쩬 가격 비교하기

□ ски́дка на гости́ницу 스끼트까 나 가스찌니쭈 호텔 할인

22. 숙소 예약

꼭! 써먹는 **실전 회화**

Со́ня Ты заброни́ровал но́мер в гости́нице?
뜨 자브라니라발 노미(ㄹ) 브 가스찌니쩨?
호텔방을 예약했니?

Са́ша Нет. Я ещё не нашёл норма́льную гости́ницу.
녜(ㅌ). 야 이쑈 니 나숄 나르말누유 가스찌니쭈
아니. 아직 괜찮은 호텔을 발견하지 못했어.

Со́ня Прочита́й о́тзывы на са́йте брони́рования гости́ниц.
쁘라치따이 오드즈브 나 사이쩨 브라니라바니야 가스찌니(ㅉ)
호텔 예약 사이트에서 평가들을 읽어봐.

Са́ша Ты права́. Я так и сде́лаю.
뜨 쁘라바. 야 따(ㅋ) 이 즈젤라유
네 말이 맞아. 그렇게 할게.

Раздел 23.

관광 Туризм 뚜리즘

□ тури́зм 뚜리즘 n.m. 관광, 여행

□ тур 뚜(ㄹ) n.m. 투어

□ пое́здка 빠예스트까 n.f. (단기) 여행

□ путеше́ствие 뿌찌셰스트비예 n.n. (장기) 여행; 여정

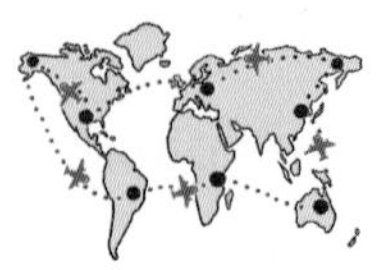

□ маршру́т 마르쉬루(ㅌ) n.m. 경로

□ индивидуа́льный (-ая, -ое, -ые) 인지비두알느이 a. 개인의

□ группово́й (-а́я, -о́е, -ы́е) 그루빠보이 a. 단체의

□ туристи́ческая фи́рма 뚜리스찌치스까야 피르마
= турфи́рма 뚜르피르마 n.f. 여행사

□ информацио́нно-туристи́ческий центр 인파르마쯔오나 뚜리스찌치스끼 쩬트(ㄹ) 관광 안내소

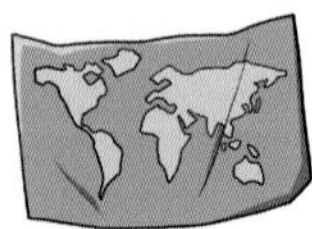

□ ка́рта 까르따 n.f. 지도

□ тури́ст 뚜리스(ㅌ) n.m. 관광객

□ чемода́н 치마단
n.m. 트렁크, 여행용 가방

□ осмо́тр 아스모트(ㄹ)
n.m. 구경, 견학, 관람

□ истори́ческие руи́ны
이스따리치스끼예 루이느
유적(역사적 폐허)

□ собо́р 사보(ㄹ)
n.m. 성당

□ галере́я 갈리레야 n.f. 미술관

□ вы́ставка 브스따프까 n.f. 전시회

□ контро́ль безопа́сности
깐트롤 비자빠스나스찌
보안 검색대

□ вид 비(ㅌ)
n.m. 경치; 조망

□ па́мятник 빠미트니(ㅋ)
n.m. 기념비, 동상, 기념물

□ музе́й 무제이
n.m. 박물관

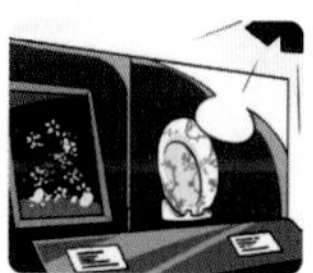

□ произведе́ние 쁘라이즈비제니예
n.n. 작품

□ бале́т 발례(ㅌ)
n.m. 발레

□ пло́щадь 쁠로쒸찌
n.f. 광장

□ зоопа́рк 자아빠르(ㅋ)
n.m. 동물원

□ парк развлече́ний
빠르(ㅋ) 라즈블리체니
= парк аттракцио́нов
빠르(ㅋ) 아트라크쯔오나(ㅍ)
놀이공원

□ за́мок 자마(ㅋ)
n.m. 성

□ цирк 쯔르(ㅋ)
n.m. 서커스

□ парк 빠르(ㅋ)
n.m. 공원

□ ботани́ческий сад
바따니치스끼 사(ㅌ)
식물원

□ дворе́ц 드바례(ㅉ) n.m. 궁전, 궁궐

□ Моско́вский Кремль
마스꼬프스끼 끄례믈 모스크바 크렘린

□ ба́шня 바쉬냐 n.f. 탑, 타워, 망루

□ Спа́сская ба́шня
스파스까야 바쉬냐 스파스카야 탑

□ горá 가라
n.f. 산

□ рекá 리까
n.f. 강

□ óзеро 오지라
n.n. 호수

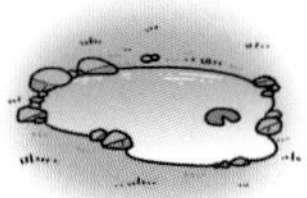

□ пруд 쁘루(ㅌ)
n.m. 연못

□ мóре 모례
n.n. 바다

□ пляж 쁠랴쉬
n.m. 해변; 해수욕장

□ фотогрáфия
파따그라피야
n.f. 사진; 사진 촬영

□ сéлфи 셀피
n.n. 셀프 카메라

□ сувенúр 수비니(ㄹ)
n.m. 기념품

□ матрёшка 마트료쉬까
n.f. 마트료쉬카

□ беспóшлинный магазúн 비스뽀쉴리느이 마가진
= дьюти-фри шоп 지유찌 프리 쇼(ㅍ)
면세점

□ тури́зм 뚜리즘 n.m. 관광, 여행

□ тур 뚜(ㄹ) n.m. 투어

□ пое́здка 빠예스트까 n.f. (단기) 여행

□ путеше́ствие 뿌찌셰스트비예 n.n. (지역 탐사나 관광 목적의 장기) 여행; 여정
  □ путеше́ствовать I (ова-у) 뿌찌셰스트바바찌 v. 여행하다 [불완료상]
  □ уезжа́ть I - уе́хать I p.327 우이자찌－우예하찌 v. (타고) 떠나다

Я хочу́ уе́хать в путеше́ствие.
야 하추 우예하찌 프 뿌찌셰스트비예
나는 여행을 떠나고 싶다.

□ маршру́т 마르쉬루(ㅌ) n.m. 경로

□ экску́рсия 에크스꾸르시야 n.f. 현지답사, 견학; 관광 여행

□ индивидуа́льный (-ая, -ое, -ые) 인지비두알느이 a. 개인의

□ группово́й (-а́я, -о́е, -ы́е) 그루빠보이 a. 단체의
  □ группово́е путеше́ствие 그루빠보예 뿌찌셰스트비예 단체 여행

□ экскурсио́нная програ́мма 에크스꾸르시오나야 쁘라그라마 관광 프로그램

□ самостоя́тельное путеше́ствие 사마스따야찔나예 뿌찌셰스트비예
자유여행
  □ бэкпэ́кинг 베크뻬낀(ㅋ) n.m. 배낭여행
  = путеше́ствие с рюкзако́м 뿌찌셰스트비예 스 류그자꼼
  = путеше́ствие налегке́ 뿌찌셰스트비예 나리흐꼐 (짐 없는 여행)

□ туристи́ческая фи́рма 뚜리스찌치스까야 피르마 여행사
  = турфи́рма 뚜르피르마 n.f.

□ информацио́нно-туристи́ческий центр
인파르마쯔오나 뚜리스찌치스끼 쩬트(ㄹ) 관광 안내소

□ информа́ция 인파르마쯔야 n.f. 정보
□ дава́ть I (ва -) - дать I/II p.321 다바찌–다찌 v. 주다, 제공하다

□ пла́та 쁠라따 n.f. 요금; 지불
□ пла́та за вход 쁠라따 자 프호(ㅌ) 입장료
□ сда́ча 즈다차 n.f. 거스름돈

□ гид 기(ㅌ) n.m. 가이드, 안내원

□ путеводи́тель 뿌찌바지찔 n.m. 여행안내서, 가이드북

□ ка́рта 까르따 n.f. 지도

□ тури́ст 뚜리스(ㅌ) n.m. 관광객
□ иностра́нный тури́ст 이나스트라느이 뚜리스(ㅌ) 외국인 관광객

□ путеше́ственник 뿌찌셰스트비니(ㅋ) n.m. 여행자

□ доро́жный (-ая, -ое, -ые) 다로즈느이 a. 여행의, 여행용의

□ су́мка 숨까 n.f. 가방
□ доро́жная су́мка 다로즈나야 숨까 여행 가방
□ чемода́н 치마단 n.m. 트렁크, 여행용 가방
□ рюкза́к 류그자(ㅋ) n.m. 배낭

□ па́спорт 빠스빠르(ㅌ) n.m. 여권; 신분 증명서

□ вы́дача 브다차 n.f. 발급

tip. вы́дать의 변화는 дать와 같으며, 강세가 вы에 있습니다.

□ выдава́ть I (ва -) - вы́дать I/II 브다바찌–브다찌 v. 발급하다
□ получа́ть I - получи́ть II 빨루차찌–빨루치찌 v. 받다; 수령하다
□ но́вый (-ая, -ое, -ые) 노브이 a. 새로운
□ получа́ть - получи́ть но́вый па́спорт
빨루차찌–빨루치찌 노브이 빠스빠르(ㅌ) 여권을 갱신하다(새 여권을 받다)

□ ви́за 비자 n.f. 비자

□ въезд (ㅂ)예스(ㅌ) n.m. 입국

tip. '무비자 입국'은 безви́зовый въезд 비즈비자브이 (ㅂ)예스(ㅌ)입니다.

□ вы́езд 브이스(ㅌ) n.m. 출국

□ контро́ль 깐트롤 n.m. 검사; 단속; 감사

□ миграцио́нный контро́ль 미그라쯔오느이 깐트롤 출입국 심사

= па́спортный контро́ль 빠스빠르트느이 깐트롤 (여권 심사)

□ миграцио́нная ка́рта 미그라쯔오나야 까르따 출국신고서

□ тамо́жня 따모즈냐 n.f. 세관

□ тамо́женник 따모즈니(ㅋ) n.m. 세관원

□ тамо́женный контро́ль 따모즈느이 깐트롤 세관 검사

□ тамо́женная деклара́ция 따모즈나야 지클라라쯔야 세관신고서

□ контро́ль безопа́сности 깐트롤 비자빠스나스찌 보안 검색대

□ санита́рно-каранти́нный контро́ль 사니따르나 까란찌느이 깐트롤 검역

□ осмо́тр 아스모트(ㄹ) n.m. 구경, 견학, 관람

□ осма́тривать I - осмотре́ть II 아스마트리바찌–아스마트례찌 v. 구경하다; 견학하다; 관람하다

□ вид 비(ㅌ) n.m. 경치; 조망

□ пейза́ж 삐이자쉬 n.m. 풍경

□ находи́ться II (д-ж) 나하지짜 v. 위치하다[불완료상]

□ ме́сто 메스따 n.n. 장소; 자리

□ живопи́сное ме́сто 즈바삐스나예 메스따 경치가 아름다운 장소

□ достопримеча́тельность 드스따프리미차찔나스찌 n.f. 명소, 명승고적

□ истори́ческие руи́ны 이스따리치스끼예 루이느 유적(역사적 폐허)

□ па́мятник 빠미트니(ㅋ) n.m. 기념비, 동상, 기념물

□ зда́ние 즈다니예 n.n. 건물

□ высо́тное зда́ние 브소트나예 즈다니예 고층 건물

□ небоскрёб 니바스크료(ㅍ) n.m. 마천루

□ вход 프호(ㅌ) n.m. 입구

□ вы́ход 브하(ㅌ) n.m. 출구

Где нахо́дится вы́ход?
그제 나호지짜 브하(ㅌ)?
출구가 어디에 있습니까?

□ часы́ рабо́ты 치스 라보뜨 영업 시간

□ часы́ откры́тия 치스 아트크르찌야 문 여는 시간

□ часы́ закры́тия 치스 자크르찌야 문 닫는 시간

□ ка́сса 까사 n.f. 매표소

□ биле́т 빌례(ㅌ) n.m. (차)표; 티켓; 승차권; 입장권

□ собо́р 사보(ㄹ) n.m. 성당

□ собо́р Васи́лия Блаже́нного 사보(ㄹ) 바실리야 블라제나바 성 바실리 성당

tip. 이반 4세에 의해 1555~1561년 세워진 성당으로, 모스크바의 중심지 붉은 광장에 위치합니다.

□ це́рковь 쩨르까피 n.f. 교회

□ храм 흐람 n.m. 사원

□ музе́й 무제이 n.m. 박물관

□ галере́я 갈리례야 n.f. 미술관

□ вы́ставка 브스따프까 n.f. 전시회

□ произведе́ние 쁘라이즈비제니예 n.n. 작품

□ карти́на 까르찌나 n.f. 그림, 회화

□ скульпту́ра 스꿀프뚜라 n.f. 조각상

□ теа́тр 찌아트(ㄹ) n.m. 극장

□ Большо́й теа́тр 볼쇼이 찌아트(ㄹ) 볼쇼 극장(큰 극장)

tip. 세계적으로 유명한 오페라·발레 극장입니다.

□ о́пера 오삐라 n.f. 오페라

□ бале́т 발례(ㅌ) n.m. 발레

□ цирк 쯔르(ㅋ) n.m. 서커스

□ пло́щадь 쁠로쒸찌 n.f. 광장

□ Кра́сная пло́щадь 끄라스나야 쁠로쒸찌 붉은 광장

tip. 모스크바 크렘린 궁전 옆에 있는 관광 필수 코스입니다. 현재는 '붉은 광장'이지만 형용사 кра́сный 끄라스느이는 '아름다운'이란 뜻도 있어 예전에는 '아름다운 광장'이었습니다.

□ парк 빠르(ㅋ) n.m. 공원

В э́том па́рке мно́го скульпту́р.
브 에땀 빠르꼐 므노가 스꿀프뚜(ㄹ)
이 공원에 조각상이 많다.

□ зоопа́рк 자아빠르(ㅋ) n.m. 동물원

□ ботани́ческий сад 바따니치스끼 사(ㅌ) 식물원

□ парк развлече́ний 빠르(ㅋ) 라즈블리체니 놀이공원
= парк аттракцио́нов 빠르(ㅋ) 아트라크쯔오나(ㅍ)

□ дворе́ц 드바례(ㅉ) n.m. 궁전, 궁궐

tip. 상트페테르부르크에 위치한 '겨울 궁전 Зи́мний дворе́ц 짐니 드바례(ㅉ)'은 현재 '에르미타슈(Эрмита́ж) 미술관'으로 운영 중입니다.

□ Моско́вский Кремль 마스꼬프스끼 끄례믈 모스크바 크렘린
= Кремль 끄례믈 n.m.

tip. 러시아의 상징인 모스크바 중심에 있는 크렘린은 러시아어로 '성채(кремль)'란 뜻입니다. 크렘린 성벽 안에 궁전, 사원, 성당 등 다양한 건축물이 있습니다. 모스크바뿐만 아니라 다른 도시에도 кремль이 있으나 '모스크바 크렘린'은 첫글자를 대문자로 씁니다.

□ за́мок 자마(ㅋ) n.m. 성

□ ба́шня 바쉬냐 n.f. 탑, 타워, 망루

□ Спа́сская ба́шня 스파스까야 바쉬냐 스파스카야 탑

tip. 붉은 광장 쪽에 위치하고 있는 크렘린 20개의 망루 중 하나로 벽 4면에 달린 큰 시계로 유명합니다.

□ райо́н 라이온 n.m. 지역, 구역

□ ме́стный (-ая, -ое, -ые) 메스느이 a. 지방의, 현지의

□ ме́стное вре́мя 메스나예 브례먀 현지 시간

□ дере́вня 지례브냐 n.f. 시골

□ село́ 실로 n.n. 농촌

□ го́род 고라(ㅌ) n.m. 도시

□ столи́ца 스딸리짜 n.f. 수도

□ гора́ 가라 n.f. 산

□ река́ 리까 n.f. 강

□ о́зеро 오지라 n.n. 호수

□ Байка́л 바이칼 n.m. 바이칼(호수)

tip. 세계에서 가장 깊은 러시아 바이칼 호수는 시베리아의 남동쪽에 있습니다. 호수에 있는 약 20개 섬 중에 '올혼(Ольхо́н)섬'이 가장 유명합니다.

□ пруд 쁘루(ㅌ) n.m. 연못

□ куро́рт 꾸로르(ㅌ) n.m. 휴양지

□ круи́з 끄루이(ㅅ) n.m. 크루즈; 순항

□ мо́ре 모례 n.n. 바다

□ Чёрное мо́ре 쵸르나예 모례 흑해

Ле́том я пое́ду на Чёрное мо́ре.
례땀 야 빠예두 나 쵸르나예 모례
여름에 흑해에 갈 거다.

tip. 흑해 해변은 러시아에서 유명한 휴양지며 가장 인기 있는 휴양도시로 Со́чи 소치(2014년 올림픽 도시), Геле́нджик 겔렌지크가 있습니다.

□ пляж 쁠랴쉬 n.m. 해변; 해수욕장

□ пля́жный зонт 쁠랴즈느이 존(ㅌ) 비치파라솔

□ знамени́тый (-ая, -ое, -ые) 즈나미니뜨이 a. 유명한

□ замеча́тельный (-ая, -ое, -ые) 자미차찔느이 a. 우수한, 뛰어난

□ впечатля́ющий (-ая, -ее, -ие) 프삐치틀랴유쒸 a. 인상적인

□ великоле́пный (-ая, -ое, -ые) 빌리깔례프느이 a. 장엄한, 장대한

□ сове́товать I (ова-у) - посове́товать I (ова-у) 사볘따바찌－빠사볘따바찌
v. 권유하다, 추천하다; 충고하다, 조언하다

□ рекомендова́ть I (ова-у) - порекомендова́ть I (ова-у)
리까민다바찌－빠리까민다바찌 v. 추천하다, 권하다

Я рекоменду́ю вам пойти́ на Кра́сную пло́щадь.
야 리까민두유 밤 빠이찌 나 끄라스누유 쁠로쒸찌
붉은 광장에 가보는 것을 추천합니다.

□ далеко́ 달리꼬 ad. 멀리, 멀다

□ бли́зко 블리스까 ad. 가까이, 가깝다

□ побли́зости 빠블리자스찌 ad. 근처에서, 부근에서
□ здесь 즈졔시 ad. 여기에(한 장소 지점)
□ отсю́да 아트슈다 ad. 여기에서(출발 지점)

Э́то далеко́ отсю́да?
에따 달리꼬 아트슈다?
여기에서 먼가요?

□ фотогра́фия 파따그라피야 n.f. 사진; 사진 촬영
□ фо́то 포따 n.n. 사진
□ фотоаппара́т 포따아빠라(ㅌ) n.m. 사진기, 카메라
□ фотографи́ровать I (ова-у) - сфотографи́ровать I (ова-у)
파따그라피라바찌－스파따그라피라바찌 v. 사진을 찍다
= фо́тать I - сфо́тать I 포따찌－스포따찌 (회화)
□ се́лфи 셀피 n.n. 셀프 카메라

Сфотографи́руйте нас, пожа́луйста.
스파따그라피루이쩨 나(ㅅ), 빠잘루스따
(우리를) 사진 좀 찍어주세요.

□ сувени́р 수비니(ㄹ) n.m. 기념품
□ сувени́рный магази́н 수비니르느이 마가진 기념품 가게

□ откры́тка 아트크르트까 n.f. 엽서

□ брело́к 브릴로(ㅋ) n.m. 열쇠고리

□ матрёшка 마트료쉬까 n.f. 마트료쉬카

tip. 러시아 목제인형 마트료쉬카는 큰 인형 안에 작은 인형이, 그 작은 인형 안에 또 더 작은 인형이 여러 차례 들어있는 민속 공예품입니다.

Ско́лько сто́ит э́та матрёшка?
스꼴까 스또이(ㅌ) 에따 마트료쉬까?
이 마트료쉬카는 얼마예요?

□ беспо́шлинный магази́н 비스뽀쉴리느이 마가진 면세점
= дьюти-фри шоп 지유찌 프리 쇼(ㅍ)
□ беспо́шлинный (-ая, -ое, -ые) 비스뽀쉴리느이 a. 면세의

23. 여행

꼭! 써먹는 **실전 회화**

Са́ша Я собира́юсь поéхать во Вьетна́м.
야 사비라유시 빠예하찌 바 비트남
난 베트남으로 가려고 해.

Со́ня Пра́вда? А зачéм?
쁘라브다? 아 자쳼?
정말? 근데 무슨 일로?

Са́ша Про́сто хочу́ отдохну́ть. Осма́тривать мéстные достопримеча́тельности не бу́ду.
쁘로스따 하추 아다흐누찌.
아스마트리바찌 메스느예 다스따프리미차찔나스찌 니 부두
그냥 쉬고 싶어. 아무것도 구경하지 않을 거야.

Со́ня Тогда́ советую тебé поéхать в Дана́нг. Там ти́хо и о́чень краси́во.
따그다 사베뚜유 찌베 빠예하찌 브 다난(ㅋ). 땀 찌하 이 오친 끄라시바
그럼 다낭으로 가는 걸 추천할게. 거기는 조용하고 매우 아름다워.

사건&사고 Происшествия и Аварии 쁘라이셰스트비야 이 아바리이

□ происше́ствие 쁘라이셰스트비예 n.n.
= слу́чай 슬루치이 n.m.
사건

□ заявле́ние 자이블례니예
n.n. 신고; 선언

□ преступле́ние 쁘리스뚜쁠례니예
n.n. 범죄

□ престу́пник 쁘리스뚜프니(ㅋ) n.m.,
престу́пница 쁘리스뚜프니짜 n.f.
범죄자

□ ограбле́ние 아그라블례니예
n.n. 강도, 약탈

□ вор 보(ㄹ)
n.m. 도둑

□ карма́нный вор 까르마느이 보(ㄹ)
= карма́нник 까르마니(ㅋ) n.m.
소매치기

□ моше́нничество 마셰니치스트바
n.n. 사기

□ поли́ция 빨리쯔야
n.f. 경찰

□ полице́йский 빨리쩨이스끼
n.m. 경찰관

□ отделе́ние поли́ции
아질례니예 빨리쯔이
경찰서

□ суд 수(ㅌ)
n.m. 재판

□ боль 볼
n.f. 아픔; 통증

□ поврежде́ние 빠브리즈제니예
n.n. 부상; 파손, 파괴

□ перело́м 삐릴롬
n.m. 골절

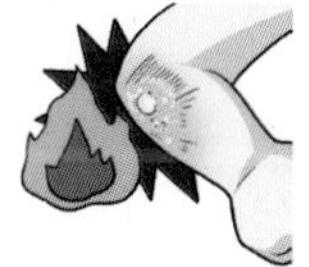

□ ожо́г 아조(ㅋ)
n.m. 화상

□ отмороже́ние 아트마라제니예
n.n. 동상

□ серде́чный при́ступ 시르졔츠느이 쁘리스뚜(ㅍ)
심장마비

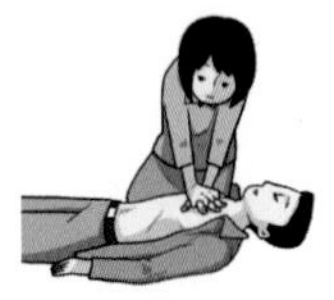

□ серде́чно-лёгочная реанима́ция
시르졔츠나 료가츠나야 리아니마쯔야
= СЛР 에셀레(ㄹ)
심폐 소생술

□ задыха́ться I - задохну́ться I
자드하짜－자다흐누짜
v. 질식하다

□ о́бморок 오브마라(ㅋ)
n.m. 기절

□ лейкопла́стырь 리이까플라스뜨리
n.m. 반창고

□ гипс 기프(ㅅ)
n.m. 깁스; 석고

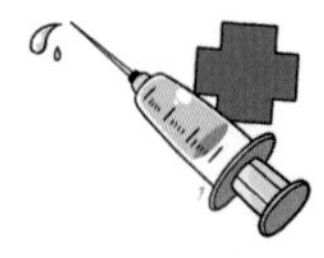

□ лече́ние 리체니예
n.n. 치료

□ уко́л 우꼴
n.m. 주사

□ апте́чка пе́рвой медици́нской по́мощи
아프쪠츠까 뻬르바이 미지쯘스까이 뽀마씨
구급상자

□ ско́рая по́мощь 스꼬라야 뽀마쒸
구급차

□ по́мощь 뽀마쒸
n.f. 도움, 구조

□ спаса́ть I - спасти́ I p.327
스빠사찌 – 스빠스찌
v. 구하다, 구조하다

□ столкнове́ние 스딸크나볘니예
n.n. 충돌

□ эвакуа́тор 에바꾸아따(ㄹ)
n.m. 견인차

□ пожа́р 빠자(ㄹ)
n.m. 화재

□ взры́в 브즈르(ㅍ)
n.m. 폭발

□ пожа́рная ста́нция
빠자르나야 스딴쯔야
소방서

□ пожа́рная маши́на
빠자르나야 마쉬나
소방차

□ лави́на 라비나
n.f. 눈사태

□ землетрясе́ние 지믈리트리세니예
n.n. 지진

□ происше́ствие 쁘라이셰스트비예 n.n. 사건
= слу́чай 슬루치이 n.m.
□ несча́стный (-ая, -ое, -ые) 니쌰스느이 a. 불행한; 불운한

tip. сч를 [щ]로 발음합니다.

□ заявля́ть I - заяви́ть II (в-вл) 자이블랴찌–자이비찌 v. 신고하다; 선언하다
□ заявле́ние 자이블례니예 n.n. 신고; 선언

□ страда́ть I - пострада́ть I 스트라다찌–빠스트라다찌 v. 손해를 입다; 해를 입다

□ преступле́ние 쁘리스뚜플례니예 n.n. 범죄
□ престу́пник 쁘리스뚜프니(ㅋ) n.m.,
престу́пница 쁘리스뚜프니짜 n.f. 범죄자

□ ограбле́ние 아그라블례니예 n.n. 강도, 약탈
□ гра́бить II (б-бл) - огра́бить II (б-бл) 그라비찌–아그라비찌 v. 강도질하다

□ вор 보(ㄹ) n.m. 도둑
□ кра́жа 끄라자 n.f. 절도
□ красть I p.317 - укра́сть I 끄라스찌–우크라스찌 v. 훔치다, 도둑질하다
□ карма́нный вор 까르마느이 보(ㄹ) 소매치기
= карма́нник 까르마니(ㅋ) n.m.

tip. укра́сть의 변화는 красть와 같습니다.

□ моше́нничество 마셰니치스트바 n.n. 사기
□ моше́нник 마셰니(ㅋ) n.m., моше́нница 마셰니짜 n.f. 사기꾼
□ обма́нывать I - обману́ть I 아브마느바찌–아브마누찌 v. 속이다

□ уби́йство 우비이스트바 n.n. 살인

□ исчезнове́ние 이쒸즈나베니예 n.n. 실종
□ исчеза́ть I - исче́знуть I 이쒸자찌–이셰즈누찌 v. 사라지다, 실종되다
□ пропада́ть I - пропа́сть I p.325 쁘라빠다찌–쁘라빠스찌
v. 사라지다, 없어지다
□ теря́ть I - потеря́ть I 찌랴찌–빠찌랴찌 v. 잃다, 분실하다
□ поте́ря 빠쪠랴 n.f. 상실; 유실

□ бюро́ нахо́док 뷰로 나호다(ㅋ) 분실물 보관소

□ бе́з вести 베(ㅈ) 비스찌 행방불명의

□ бе́з вести пропа́вший 베(ㅈ) 비스찌 쁘라빠프쉬 실종자(법률)

= пропа́вший 쁘라빠프쉬 n.m.

□ находи́ть II (д-ж) - найти́ I p.322 나하지찌–나이찌 v. 찾다, 발견하다

□ весть 베스찌 n.f. 소식

□ поли́ция 빨리쯔야 n.f. 경찰

□ полице́йский 빨리쩨이스끼 n.m. 경찰관

□ сотру́дник ГИБДД 사트루드니(ㅋ) 기베데데 교통경찰관

= сотру́дник доро́жной поли́ции 사트루드니(ㅋ) 다로즈나이 빨리쯔이

□ отделе́ние поли́ции 아질례니예 빨리쯔이 경찰서

□ рассле́довать I (ова-у) 라슬례다바찌 v. 조사하다 [불완료상 = 완료상]

□ суд 수(ㅌ) n.m. 재판

□ защища́ть I - защити́ть II (т-щ) 자쒸쌰찌–자쒸찌찌 v. 변호하다

□ адвока́т 아드바까(ㅌ) n.m. 변호사(송무업무 및 자문)

□ юри́ст 유리스(ㅌ) n.m. 변호사(법률 자문)

□ боль 볼 n.f. 아픔; 통증

□ больно́й (-а́я, -о́е, -ы́е) 발노이 a. 아픈

□ бо́льно 볼나 ad. 아프게, 아프다

□ теле́сный (-ая, -ое, -ые) 찔레스느이 a. 신체의

□ поврежде́ние 빠브리즈제니예 n.n. 부상; 파손, 파괴

□ теле́сное поврежде́ние 찔레스나예 빠브리즈제니예 신체 부상

□ ушиба́ться I - ушиби́ться I p.326 우쉬바짜–우쉬비짜

v. (누가) 다치다, (누가) 타박상을 입다

□ ре́зать I (з-ж) - поре́зать I (з-ж) 례자찌－빠례자찌 v. (~을) 베다, 자르다

□ поре́з 빠례(ㅅ) n.m. 베인 상처

□ лёд 료(ㅌ) n.m. 빙판

□ ско́льзкий (-ая, -ое, -ие) 스꼴스끼 a. 미끄러운

□ ско́льзко 스꼴스까 ad. (길이) 미끄럽다

□ па́дать I - упа́сть I p.327 빠다찌－우빠스찌 v. 넘어지다

□ кость 꼬스찌 n.f. 뼈

□ лома́ть I - слома́ть I 라마찌－슬라마찌 v. 부러뜨리다

□ перело́м 삐릴롬 n.m. 골절

□ ожо́г 아조(ㅋ) n.m. 화상

□ отмороже́ние 아트마라제니예 n.n. 동상

□ кровь 끄로삐 n.f. 피, 혈액

□ кровотече́ние 끄라바찌체니예 n.n. 출혈

□ прекраще́ние кровотече́ния 쁘리크라쎼니예 끄라바찌체니야 지혈

Кровь идёт.
끄로삐 이죠(ㅌ)
피가 나고 있다.

□ мозг 모스(ㅋ) n.m. 뇌

□ кровоизлия́ние в мозг 끄라바이즐리야니예 브 모스(ㅋ) 뇌출혈

□ при́ступ 쁘리스뚜(ㅍ) n.m. 발작

□ се́рдце 세르쩨 n.n. 심장

□ серде́чный при́ступ 시르졔츠느이 쁘리스뚜(ㅍ) 심장마비

□ непрямо́й масса́ж се́рдца 니프리모이 마사쉬 세르짜
심장 소생술(간접 심장 마사지)

□ лёгкое 료흐까예 n.n., лёгкие 료흐끼예 n.pl. 폐, 허파

□ иску́сственное дыха́ние 이스꾸스트비나예 드하니예 인공호흡

□ серде́чно-лёгочная реанима́ция 시르제츠나 료가츠나야 리아니마쯔야 심폐 소생술
= СЛР 에셀레(ㄹ)

□ задыха́ться I - задохну́ться I 자드하짜–자다흐누짜 v. 질식하다

□ о́бморок 오브마라(ㅋ) n.m. 기절
□ па́дать I - упа́сть I p.327 в о́бморок 빠다찌–우빠스찌 브 오브마라(ㅋ) 기절하다

□ лече́ние 리체니예 n.n. 치료
□ лечи́ть II - вы́лечить II 리치찌–블리치찌 v. 치료하다 [불완료상]; 완치하다 [완료상]

□ мазь 마시 n.f. 연고

□ лейкопла́стырь 리이까플라스뜨리 n.m. 반창고
□ бинт 빈(ㅌ) n.m. 붕대
□ гипс 기프(ㅅ) n.m. 깁스; 석고

□ уко́л 우꼴 n.m. 주사
□ приви́вка 쁘리비프까 n.f. 접종
□ профила́ктика 쁘라필라크찌까 n.f. 예방

□ запасно́й (-ая, -ое, -ые) 자빠스노이 a. 비상용의
□ э́кстренный (-ая, -ое, -ые) 에크스트리느이 a. 응급의
□ пункт пе́рвой медици́нской по́мощи 뿐크(ㅌ) 뻬르바이 미지쯘스까이 뽀마씨 응급실

□ апте́чка пе́рвой медици́нской по́мощи 아프쩨츠까 뻬르바이 미지쯘스까이 뽀마씨 구급상자
□ ско́рая по́мощь 스꼬라야 뽀마쒸 구급차

□ опера́ция 아뻬라쯔야 n.f. 수술

□ по́мощь 뽀마쒸 n.f. 도움, 구조

□ помога́ть I - помо́чь I p.324 빠마가찌－빠모(ㅊ) v. 돕다

□ спаса́ть I - спасти́ I p.327 스빠사찌－스빠스찌 v. 구하다, 구조하다

□ спаса́тель 스빠사찔 n.m. 구조원

□ ава́рия 아바리야 n.f. 사고; 파손; 조난

□ ме́сто 메스따 n.n. 장소; 현장; 자리

□ автомоби́льная ава́рия 아프따마빌나야 아바리야 차 사고

□ доро́жно-тра́нспортное происше́ствие

다로즈나 뜨란스빠르트나예 쁘라이셰스트비예 교통사고

= ДТП 데떼뻬

□ столкнове́ние 스딸크나볘니예 n.n. 충돌

□ ста́лкиваться I - столкну́ться I 스딸끼바짜－스딸크누짜 v. 충돌하다

□ превыше́ние ско́рости 쁘리브셰니예 스꼬라스찌 과속

□ скры́тие с ме́ста ава́рии 스크르찌예 스 메스따 아바리이 뺑소니

□ эвакуа́тор 에바꾸아따(ㄹ) n.m. 견인차

□ утопле́ние 우따플례니예 n.n. 익사

□ тону́ть I - утону́ть I 따누찌－우따누찌 v. 익사하다

□ пожа́р 빠자(ㄹ) n.m. 화재

□ взры́в 브즈르(ㅍ) n.m. 폭발

□ взрыва́ться I - взорва́ться I p.320 브즈르바짜－브자르바짜 v. 폭발하다

□ пожа́рная ста́нция 빠자르나야 스딴쯔야 소방서

□ пожа́рная маши́на 빠자르나야 마쉬나 소방차

□ пожа́рник 빠자르니(ㅋ) n.m. 소방관

tip. пожарник는 회화체이고, '소방관'의 공식 명칭은 пожа́рный 빠자르느이입니다.

□ стихи́йное бе́дствие 스찌히이나예 볘쯔트비예 자연 재해

□ си́льный (-ая, -ое, -ые) 실느이 a. 강한, 힘센

□ си́льный ве́тер 실느이 볘찌(ㄹ) 강풍

□ лави́на 라비나 n.f. 눈사태

□ снегопа́д 스니가빠(ㅌ) n.m. 강설

□ си́льный снегопа́д 실느이 스니가빠(ㅌ) 폭설

□ землетрясе́ние 지믈리트리세니예 n.n. 지진

□ цуна́ми 쭈나미 n.n. 해일

□ наводне́ние 나바드녜니예 n.n. 홍수

□ безопа́сность 비자빠스나스찌 n.f. 안전; 보안

□ предупрежде́ние 쁘리두프리즈졔니예 n.n. 경고

□ штормово́е предупрежде́ние 쉬따르마보예 쁘리두프리즈졔니예 주의보

□ штормово́е предупрежде́ние о си́льном снегопа́де
쉬따르마보예 쁘리두프리즈졔니예 아 실남 스니가빠졔 폭설 주의보

□ убе́жище 우베즈쎼 n.n. 대피소

24. 미아 신고

꼭! 써먹는 **실전 회화**

Же́нщина Помоги́те, пожа́луйста! Мой сын потеря́лся.
빠마기쩨, 빠잘루스따! 모이 슨 빠찌랼샤
도와주세요! 제 아들을 잃어버렸어요.

Полице́йский Опиши́те его́.
아삐쉬쩨 이보
그에 대해 설명해 주세요.

Же́нщина Ему́ семь лет. Во́лосы кашта́новые. Оде́т в кра́сную ку́ртку.
이무 셈 례(ㅌ). 볼라스 까쉬따나브예. 아졔(ㅌ) 프 끄라스누유 꾸르트꾸
그는 7살이에요. 갈색 머리카락. 빨간색 재킷을 입고 있어요.

Полице́йский Не беспоко́йтесь. Мы найдём его́.
니 비스빠꼬이찌시. 므 나이좀 이보
걱정 마세요. 저희가 찾아 드릴게요.

연습 문제 Упражнение 우프라즈녜니예

다음 단어를 읽고 맞는 뜻과 연결하세요.

1. вожде́ние	•	• 경찰
2. гора́	•	• 관광, 여행
3. гости́ница	•	• 교통; 운송, 수송
4. маши́на	•	• 기차
5. мо́ре	•	• 바다
6. ночле́г	•	• 비행기
7. по́езд	•	• 사건
8. поли́ция	•	• 산
9. происше́ствие	•	• 숙박; 숙소
10. самолёт	•	• 운전
11. тра́нспорт	•	• 자동차
12. тури́зм	•	• 호텔

1. вожде́ние – 운전 2. гора́ – 산 3. гости́ница – 호텔
4. маши́на – 자동차 5. мо́ре – 바다 6. ночле́г – 숙박; 숙소
7. по́езд – 기차 8. поли́ция – 경찰 9. происше́ствие – 사건
10. самолёт – 비행기 11. тра́нспорт – 교통; 운송, 수송 12. тури́зм – 관광, 여행

Глава 7

기타

숫자 Цифры 쯔프르

□ ци́фра 쯔프라 n.f., ци́фры 쯔프르 n.pl. 숫자

tip. 러시아 숫자는 끝에서 세 자리씩 나눠 읽습니다.

1. 기수

□ ноль 놀 0
= нуль 눌

□ оди́н 아진 1, 하나

□ два 드바 2, 둘

□ три 뜨리 3, 셋

□ четы́ре 치뜨리 4, 넷

□ пять 빠찌 5, 다섯

□ шесть 셰스찌 6, 여섯

□ семь 셈 7, 일곱

□ во́семь 보심 8, 여덟

□ де́вять 졔비찌 9, 아홉

□ де́сять 졔시찌 10, 열

□ оди́ннадцать 아지나짜찌 11, 열하나

□ двена́дцать 드비나짜찌 12, 열둘

□ трина́дцать 뜨리나짜찌 13, 열셋

□ четы́рнадцать 치뜨르나짜찌 14, 열넷

□ пятна́дцать 삐트나짜찌 15, 열다섯

□ шестна́дцать 쉬스나짜찌 16, 열여섯

□ семна́дцать 심나짜찌 17, 열일곱

□ восемна́дцать 바심나짜찌 18, 열여덟

□ девятна́дцать 지비트나짜찌 19, 열아홉

□ два́дцать 드바짜찌 20, 스물

tip. '하나, 둘, 셋 ...' 처럼 수를 셀 때는 раз 라(ㅅ), два 드바, три 뜨리...입니다.

tip. 수량 1은 결합되는 명사에 따라 남성형 оди́н 아진, 여성형 одна́ 아드나, 중성형 одно́ 아드노를 씁니다.

- оди́н стол 아진 스똘 책상 1개, одна́ кни́га 아드나 끄니가 책 1권, одно́ окно́ 아드노 아크노 창문 1개

tip. 수량 2는 결합되는 명사에 따라 남성형과 중성형 два 드바, 여성형 две 드베를 씁니다.

- два стола́ 드바 스딸라 책상 2개, два окна́ 드바 아크나 창문 2개, две кни́ги 드베 끄니기 책 2권

tip. 러시아어로 수량을 표현할 때, 마지막 자리 수사를 잘 확인해야 합니다. 마지막에 오는 수사가 1이면 주격형 명사, 2~4이면 단수 생격형 명사, 5~19 및 일의 자리가 0으로 끝나는 수이면 복수 생격형 명사가 뒤에 옵니다. 21 이상부터는 마지막 자리에 오는 수사에 따라 앞에 규칙을 사용합니다.

- 2<u>1</u> стол 드바짜찌 아진 스똘 책상 21개 (마지막 자리 수사 1에 따라 주격형 명사가 뒤에 옴)
- 2<u>2</u> стола́ 드바짜찌 드바 스딸라 책상 22개 (생격형 명사)
- 1<u>11</u> столо́в 스또 아지나짜찌 스딸로(ㅍ) 책상 111개 (복수 생격형 명사)

tip. 2개 이상의 수사로 구성된 수사를 합성수사라 합니다. 21은 **два́дцать оди́н** 드바짜찌 아진 수사가 2개인 합성수사이지만, 11은 **оди́ннадцать** 아지나짜찌 어근이 2개인 복합수사입니다.

- сто два́дцать один 스또 드바짜찌 아진 121 (합성수사(수사 3개))

□ **три́дцать** 뜨리짜찌 30, 서른

□ **со́рок** 소라(ㅋ) 40, 마흔

□ **пятьдеся́т** 비지샤(ㅌ) 50, 쉰

□ **шестьдеся́т** 쉬즈지샤(ㅌ) 60, 예순

□ **се́мьдесят** 셈지샤(ㅌ) 70, 일흔

□ **во́семьдесят** 보심지샤(ㅌ) 80, 여든

□ **девяно́сто** 지비노스따 90, 아흔

□ **сто** 스또 100, 백

□ **две́сти** 드볘스찌 200, 이백

□ **три́ста** 뜨리스따 300, 삼백

□ **четы́реста** 치뜨리스따 400, 사백

□ **пятьсо́т** 삐쪼(ㅌ) 500, 오백

□ **шестьсо́т** 쉬소(ㅌ) 600, 육백

□ **семьсо́т** 심소(ㅌ) 700, 칠백

□ **восемьсо́т** 바심소(ㅌ) 800, 팔백

□ **девятьсо́т** 지비쪼(ㅌ) 900, 구백

□ **(одна́) ты́сяча** (아드나) 뜨시차
1 000, 천

□ **две ты́сячи** 드볘 뜨시치
2 000, 이천

□ **де́сять ты́сяч** 제시찌 뜨시(ㅊ)
10 000, 만

□ **сто ты́сяч** 스또 뜨시(ㅊ)
100 000, 십만

□ **(оди́н) миллио́н** (아진) 밀리온
1 000 000, 백만

□ **два миллио́на** 드바 밀리오나
2 000 000, 이백만

□ **де́сять миллио́нов**
제시찌 밀리오나(ㅍ) 10 000 000, 천만

□ **сто миллио́нов** 스또 밀리오나(ㅍ)
100 000 000, 억

□ **(оди́н) миллиа́рд** (아진) 밀리아르(ㅌ)
1 000 000 000, 십억
= **биллио́н** 빌리온

□ **ты́сяча миллиа́рдов**
뜨시차 밀리아르다(ㅍ)
1 000 000 000 000, 조
= **триллио́н** 뜨릴리온

□ **ноль це́лых два́дцать пять деся́тых** 놀 쩰르(ㅎ) 드바짜찌 빠찌 지샤뜨(ㅎ)
0.25

□ **три четвёртых** 뜨리 치트뵤르뜨(ㅎ)
3/4

tip. 천 자리 수를 표현할 때, 뒤 3자리 000 앞에 수사가 1이면 **ты́сяча** 뜨시차, 2~4이면 **ты́сячи** 뜨시치, 5~19 및 0으로 끝나면 **ты́сяч** 뜨시(ㅊ)을 씁니다. 백만 자리 수를 표현할 때, 뒤 6자리 000 000 앞에 수사가 1이면 **миллио́н** 밀리온, 2~4이면 **миллио́на** 밀리오나, 5~19 및 0으로 끝나면 **миллио́нов** 밀리오나(ㅍ)을 씁니다. 천 자리 수 000 앞이나 백만 자리 수 000 000 앞이 21~999면 마지막 자리에 오는 수사에 따라 이 규칙을 적용합니다.

2. 서수

□ пе́рвый 뻬르브이 1번째의

□ второ́й 프따로이 2번째의

□ тре́тий 뜨례찌 3번째의

□ четвёртый 치트뵤르뜨이 4번째의

□ пя́тый 뺘뜨이 5번째의

□ шесто́й 쉬스또이 6번째의

□ седьмо́й 시지모이 7번째의

□ восьмо́й 바시모이 8번째의

□ девя́тый 지뱌뜨이 9번째의

□ деся́тый 지샤뜨이 10번째의

□ со́тый 소뜨이 100번째의

□ ты́сячный 뜨시츠느이 1,000번째의

tip. 서수는 뒤에 오는 명사가 오는 경우, 그 명사의 성·수·격과 일치시킵니다.

- 1층 : пе́рвый этаж 뻬르브이 에따쉬
- 1쪽 : пе́рвая страни́ца 뻬르바야 스트라니짜
- 1등 : пе́рвое ме́сто 뻬르바예 메스따

tip. 21부터 2개 이상 수사로 구성된 합성수사면, 마지막 자리에 오는 수사만 서수로 읽습니다.

- 111번째의: сто оди́ннадцатый 스또 아지나짜뜨이 100(기수)+11번째의(서수, 마지막 자리의 수는 복합수사 11)
- 121번째의: сто два́дцать пе́рвый 스또 드바짜찌 뻬르브이 120(기수)+1번째의(서수, 마지막 자리의 수 1)

3. 사칙연산

□ сложе́ние 슬라제니예 n.n. 더하기
= прибавле́ние 쁘리바블레니예

оди́н плюс два равно́ трём
아진 쁠류(ㅅ) 드바 라브노 뜨룜
1+2=3

□ вычита́ние 브치따니예 n.n. 빼기

три ми́нус два равно́ одному́
뜨리 미누(ㅅ) 드바 라브노 아드나무
3−2=1

□ умноже́ние 움나제니예 n.n. 곱하기

двена́дцать умно́жить на три равно́ тридцати́ шести́
드비나짜찌 움노즈찌 나 뜨리 라브노 뜨리짜찌 쉬스찌
12×3=36

□ деле́ние 질례니예 n.n. 나누기

двена́дцать раздели́ть на три равно́ четырём
드비나짜찌 라즈질리찌 나 뜨리 라브노 치뜨룜
12÷3=4

루블(RUB) Рубль 루블

□ рубль 루블 n.m. 루블화(러시아 화폐 단위)

□ копе́йка 까뻬이까
n.m. 코페이카(러시아 동전 단위, 1/100루블)

tip. 공식 명칭은 'росси́йский рубль 라시이스끼 루블 (러시아의 루블)'이며, 기호는 RUB입니다.

tip. 5루블, 10루블은 동전과 지폐 2종류입니다.

□ одна́ копе́йка
아드나 까뻬이까 1코페이카

□ пять копе́ек
빠찌 까뻬이(ㅋ) 5코페이카

□ де́сять копе́ек
제시찌 까뻬이(ㅋ) 10코페이카

□ пятьдеся́т копе́ек
삐지샤(ㅌ) 까뻬이(ㅋ) 50코페이카

□ оди́н рубль
아진 루블 1루블

□ два рубля́
드바 루블랴 2루블

□ пять рубле́й
빠찌 루블레이 5루블

□ де́сять рубле́й
제시찌 루블레이 10루블

tip. 소치올림픽 기념 한정판 25루블 주화도 사용되고 있습니다.
два́дцать пять рубле́й
드바짜찌 빠찌 루블레이
25루블

□ пятьдеся́т рубле́й
삐지샤(ㅌ) 루블레이 50루블

□ сто рубле́й
스또 루블레이 100루블

□ пятьсо́т рубле́й
삐쪼(ㅌ) 루블레이 500루블

□ ты́сяча рубле́й
뜨시차 루블레이 1,000루블

□ пять ты́сяч рубле́й
빠찌 뜨시(ㅊ) 루블레이 5,000루블

tip. 2017년 발행된 지폐로 200루블과 2,000루블이 있습니다.

две́сти рубле́й
드베스찌 루블레이 200루블

две ты́сячи рубле́й
드베 뜨시치 루블레이
2,000루블

모양 Форма 포르마

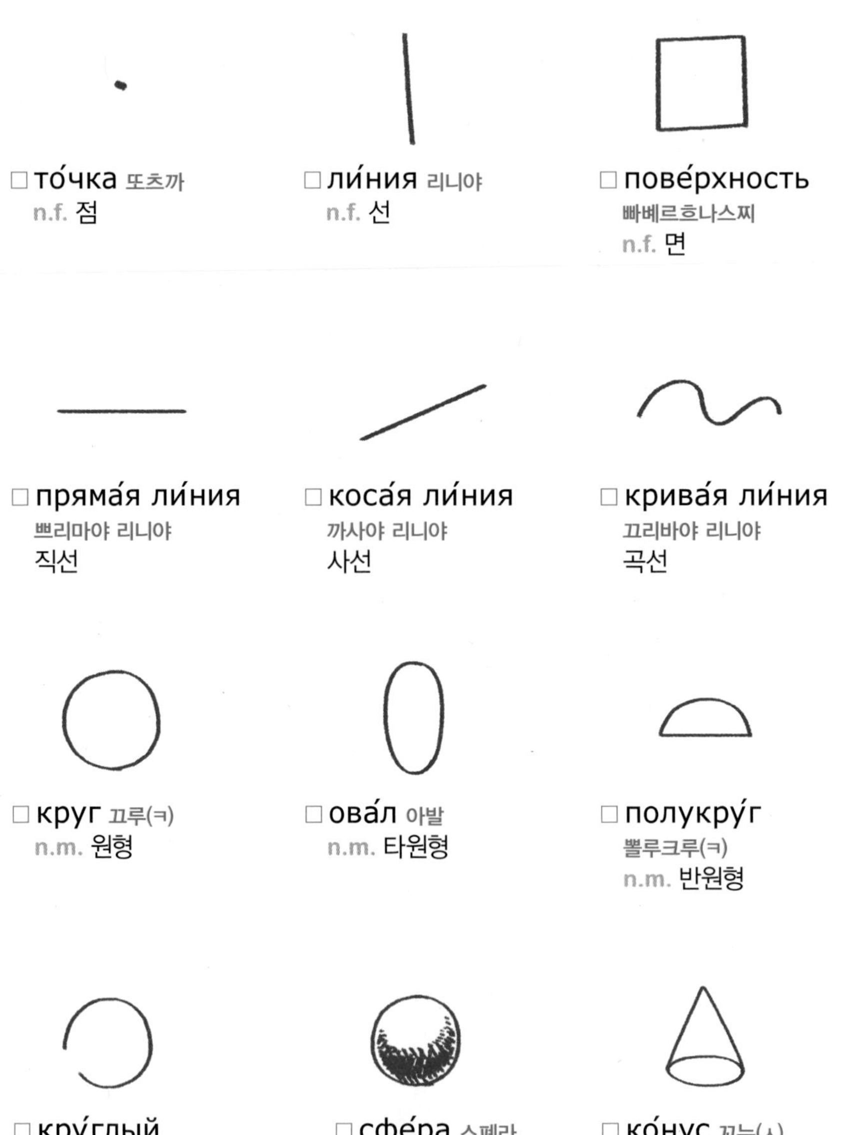

□ то́чка 또츠까
n.f. 점

□ ли́ния 리니야
n.f. 선

□ пове́рхность
빠볘르흐나스찌
n.f. 면

□ пряма́я ли́ния
쁘리마야 리니야
직선

□ коса́я ли́ния
까사야 리니야
사선

□ крива́я ли́ния
끄리바야 리니야
곡선

□ круг 끄루(ㅋ)
n.m. 원형

□ ова́л 아발
n.m. 타원형

□ полукру́г
뽈루크루(ㅋ)
n.m. 반원형

□ кру́глый
(-ая, -ое, -ые)
끄루글르이
a. 둥근

□ сфе́ра 스폐라
n.f. 구

□ ко́нус 꼬누(ㅅ)
n.m. 원뿔

□ фигу́ра 피구라
n.f. 도형

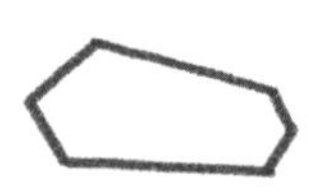

□ пло́ская фигу́ра
쁠로스까야 피구라
평면 도형

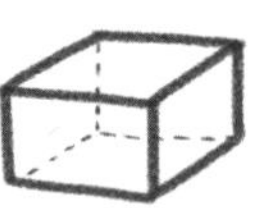

□ объёмная фигу́ра
아브욤나야 피구라
입체 도형

□ треуго́льник
뜨리우골니(ㅋ)
n.m. 삼각형

□ четырёхуго́льник
치뜨료후골니(ㅋ)
n.m. 사각형

□ квадра́т 끄바드라(ㅌ)
n.m. 정사각형

□ прямоуго́льник
쁘리마우골니(ㅋ)
n.m. 직사각형

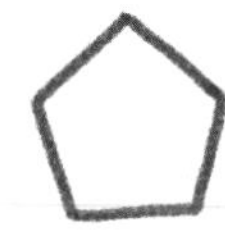

□ пятиуго́льник
삐찌우골니(ㅋ)
n.m. 오각형

□ шестиуго́льник
쉬스찌우골니(ㅋ)
n.m. 육각형

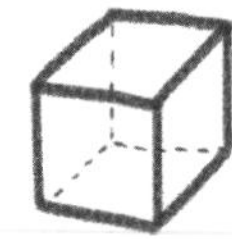

□ куб 꾸(ㅍ)
n.m. 정육면체

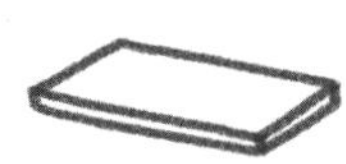

□ пло́ский
(-ая, -ое, -ие)
쁠로스끼
a. 편평한

□ горизонта́льный
(-ая, -ое, -ые)
가리잔딸느이
a. 수평의

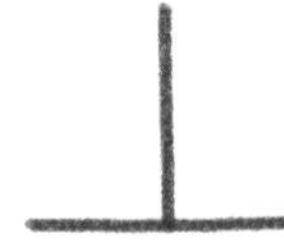

□ перпендикуля́рный
(-ая, -ое, -ые)
삐르삔지꿀랴르느이
a. 수직의

□ стрела́ 스트릴라
n.f. 화살표

□ звезда́ 즈비즈다
n.f. 별 모양; 별

□ се́рдце 세르쩨
n.n. 하트 모양; 심장

색깔 Цвет 쯔볘(ㅌ)

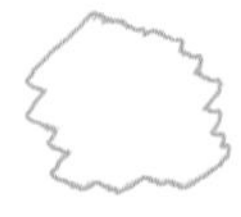

tip. 러시아어에서 특정 색의 명칭은 '색깔 형용사+**цвет** 쯔볘(ㅌ)'입니다.

- **бе́лый цвет** 볠르이 쯔볘(ㅌ) 흰색
- **жёлтый цвет** 졸뜨이 쯔볘(ㅌ) 노란색

□ бе́лый
(-ая, -ое, -ые) 볠르이
a. 흰색의

□ чёрный
(-ая, -ое, -ые) 쵸르느이
a. 검정색의

□ се́рый
(-ая, -ое, -ые) 세르이
a. 회색의

□ кра́сный
(-ая, -ое, -ые) 끄라스느이
a. 빨간색의

□ ора́нжевый
(-ая, -ое, -ые)
아란즈브이
a. 주황색의

□ жёлтый
(-ая, -ое, -ые) 졸뜨이
a. 노란색의

□ жёлто-зелёный
(-ая, -ое, -ые)
졸따 질료느이
= сала́товый
(-ая, -ое, -ые) 살라따브이
a. 연두색의

□ зелёный
(-ая, -ое, -ые) 질료느이
a. 초록색의

□ голубо́й
(-а́я, -о́е, -ы́е) 갈루보이
a. 하늘색의

□ си́ний
(-яя, -ее, -ие) 시니
a. 파란색의

□ тёмно-си́ний
(-яя, -ее, -ие) 쫌나 시니
a. 남색의

□ фиоле́товый
(-ая, -ое, -ые) 피알례따브이
a. 보라색의

□ сире́невый
(-ая, -ое, -ые) 시례니브이
a. 연보라색의

□ бордо́вый
(-ая, -ое, -ые) 바르도브이
a. 자주색의

□ ро́зовый
(-ая, -ое, -ые) 로자브이
a. 분홍색의

□ кори́чневый
(-ая, -ое, -ые)
까리츠니브이
a. 갈색의

□ ха́ки 하끼
a. 카키색의

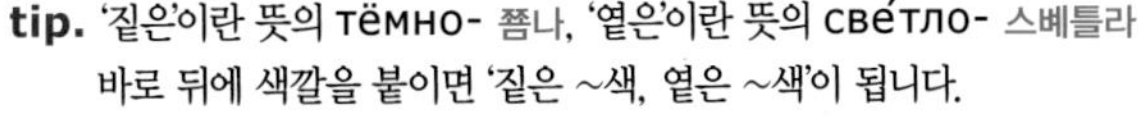

tip. '짙은'이란 뜻의 тёмно- 쫌나, '옅은'이란 뜻의 све́тло- 스베틀라 바로 뒤에 색깔을 붙이면 '짙은 ~색, 옅은 ~색'이 됩니다.

- тёмно-кра́сный 쫌나크라스느이 짙은 빨간색의
- све́тло-зелёный 스베틀라질료느이 옅은 초록색의

□ золото́й
(-а́я, -о́е, -ы́е) 잘라또이
a. 금색의

□ сере́бряный
(-ая, -ое, -ые) 시례브리느이
a. 은색의

□ я́ркий
(-ая, -ое, -ие) 야르끼
a. 밝은, 선명한

□ тёмный
(-ая, -ое, -ые) 쫌느이
a. 어두운, 짙은

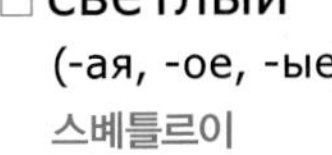

□ све́тлый
(-ая, -ое, -ые)
스베틀르이
a. 연한 빛의, 옅은

□ одноцве́тный
(-ая, -ое, -ые)
아드나쯔베트느이
a. 단색의

□ разноцве́тный
(-ая, -ое, -ые)
라즈나쯔베트느이
a. 다색의, 다채로운

□ ра́дужный цвет
라두즈느이 쯔베(ㅌ)
무지개색

위치 Расположение 라스빨라제니예

☐ наверху́ 나비르후
prep. [생격] ~위쪽에
ad. 위쪽에

☐ внизу́ 브니주
prep. [생격] ~아래쪽에
ad. 아래쪽에

☐ пе́ред 뻬리(ㅌ)
prep. [조격] ~앞에

☐ за 자
prep. [조격] ~뒤에

☐ на 나
prep. [전치격] ~위에
(대상물과 접촉)

☐ над 나(ㅌ)
prep. [조격] ~위에
(대상물과 접촉되지 않고 바로 위)

☐ в 브
prep. [전치격] ~안에

☐ внутри́ 브누트리
prep. [생격]
~내부에, ~안쪽에
ad. 내부에, 안쪽에

☐ снару́жи 스나루즈
prep. [생격] ~밖에
ad. 외부에, 바깥에

☐ сбо́ку 즈보꾸
prep. [생격] ~옆에
ad. 옆에

☐ у 우 [생격]
prep. ~옆에, ~의 곁에,
~가까이에

☐ сле́ва 슬례바
ad. 왼쪽에

☐ ме́жду 메즈두
prep. [조격] ~사이에

☐ спра́ва 스프라바
ad. 오른쪽에

☐ напро́тив 나프로찌(ㅍ)
prep. [생격]
~맞은 편에, ~건너 편에
ad. 맞은 편에, 건너 편에

☐ к 끄
prep. [여격]
~쪽으로

☐ че́рез 체리(ㅅ)
prep. [대격]
~을 통하여, 건너서

방향 Направление 나프라블레니예

□ ко́мпас 꼼빠(ㅅ) n.n. 나침반

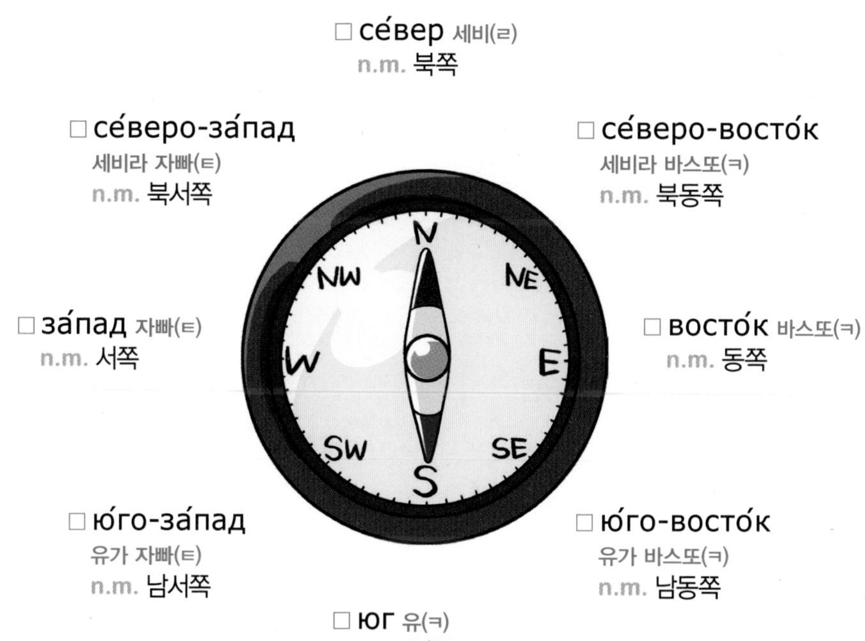

□ се́вер 세비(ㄹ)
n.m. 북쪽

□ се́веро-за́пад
세비라 자빠(ㅌ)
n.m. 북서쪽

□ се́веро-восто́к
세비라 바스또(ㅋ)
n.m. 북동쪽

□ за́пад 자빠(ㅌ)
n.m. 서쪽

□ восто́к 바스또(ㅋ)
n.m. 동쪽

□ ю́го-за́пад
유가 자빠(ㅌ)
n.m. 남서쪽

□ ю́го-восто́к
유가 바스또(ㅋ)
n.m. 남동쪽

□ юг 유(ㅋ)
n.m. 남쪽

지도 Карта 까르따

① Евро́па 이브로빠 유럽

② Сре́дний Восто́к 스례드니 바스또(ㅋ) 중동

> **tip.** 러시아에서는 '중동'보다 '근동 Бли́жний Восто́к 블리즈니 바스또(ㅋ)'을 더 많이 사용합니다.

③ А́фрика 아프리까 아프리카

④ А́зия 아시야 아시아

⑤ Океа́ния 아끼아니야 오세아니아

⑥ Се́верная Аме́рика 세비르나야 아메리까 북아메리카

⑦ Центра́льная Аме́рика 쯘트랄나야 아메리까 중앙아메리카

⑧ Ю́жная Аме́рика 유즈나야 아메리까 남아메리카

⑨ Се́верный по́люс 세비르느이 뽈류(ㅅ) 북극

⑩ Ю́жный по́люс 유즈느이 뽈류(ㅅ) 남극

① Ти́хий океа́н 찌히 아끼안 태평양

② Инди́йский океа́н 인지이스끼 아끼안 인도양

③ Атланти́ческий океа́н 아틀란찌치스끼 아끼안 대서양

④ Се́верный Ледови́тый океа́н 세비르느이 리다비뜨이 아끼안 북극해

⑤ Ю́жный океа́н 유즈느이 아끼안 남극해

⑥ Средизе́мное мо́ре 스리지젬나예 모례 지중해

⑦ Чёрное мо́ре 쵸르나예 모례 흑해

국가 Государства 가수다르스트바

■ страны СНГ 스트라느 에센게 CIS 국가

□ Содру́жество Незави́симых Госуда́рств
사드루즈스트바 니자비시므(ㅎ) 가수다르스트(ㅍ) 독립국가연합
= СНГ 에센게 CIS

tip. 1991년 소비에트 연방 해체 후 독립한 공화국의 연합체로, 공식 회원국은 러시아, 아르메니아, 아제르바이잔, 벨라루스, 카자흐스탄, 키르기스스탄, 몰도바, 타지키스탄, 우즈베키스탄이며 비공식 참관국은 투르크메니스탄입니다.

□ Росси́я 라시야 n.f. 러시아
= Росси́йская Федера́ция 라시이스까야 피지라쯔야 러시아 연방[공식 국명]
□ ру́сский 루스끼 n.m., ру́сская 루스까야 n.f. (민족) 러시아 사람
□ россия́нин 라시야닌 n.m., россия́нка 라시얀까 n.f. (국적) 러시아 사람
□ ру́сский (-ая, -ое, -ие) 루스끼 a. (언어, 민족성) 러시아의
□ росси́йский (-ая, -ое, -ие) 라시이스끼 a. (지역성) 러시아의

tip. 국가 형용사의 기본형인 남성형은 -кий로 끝나기 때문에 여성, 중성, 복수형이 각각 -ая, -ое, -ие가 붙습니다.

□ Азербайджа́н 아지르바이잔 n.m. 아제르바이잔
□ азербайджа́нец 아지르바이자니(ㅉ) n.m., азербайджа́нка 아지르바이잔까 n.f. 아제르바이잔 사람
□ азербайджа́нский (-ая, -ое, -ие) 아지르바이잔스끼 a. 아제르바이잔의

□ Арме́ния 아르메니야 n.f. 아르메니아
□ армяни́н 아르미닌 n.m., армя́нка 아르만까 n.f. 아르메니아 사람
□ армя́нский (-ая, -ое, -ие) 아르만스끼 a. 아르메니아의

□ Белару́сь 빌라루시 n.f. 벨라루스
□ белору́с 빌라루(ㅅ) n.m., белору́ска 빌라루스까 n.f. 벨라루스 사람
□ белору́сский (-ая, -ое, -ие) 빌라루스끼 a. 벨라루스의

□ Казахста́н 까자흐스딴 n.m. 카자흐스탄

□ каза́х 까자(ㅎ) n.m., каза́шка 까자쉬까 n.f. 카자흐스탄 사람

□ каза́хский (-ая, -ое, -ие) 까자흐스끼 a. (언어, 민족성) 카자흐스탄의

□ казахста́нский (-ая, -ое, -ие) 까자흐스딴스끼 a. (지역성) 카자흐스탄의

□ Кирги́зия 끼르기지야 n.f. 키르기스스탄

= Кыргызста́н 끄르그스탄 (키르기스스탄에서 사용하는 국가명)

□ кирги́з 끼르기(ㅅ) n.m., кирги́зка 끼르기스까 n.f. 키르기스스탄 사람

□ кирги́зский (-ая, -ое, -ие) 끼르기스끼 a. (언어, 민족성) 키르기스스탄의

□ киргизста́нский (-ая, -ое, -ие) 끼르기스딴스끼 a. (지역성) 키르기스스탄의

□ Молдо́ва 말도바 n.f. 몰도바

□ молдава́нин 말다바닌 n.m., молдава́нка 말다반까 n.f. 몰도바 사람

□ молда́вский (-ая, -ое, -ие) 말다프스끼 a. 몰도바의

□ Таджикиста́н 따드즈끼스딴 n.m. 타지키스탄

□ таджи́к 따드즈(ㅋ) n.f., таджи́чка 따드즈츠까 n.f. 타지키스탄 사람

□ таджи́кский (-ая, -ое, -ие) 따드즈크스끼 a. (언어, 민족성) 타지키스탄의

□ таджикиста́нский (-ая, -ое, -ие) 따드즈끼스딴스끼 a. (지역성) 타지키스탄의

□ Узбекиста́н 우즈비끼스딴 n.m. 우즈베키스탄

□ узбе́к 우즈뻬(ㅋ) n.m., узбе́чка 우즈뻬츠까 n.f. 우즈베키스탄 사람

□ узбе́кский (-ая, -ое, -ие) 우즈뻬크스끼 a. (언어, 민족성) 우즈베키스탄의

□ узбекиста́нский (-ая, -ое, -ие) 우즈비끼스딴스끼 a. (지역성) 우즈베키스탄의

□ Туркмениста́н 뚜르크미니스딴 n.m. 투르크메니스탄

□ туркме́н 뚜르크멘 n.m., туркме́нка 뚜르크멘까 n.f. 투르크메니스탄 사람

□ туркме́нский (-ая, -ое, -ие) 뚜르크멘스끼 a. (언어, 민족성) 투르크메니스탄의

□ туркмениста́нский (-ая, -ое, -ие) 뚜르크미니스딴스끼 a. (지역성) 투르크메니스탄의

■ Евро́па 이브로빠 n.f. 유럽

□ А́нглия 안글리야 n.f. 영국

□ Великобрита́ния 빌리까브리따니야 n.f. 대영제국

□ англича́нин 안글리차닌 n.m., англича́нка 안글리찬까 n.f. 영국 사람

□ англи́йский (-ая, -ое, -ие) 안글리이스끼 a. 영국의

□ Герма́ния 기르마니야 n.f. 독일

□ не́мец 녜미(ㅉ) n.m., не́мка 녬까 n.f. 독일 사람

□ неме́цкий (-ая, -ое, -ие) 니몌쯔끼 a. 독일의

□ Фра́нция 프란쯔야 n.f. 프랑스

□ францу́з 프란쭈(ㅅ) n.m., францу́женка 프란쭈즌까 n.f. 프랑스 사람

□ францу́зский (-ая, -ое, -ие) 프란쭈스끼 a. 프랑스의

□ Швейца́рия 쉬비이짜리야 n.f. 스위스

□ швейца́рец 쉬비이짜리(ㅉ) n.m.,
швейца́рка 쉬비이짜르까 n.f. 스위스 사람

□ швейца́рский (-ая, -ое, -ие) 쉬비이짜르스끼 a. 스위스의

□ Нидерла́нды 니데를란드 n.pl. 네덜란드

□ нидерла́ндец 니데를란지(ㅉ) n.m.,
нидерла́ндка 니데를란까 n.f. 네덜란드 사람

□ нидерла́ндский (-ая, -ое, -ие) 니데를란쯔끼 a. 네덜란드의

□ Испа́ния 이스빠니야 n.f. 스페인

□ испа́нец 이스빠니(ㅉ) n.m., испа́нка 이스빤까 n.f. 스페인 사람

□ испа́нский (-ая, -ое, -ие) 이스빤스끼 a. 스페인의

□ Ита́лия 이딸리야 n.f. 이탈리아

□ италья́нец 이딸리야니(ㅉ) n.m., италья́нка 이딸리얀까 n.f. 이탈리아 사람

□ италья́нский (-ая, -ое, -ие) 이딸리얀스끼 a. 이탈리아의

□ Гре́ция 그례쯔야 n.f. 그리스
□ грек 그례(ㅋ) n.m., греча́нка 그리찬까 n.f. 그리스 사람
□ гре́ческий (-ая, -ое, -ие) 그례치스끼 a. 그리스의

□ Да́ния 다니야 n.f. 덴마크
□ датча́нин 다차닌 n.m., датча́нка 다찬까 n.f. 덴마크 사람
□ да́тский (-ая, -ое, -ие) 다쯔끼 a. 덴마크의

□ Норве́гия 나르볘기야 n.f. 노르웨이
□ норве́жец 나르볘즈(ㅉ) n.m., норве́жка 나르볘쉬까 n.f. 노르웨이 사람
□ норве́жский (-ая, -ое, -ие) 나르볘쉬스끼 a. 노르웨이의

□ Шве́ция 쉬볘쯔야 n.f. 스웨덴
□ швед 쉬볘(ㅌ) n.m., шве́дка 쉬볘트까 n.f. 스웨덴 사람
□ шве́дский (-ая, -ое, -ие) 쉬볘쯔끼 a. 스웨덴의

■ Се́верная Аме́рика 세비르나야 아몌리까 북아메리카

□ Аме́рика 아몌리까 n.f. 미국
= Соединённые Шта́ты Аме́рики 사이지뇨느예 쉬따뜨 아몌리끼 미합중국 [공식 국명]
= США [сэ-шэ-а] 세셰아
□ америка́нец 아미리까니(ㅉ) n.m., америка́нка 아미리깐까 n.f. 미국 사람
□ америка́нский (-ая, -ое, -ие) 아미리깐스끼 a. 미국의

□ Кана́да 까나다 n.f. 캐나다
□ кана́дец 까나지(ㅉ) n.m., кана́дка 까나트까 n.f. 캐나다 사람
□ кана́дский (-ая, -ое, -ие) 까나쯔끼 a. 캐나다의

■ Лати́нская Аме́рика 라찐스까야 아메리까 중남미, 라틴 아메리카

□ Ме́ксика 메크시까 n.f. 멕시코

□ мексика́нец 미크시까니(ㅉ) n.f., мексика́нка 미크시깐까 n.f. 멕시코 사람

□ мексика́нский (-ая, -ое, -ие) 미크시깐스끼 a. 멕시코의

□ Брази́лия 브라질리야 n.f. 브라질

□ брази́лец 브라질리(ㅉ) n.m., бразилья́нка 브라질리얀까 n.f. 브라질 사람

□ брази́льский (-ая, -ое, -ие) 브라질스끼 a. 브라질의

□ Аргенти́на 아르긴찌나 n.f. 아르헨티나

□ аргенти́нец 아르긴찌니(ㅉ) n.m.,
аргенти́нка 아르긴찐까 n.f. 아르헨티나 사람

□ аргенти́нский (-ая, -ое, -ие) 아르긴찐스끼 a. 아르헨티나의

□ Перу́ 삐루 n.n. 페루

□ перуа́нец 삐루아니(ㅉ) n.m., перуа́нка 삐루안까 n.f. 페루 사람

□ перуа́нский (-ая, -ое, -ие) 삐루안스끼 a. 페루의

□ Чи́ли 칠리 n.n. 칠레

□ чили́ец 칠리이(ㅉ) n.m., чили́йка 칠리이까 n.f. 칠레 사람

□ чили́йский (-ая, -ое, -ие) 칠리이스끼 a. 칠레의

■ А́зия 아지야 n.f. 아시아

□ Коре́я 까례야 n.f. 한국

= Респу́блика Коре́я 리스뿌블리까 까례야 대한민국

= Ю́жная Коре́я 유즈나야 까례야 남한

□ Се́верная Коре́я 세비르나야 까례야 북한

□ коре́ец 깔례이(ㅉ) n.m., корея́нка 까리얀까 n.f. 한국 사람

□ коре́йский (-ая, -ое, -ие) 까례이스끼 a. 한국의

□ Кита́й 끼따이 n.m. 중국

□ кита́ец 끼따이(ㅉ) n.m., китая́нка 끼따얀까 n.f. 중국 사람

□ кита́йский (-ая, -ое, -ие) 끼따이스끼 a. 중국의

□ Япо́ния 이뽀니야 n.f. 일본

□ япо́нец 이뽀니(ㅉ) n.m., япо́нка 이뽄까 n.f. 일본 사람

□ япо́нский (-ая, -ое, -ие) 이뽄스끼 a. 일본의

□ И́ндия 인지야 n.f. 인도

□ инди́ец 인지이(ㅉ) n.m., индиа́нка 인지안까 n.f. 인도 사람

□ инди́йский (-ая, -ое, -ие) 인지이스끼 a. 인도의

□ Вьетна́м 비트남 n.m. 베트남

□ вьетна́мец 비트나미(ㅉ) n.m., вьетна́мка 비트남까 n.f. 베트남 사람

□ вьетна́мский (-ая, -ое, -ие) 비트남스끼 a. 베트남의

□ Таила́нд 따일란(ㅌ) n.m. 태국

□ т́аец 따이(ㅉ) n.m., та́йка 따이까 n.f. 태국 사람

□ та́йский (-ая, -ое, -ие) 따이스끼 a. 태국의

□ Индоне́зия 인다네지야 n.f. 인도네시아

□ индонези́ец 인다네지이(ㅉ) n.m.,
индонези́йка 인다네지이까 n.f. 인도네시아 사람

□ индонези́йский (-ая, -ое, -ие) 인다네지이스끼 a. 인도네시아의

■ Сре́дний Восто́к 스례드니 바스또(ㅋ) 중동

□ Ира́н 이란 n.m. 이란

□ ира́нец 이라니(ㅉ) n.m., ира́нка 이란까 n.f. 이란 사람

□ ира́нский (-ая, -ое, -ие) 이란스끼 a. 이란의

□ Сау́довская Ара́вия 사우다프스까야 아라비아 사우디아라비아

□ сауди́ец 사우지이(ㅉ) n.m., сау́довка 사우다프까 n.f. 사우디아라비아 사람

□ сау́довский (-ая, -ое, -ие) 사우다프스끼 a. 사우디아라비아의

□ Ту́рция 뚜르쯔이야 n.f. 터키 → tip. 터키는 2022년 6월 국호를 '튀르키예'로 변경했어요.

□ ту́рок 뚜라(ㅋ) n.m., турча́нка 뚜르찬까 n.f. 터키 사람

□ туре́цкий (-ая, -ое, -ие) 뚜례쯔끼 a. 터키의

■ Океа́ния 아끼아니야 n.f. 오세아니아

□ Австра́лия 아프스트랄리야 n.f. 호주

□ австрали́ец 아프스트랄리이(ㅉ) n.m.,
австрали́йка 아프스트랄리이까 n.f. 호주 사람

□ австрали́йский (-ая, -ое, -ие) 아프스트랄리이스끼 a. 호주의

□ Но́вая Зела́ндия 노바야 질란지야 뉴질랜드

□ новозела́ндец 나바질란지(ㅉ) n.m.,
новозела́ндка 나바질란까 n.f. 뉴질랜드 사람

□ новозела́ндский (-ая, -ое, -ие) 나바질란스끼 a. 뉴질랜드의

■ А́фрика 아프리까 n.f. 아프리카

□ Алжи́р 알즈(ㄹ) n.m. 알제리

□ алжи́рец 알즈리(ㅉ) n.m., алжи́рка 알즈르까 n.f. 알제리 사람

□ алжи́рский (-ая, -ое, -ие) 알즈르스끼 a. 알제리의

□ Камеру́н 까미룬 n.m. 카메룬

□ камеру́нец 까미루니(ㅉ) n.m., камеру́нка 까미룬까 n.f. 카메룬 사람

□ камеру́нский (-ая, -ое, -ие) 까미룬스끼 a. 카메룬의

□ Еги́пт 이기프(ㅌ) n.m. 이집트
□ египтя́нин 이기프쨔닌 n.m., египтя́нка 이기프쨘까 n.f. 이집트 사람
□ еги́петский (-ая, -ое, -ие) 이기삐쯔끼 a. 이집트의

□ Маро́кко 마로까 n.n. 모로코
□ марокка́нец 마라까니(ㅉ) n.m., марокка́нка 마라깐까 n.f. 모로코 사람
□ марокка́нский (-ая, -ое, -ие) 마라깐스끼 a. 모로코의

□ Респу́блика Ко́нго 리스뿌블리까 꼰가 콩고 공화국
□ конголе́зец 깐갈례지(ㅉ) n.m., конголе́зка 깐갈례스까 n.f. 콩고 사람
□ конголе́зский (-ая, -ое, -ие) 깐갈례스끼 a. 콩고의

□ Ю́жно-Африка́нская Респу́блика 유즈나 아프리깐스까야 리스뿌블리까 남아프리카 공화국
= ЮАР 유아(ㄹ)
□ южноафрика́нец 유즈나아프리까니(ㅉ) n.m., южноафрика́нка 유즈나아프리깐까 n.f. 남아프리카공화국 사람
□ ю́жноафрика́нский (-ая, -ое, -ие) 유즈나아프리깐스끼 a. 남아프리카 공화국의

□ Организа́ция Объединённых На́ций 아르가니자쯔야 아브이지뇬느(ㅎ) 나쯔이 국제연합기구(UN)
= ООН 오온

접속사 & 전치사 & 부사

1. 접속사 Союзы 사유즈

□ и 이 그리고; ~와; ~도

□ и~, и~ 이~, 이~ ~도 ~도(긍정)

□ ни~, ни~ 니~, 니~ ~도 ~도(부정)

□ не то́лько~, но́ и~ 니 똘까~, 노 이~ ~뿐만 아니라 ~도

□ то́же 또제 역시, ~도

□ а 아 그리고, 그런데(대립)

□ но 노 하지만, 그렇지만

□ поэ́тому 빠에따무 그래서

□ или 일리 또는

□ потому́ что 빠따무 쉬따 왜냐하면

□ что 쉬또 ~이라는 것

□ что́бы 쉬또브 ~하기 위하여, ~하도록

□ е́сли 예슬리 만약 ~이라면

□ хотя́ 하쨔 비록 ~이지만, ~에도 불구하고

□ как 까(ㅋ) ~처럼

□ когда́ 까그다 ~할 때

□ пока́ 빠까 ~동안

□ пока́ не~ 빠까 니~ ~할 때까지

□ как то́лько 까(ㅋ) 똘까 ~하자마자

2. 전치사 Предлоги 쁘리들로기

러시아 전치사는 격의 형태에 따라 의미가 달라집니다. 그래서 무슨 격인지도 함께 확인해야 합니다.

(1) 장소와 방향

대체로 러시아 전치사가 전치격·조격인 경우는 장소, 대격은 방향, 생격은 출발점을 나타냅니다.

□ в/на 브/나 [전치격] ~에; [대격] ~로, ~에

- □ в Росси́и 브 라시이 러시아에
- □ на по́чте 나 뽀츠쪠 우체국에
- □ в Росси́ю 브 라시유 러시아로
- □ на по́чту 나 뽀츠뚜 우체국으로

□ из/с 이(ㅈ)/스 [생격] ~에서

- □ из Росси́и 이(ㅈ) 라시이 러시아에서
- □ с по́чты 스 뽀츠뜨 우체국에서

□ под 뽀(ㅌ) [조격] ~아래에, ~밑에; [대격] ~아래로, ~밑으로

- □ под столо́м 빠(ㅌ) 스딸롬 책상 밑에
- □ под стол 빠(ㅌ) 스똘 책상 밑으로

□ из-под 이스 뽀(ㅌ) [생격] ~아래에서, 밑에서

- □ из-под стола́ 이스 빠(ㅌ) 스딸라 책상 밑에서

□ за 자 [조격] ~뒤에, ~너머; [대격] ~뒤로, 너머로

□ из-за 이자 [생격] ~뒤로부터, ~뒤에서

□ на 나 [전치격] ~위에(대상물과 접촉되어 있음)

□ над 나(ㅌ) [조격] ~위에(대상물과 접촉되지 않고 바로 위에 있음)

□ к ㄲ [여격] ~쪽으로

□ от [생격]~ до [생격]~ 오(ㅌ)~ 도~ ~에서 ~까지

□ от до́ма до рабо́ты 아(ㅌ) 도마 다 라보뜨 집에서 직장까지

□ у 우 [생격] ~옆에, ~의 곁에; ~가까이에

□ сле́ва от 슬례바 오(ㅌ) [생격] ~로부터 왼쪽에

□ спра́ва от 스프라바 오(ㅌ) [생격] ~로부터 오른쪽에

□ напро́тив 나프로찌(ㅍ) [생격] ~맞은 편에, ~건너 편에

□ че́рез 체리(ㅅ) [대격] ~을 가로질러, ~건너

□ ми́мо 미마 [생격] ~옆을 (지나서)

□ внутри́ 브누트리 [생격] ~내부에, ~안쪽에

□ снару́жи 스나루즈 [생격] ~외부에, ~바깥에

□ вокру́г 바크루(ㅋ) [생격] ~주위에

□ о́коло 오깔라 [생격] ~근처에

(2) 시간

□ в 브 [대격] ~요일에; ~몇 시에

□ в сре́ду 프 스례두 수요일에

□ в два часа́ 브 드바 치사 2시에

□ в 브 [전치격] ~년에; ~월에; ~세기에

□ в э́том году́ 브 에땀 가두 이번 해에

□ в сентябре́ 프 신찌브례 9월에

□ в про́шлом ве́ке 프 쁘로쉴람 볘께 지난 세기에

□ на 나 [전치격] ~주에

□ на э́той неде́ле 나 에따이 니젤례 이번 주에

□ по́сле 뽀슬례 [생격] (무엇) 후에

□ по́сле уро́ка 뽀슬례 우로까 수업 후에

□ пе́ред 뻬리(ㅌ) [조격] (무엇) 전에

□ пе́ред уро́ком 뻬리(ㅌ) 우로깜 수업 전에

□ че́рез 체리(ㅅ) [대격] (얼마) 후에

□ че́рез неде́лю 체리(ㅅ) 니젤류 일주일 후에

□ [대격] наза́д 나자(ㅌ) (얼마) 전에

□ ме́сяц наза́д 메시(ㅉ) 나자(ㅌ) 한달 전에

□ с[생격]~ по[대격]~ 스~ 뽀~ ~부터 ~까지 (포함하여)

□ с понеде́льника по пя́тницу 스 빠니젤니까 빠 뺘트니쭈
월요일부터 금요일까지

□ с[생격]~ до[생격]~ 스~ 도~ ~부터 ~이전까지

□ с двух часо́в до шести́ часо́в 즈 드부(ㅎ) 치소(ㅍ) 다 쉬스찌 치소(ㅍ)
2시부터 6시까지

□ за[대격]~ до[생격]~ 자~ 도~ ~하기 ~전에

□ за три́дцать мину́т до обе́да 자 뜨리짜찌 미누(ㅌ) 다 아베다
점심먹기 30분 전에

□ че́рез[대격]~ по́сле[생격]~ 체리(ㅅ)~ 뽀슬례~ ~하고 ~후에

□ че́рез два часа́ по́сле обе́да 체리(ㅅ) 드바 치사 뽀슬례 아베다
점심먹고 2시간 후에

3. 부사 Наречия 나례치야

- □ одна́жды 아드나즈드 어느 날; 어느 때
- □ ра́ньше 라니셰 이전에
- □ давно́ 다브노 옛날에, 예전에; 오래 전부터, 오랫동안
- □ неда́вно 니다브나 얼마 전부터, 최근에
- □ до́лго 돌가 오랫동안
- □ недо́лго 니돌가 잠시 동안, 잠깐
- □ сейча́с 시차(ㅅ) 지금
- □ снача́ла 스나찰라 처음에
- □ пото́м 빠똠 그 후, 그 다음에
- □ ско́ро 스꼬라 곧
- □ сра́зу 스라주 즉시, 바로
- □ ра́но 라노 일찍
- □ по́здно 뽀즈나 늦게
- □ всегда́ 프시그다 항상, 언제나
- □ постоя́нно 빠스따야나 끊임없이
- □ обы́чно 아브츠나 보통, 대체로
- □ иногда́ 이나그다 가끔
- □ ре́дко 례트까 드물게
- □ никогда́ 니까그다 결코, 늘 ~하지 않다
- □ во́время 보브리먀 제때에
- □ тут 뚜(ㅌ) 여기에
  = здесь 즈졔시

□ сюда́ 슈다 여기로

□ отсю́да 아트슈다 여기에서(출발 지점)

□ там 땀 저기에

□ туда́ 뚜다 저기로

□ отту́да 아뚜다 저기에서(출발 지점)

□ далеко́ 달리꼬 멀리

□ бли́зко 블리스까 가까이

□ до́ма 도마 집에

□ домо́й 다모이 집으로

주요 동사

• 동사 Глаголы 글라골르

러시아어 동사는 현재·과거·미래시제와 불완료·완료상 구분이 있습니다. 동사 대부분은 불완료상과 완료상으로 쌍을 이루며, 둘 중에 한 가지만 있는 경우도 있습니다. 불완료상 동사는 행위 자체·과정·반복을, 완료상 동사는 행위 완결을 나타냅니다.

□ **говори́ть** II - **сказа́ть** I (з-ж) 가바리찌–스까자찌 v. 말하다

Вы говори́те по-ру́сски?
브 가바리쪠 빠 루스끼?
러시아어로 말하나요? (러시아어로 말할 수 있나요?)

□ **чита́ть** I - **прочита́ть** I 치따찌–쁘라치따찌 v. 읽다

Я хорошо́ чита́ю по-ру́сски.
야 하라쇼 치따유 빠루스끼
나는 러시아어로 잘 읽어요.

□ **писа́ть** I (с-ш) - **написа́ть** I (с-ш) 삐사찌–나삐사찌 v. 쓰다

Напиши́те, пожа́луйста, а́дрес.
나삐쉬쪠 빠잘루스따, 아드리(ㅅ)
주소를 좀 써 주세요.

□ **смотре́ть** II - **посмотре́ть** II 스마트례찌–빠스마트례찌 v. 보다

Я смотре́л э́тот фильм.
야 스마트롈 에따(ㅌ) 필림
나는 이 영화를 봤어.

□ **слу́шать** I - **послу́шать** I 슬루샤찌–빠슬루샤찌 v. 듣다

Я люблю́ слу́шать му́зыку.
야 류블류 슬루샤찌 무즈꾸
나는 음악 듣는 것을 좋아해요.

□ **есть** I/II p.316 - **съесть** I/II 예스찌–스예스찌 v. 먹다

Я хочу́ есть.
야 하추 예스찌
나는 배가 고파요. (나는 먹고 싶어요)

tip. съесть의 변화는 есть와 같습니다.

□ **пить** I p.318 - **вы́пить** I 삐찌 – 브삐찌 v. 마시다

tip. вы́пить의 변화는 пить와 같으며, 강세가 вы에 있습니다.

Я хочу́ пить.
야 하추 삐찌
나는 목이 말라요. (나는 마시고 싶어요)

□ **рабо́тать** I - **порабо́тать** I 라보짜찌 – 빠라보따찌
v. 일하다 [불완료상]; 얼마 동안 일하다 [완료상]

tip. 동사 рабо́тать는 완료상이 없지만 접두사 по를 붙여 완료상이 되면 '~동안 일하다'가 됩니다.

Где вы рабо́таете?
그제 브 라보따이쩨?
어디서 일해요?

□ **жить** I p.316 즈찌 v. 살다, 거주하다, 생활하다 [불완료상]

Где вы сейча́с живёте?
그제 브 시차(ㅅ) 즈뵤쩨?
지금은 어디서 살아요?

□ **люби́ть** II (б-бл) - **полюби́ть** II (б-бл) 류비찌 – 빨류비찌
v. 사랑하다, 좋아하다 [불완료상]; 사랑하게 되다, 좋아하게 되다 [완료상]

tip. 동사 люби́ть는 완료상이 없지만 접두사 по를 붙여 완료상이 되면 '좋아하게 되다'가 됩니다.

Я люблю́ фру́кты.
야 류블류 프루크뜨
나는 과일을 좋아해.

□ **хоте́ть** I/II p.318 - **захоте́ть** I/II 하쩨찌 – 자하쩨찌
v. 원하다, 바라다; ~하고 싶다(+동사원형); 바라게 되다 [완료상]

tip. захоте́ть의 변화형은 хоте́ть와 같습니다.

Я хочу́ ко́фе.
야 하추 꼬페
나는 커피를 마시고 싶다.

□ **мочь** I p.317 - **смочь** I 모(ㅊ) – 스모(ㅊ) (+동사원형) v. ~할 수 있다

tip. смочь의 변화형은 мочь와 같습니다.

Я могу́ сего́дня прийти́.
야 마구 시보드냐 쁘리찌
나는 오늘 올 수 있어요.

□ **быть** I p.319 브찌 v. ~이다, ~되다; 있다, 존재하다

Я был до́ма.
야 블 도마
나는 집에 있었다.

Раздел 35.

동사 변화

tip. 불완료상은 현재·과거·미래 시제에, 완료상은 과거·미래 시제에 쓰이며, 명령법에는 불완료상과 완료상 둘 다 사용합니다.

1. 불완료상 동사 변화

		брать I 잡다	**брить** I 면도하다	**бри́ться** I (자기 얼굴을) 면도하다	**встава́ть** I 일어나다; 일어서다	**вяза́ть** I 뜨개질하다, 짜다
현재시제	Я	беру́	бре́ю	бре́юсь	встаю́	вяжу́
	Ты	берёшь	бре́ешь	бре́ешься	встаёшь	вя́жешь
	Он*	берёт	бре́ет	бре́ется	встаёт	вя́жет
	Мы	берём	бре́ем	бре́емся	встаём	вя́жем
	Вы	берёте	бре́ете	бре́етесь	встаёте	вя́жете
	Они́	беру́т	бре́ют	бре́ются	встаю́т	вя́жут
명령형	Ты	бери́	брей	бре́йся	встава́й	вяжи́
	Вы	бери́те	бре́йте	бре́йтесь	встава́йте	вяжи́те
과거시제	Он	брал	брил	бри́лся	встава́л	вяза́л
	Она́	брала́	бри́ла	бри́лась	встава́ла	вяза́ла
	Оно́	бра́ло	бри́ло	бри́лось	встава́ло	вяза́ло
	Они́	бра́ли	бри́ли	бри́лись	встава́ли	вяза́ли

tip. 동사원형의 어간이 дава-, знава-, става-로 끝나는 동사들은 현재시제를 형성할 때 접미사 -ва-가 생략됩니다.

* Она́도 Он와 동사 변화가 같습니다.

		дава́ть I 주다	**есть** I/II 먹다	**ждать** I 기다리다	**иска́ть** I 찾다	**жить** I 살다
현재시제	Я	даю́	ем	жду	ищу́	живу́
	Ты	даёшь	ешь	ждёшь	и́щешь	живёшь
	Он	даёт	ест	ждёт	и́щет	живёт
	Мы	даём	еди́м	ждём	и́щем	живём
	Вы	даёте	еди́те	ждёте	и́щете	живёте
	Они́	даю́т	едя́т	ждут	и́щут	живу́т
명령형	Ты	дава́й	ешь	жди	ищи́	живи́
	Вы	дава́йте	е́шьте	жди́те	ищи́те	живи́те
과거시제	Он	дава́л	ел	ждал	иска́л	жил
	Она́	дава́ла	е́ла	ждала́	иска́ла	жила́
	Оно́	дава́ло	е́ло	жда́ло	иска́ло	жи́ло
	Они́	дава́ли	е́ли	жда́ли	иска́ли	жи́ли

		идти́ I 가다, 오다	класть I 넣다; 놓다	красть I 훔치다	лга́ть I 거짓말하다	мочь I ~할 수 있다
현재시제	Я	иду́	кладу́	краду́	лгу	могу́
	Ты	идёшь	кладёшь	крадёшь	лжёшь	мо́жешь
	Он	идёт	кладёт	крадёт	лжёт	мо́жет
	Мы	идём	кладём	крадём	лжём	мо́жем
	Вы	идёте	кладёте	крадёте	лжёте	мо́жете
	Они́	иду́т	кладу́т	краду́т	лгут	мо́гут
명령형	Ты	иди́	клади́	кради́	лги	-
	Вы	иди́те	клади́те	кради́те	лги́те	-
과거시제	Он	шёл	клал	крал	лгал	мог
	Она́	шла	кла́ла	кра́ла	лгала́	могла́
	Оно́	шло	кла́ло	кра́ло	лга́ло	могло́
	Они́	шли	кла́ли	кра́ли	лга́ли	могли́

		мыть I 씻다	мы́ться I 목욕하다	ре́зать I 썰다, 자르다	петь I 노래하다	печь I (오븐에) 굽다
현재시제	Я	мо́ю	мо́юсь	ре́жу	пою́	пеку́
	Ты	мо́ешь	мо́ешься	ре́жешь	поёшь	печёшь
	Он	мо́ет	мо́ется	ре́жет	поёт	печёт
	Мы	мо́ем	мо́емся	ре́жем	поём	печём
	Вы	мо́ете	мо́етесь	ре́жете	поёте	печёте
	Они́	мо́ют	мо́ются	ре́жут	пою́т	пеку́т
명령형	Ты	мой	мо́йся	режь	пой	пеки́
	Вы	мо́йте	мо́йтесь	ре́жьте	по́йте	пеки́те
과거시제	Он	мыл	мы́лся	ре́зал	пел	пёк
	Она́	мы́ла	мы́лась	ре́зала	пе́ла	пекла́
	Оно́	мы́ло	мы́лось	ре́зало	пе́ло	пекло́
	Они́	мы́ли	мы́лись	ре́зали	пе́ли	пекли́

		писа́ть I 쓰다	**пить** I 마시다	**пла́кать** I 울다	**расти́** I 자라다	**расти́ть** II 기르다
현재시제	Я	пишу́	пью	пла́чу	расту́	ращу́
	Ты	пи́шешь	пьёшь	пла́чешь	растёшь	расти́шь
	Он	пи́шет	пьёт	пла́чет	растёт	расти́т
	Мы	пи́шем	пьём	пла́чем	растём	расти́м
	Вы	пи́шете	пьёте	пла́чете	растёте	расти́те
	Они́	пи́шут	пьют	пла́чут	расту́т	растя́т
명령형	Ты	пиши́	пей	плачь	расти́	расти́
	Вы	пиши́те	пе́йте	пла́чьте	расти́те	расти́те
과거시제	Он	писа́л	пил	пла́кал	рос	расти́л
	Она́	писа́ла	пила́	пла́кала	росла́	расти́ла
	Оно́	писа́ло	пи́ло	пла́кало	росло́	расти́ло
	Они́	писа́ли	пи́ли	пла́кали	росли́	расти́ли

		спать II 자다	**хоте́ть** I/II 원하다	**шить** I 바느질하다
현재시제	Я	сплю	хочу́	шью
	Ты	спишь	хо́чешь	шьёшь
	Он	спит	хо́чет	шьёт
	Мы	спим	хоти́м	шьём
	Вы	спи́те	хоти́те	шьёте
	Они́	спят	хотя́т	шьют
명령형	Ты	спи	-	шей
	Вы	спи́те	-	ше́йте
과거시제	Он	спал	хоте́л	шил
	Она́	спала́	хоте́ла	ши́ла
	Оно́	спа́ло	хоте́ло	ши́ло
	Они́	спа́ли	хоте́ли	ши́ли

		быть I ~이다, 되다; 있다
미래시제	Я	бу́ду
	Ты	бу́дешь
	Он	бу́дет
	Мы	бу́дем
	Вы	бу́дете
	Они́	бу́дут
명령형	Ты	будь
	Вы	бу́дьте
과거시제	Он	был / не́ был
	Она́	была́ / не была́
	Оно́	бы́ло / не́ было
	Они́	бы́ли / не́ были

2. 완료상 동사 변화

		ввести́ I 입력하다; 데리고 들어가(오)다	**взорва́ться** I 폭발하다	**взять** I 잡다	**войти́** I 들어가다, 들어오다	**встать** I 일어나다; 일어서다
미래시제	Я	введу́	взорву́сь	возьму́	войду́	вста́ну
	Ты	введёшь	взорвёшься	возьмёшь	войдёшь	вста́нешь
	Он	введёт	взорвётся	возьмёт	войдёт	вста́нет
	Мы	введём	взорвёмся	возьмём	войдём	вста́нем
	Вы	введёте	взорвётесь	возьмёте	войдёте	вста́нете
	Они́	введу́т	взорву́тся	возьму́т	войду́т	вста́нут
명령형	Ты	введи́	взорви́сь	возьми́	войди́	встань
	Вы	введи́те	взорви́тесь	возьми́те	войди́те	вста́ньте
과거시제	Он	ввёл	взорва́лся	взял	вошёл	встал
	Она́	ввела́	взорва́лась	взяла́	вошла́	вста́ла
	Оно́	ввело́	взорва́лось	взя́ло	вошло́	вста́ло
	Они́	ввели́	взорва́лись	взя́ли	вошли́	вста́ли

		вы́брать I 고르다, 선택하다	**вы́вести** I 데리고 나가(오)다; (얼룩) 없애다	**вы́звать** I 불러내다; 호출하다	**вы́йти** I 나가다, 나오다	**вы́тереть** I 닦다, 닦아내다
미래시제	Я	вы́беру	вы́веду	вы́зову	вы́йду	вы́тру
	Ты	вы́берешь	вы́ведешь	вы́зовешь	вы́йдешь	вы́трешь
	Он	вы́берет	вы́ведет	вы́зовет	вы́йдет	вы́трет
	Мы	вы́берем	вы́ведем	вы́зовем	вы́йдем	вы́трем
	Вы	вы́берете	вы́ведете	вы́зовете	вы́йдете	вы́трете
	Они́	вы́берут	вы́ведут	вы́зовут	вы́йдут	вы́трут
명령형	Ты	вы́бери	вы́веди	вы́зови	вы́йди	вы́три
	Вы	вы́берите	вы́ведите	вы́зовите	вы́йдите	вы́трите
과거시제	Он	вы́брал	вы́вел	вы́звал	вы́шел	вы́тер
	Она́	вы́брала	вы́вела	вы́звала	вы́шла	вы́терла
	Оно́	вы́брало	вы́вело	вы́звало	вы́шло	вы́терло
	Они́	вы́брали	вы́вели	вы́звали	вы́шли	вы́терли

		дать I/II 주다	**забы́ть** I 잊다	**завести́** I (태엽을) 감다	**завяза́ть** I 묶다	**зада́ть** I/II (질문, 일, 과제) 주다
미래시제	Я	дам	забу́ду	заведу́	завяжу́	зада́м
	Ты	дашь	забу́дешь	заведёшь	завя́жешь	зада́шь
	Он	даст	забу́дет	заведёт	завя́жет	зада́ст
	Мы	дади́м	забу́дем	заведём	завя́жем	зададим
	Вы	дади́те	забу́дете	заведёте	завя́жете	зададите
	Они́	даду́т	забу́дут	заведу́т	завя́жут	зададу́т
명령형	Ты	дай	забу́дь	заведи́	завяжи́	зада́й
	Вы	да́йте	забу́дьте	заведи́те	завяжи́те	зада́йте
과거시제	Он	дал	забы́л	завёл	завяза́л	зада́л
	Она́	дала́	забы́ла	завела́	завяза́ла	задала́
	Оно́	да́ло	забы́ло	завело́	завяза́ло	зада́ло
	Они́	да́ли	забы́ли	завели́	завяза́ли	зада́ли

		закры́ть I 닫다	**заня́ться** I 공부하다, 종사하다	**лечь** I 눕다	**набрать** I 모으다; (전화번호를) 누르다	**наде́ть** I 입다
미래시제	Я	закро́ю	займу́сь	ля́гу	наберу́	наде́ну
	Ты	закро́ешь	займёшься	ля́жешь	наберёшь	наде́нешь
	Он	закро́ет	займётся	ля́жет	наберёт	наде́нет
	Мы	закро́ем	займёмся	ля́жем	наберём	наде́нем
	Вы	закро́ете	займётесь	ля́жете	наберёте	наде́нете
	Они́	закро́ют	займу́тся	ля́гут	наберу́т	наде́нут
명령형	Ты	закро́й	займи́сь	ляг	набери́	наде́нь
	Вы	закро́йте	займи́тесь	ля́гте	набери́те	наде́ньте
과거시제	Он	закры́л	заня́лся	лёг	набра́л	наде́л
	Она́	закры́ла	заняла́сь	легла́	набрала́	наде́ла
	Оно́	закры́ло	заняло́сь	легло́	набра́ло	наде́ло
	Они́	закры́ли	заняли́сь	легли́	набра́ли	наде́ли

		надое́сть I/II 싫증나다	**нажа́ть** I 누르다	**найти́** I 찾다	**нали́ть** I 붓다	**наня́ть** I 고용하다
미래시제	Я	надое́м	нажму́	найду́	налью́	найму́
	Ты	надое́шь	нажмёшь	найдёшь	нальёшь	наймёшь
	Он	надое́ст	нажмёт	найдёт	нальёт	наймёт
	Мы	надоеди́м	нажмём	найдём	нальём	наймём
	Вы	надоеди́те	нажмёте	найдёте	нальёте	наймёте
	Они́	надоедя́т	нажму́т	найду́т	налью́т	найму́т
명령형	Ты	надое́шь	нажми́	найди́	нале́й	найми́
	Вы	надое́шьте	нажми́те	найди́те	нале́йте	найми́те
과거시제	Он	надое́л	нажа́л	нашёл	нали́л	на́нял
	Она́	надое́ла	нажа́ла	нашла́	налила́	наняла́
	Оно́	надое́ло	нажа́ло	нашло́	нали́ло	на́няло
	Они́	надое́ли	нажа́ли	нашли́	нали́ли	на́няли

		обня́ть I 포옹하다	**обогна́ть** II 추월하다	**оде́ться** I 옷을 입다	**отвле́чь** I 방해하다	**откры́ть** I 열다
미래시제	Я	обниму́	обгоню́	оде́нусь	отвлеку́	откро́ю
	Ты	обни́мешь	обго́нишь	оде́нешься	отвлечёшь	откро́ешь
	Он	обни́мет	обго́нит	оде́нется	отвлечёт	откро́ет
	Мы	обни́мем	обго́ним	оде́немся	отвлечём	откро́ем
	Вы	обни́мете	обго́ните	оде́нетесь	отвлечёте	откро́ете
	Они́	обни́мут	обго́нят	оде́нутся	отвлеку́т	откро́ют
명령형	Ты	обними́	обгони́	оде́нься	отвлеки́	откро́й
	Вы	обними́те	обгони́те	оде́ньтесь	отвлеки́те	откро́йте
과거시제	Он	обня́л	обогна́л	оде́лся	отвлёк	откры́л
	Она́	обняла́	обогнала́	оде́лась	отвлекла́	откры́ла
	Оно́	обня́ло	обогна́ло	оде́лось	отвлекло́	откры́ло
	Они́	обня́ли	обогна́ли	оде́лись	отвлекли́	откры́ли

		переби́ть I (말을) 가로채다	**перевести́** I 송금하다; 번역하다	**переда́ть** I/II 전하다, 전달하다	**перейти́** I 건너가다
미래시제	Я	перебью́	переведу́	переда́м	перейду́
	Ты	перебьёшь	переведёшь	переда́шь	перейдёшь
	Он	перебьёт	переведёт	переда́ст	перейдёт
	Мы	перебьём	переведём	передади́м	перейдём
	Вы	перебьёте	переведёте	передади́те	перейдёте
	Они́	перебью́т	переведу́т	передаду́т	перейду́т
명령형	Ты	перебе́й	переведи́	переда́й	перейди́
	Вы	перебе́йте	переведи́те	переда́йте	перейди́те
과거시제	Он	переби́л	перевёл	переда́л	перешёл
	Она́	переби́ла	перевела́	передала́	перешла́
	Оно́	переби́ло	перевело́	переда́ло	перешло́
	Они́	переби́ли	перевели́	переда́ли	перешли́

		пода́ть I/II 제출하다	**подмести́** I 쓸다	**подня́ть** I 올리다	**подня́ться** I 오르다, 올라가다
미래시제	Я	пода́м	подмету́	подниму́	подниму́сь
	Ты	пода́шь	подметёшь	подни́мешь	подни́мешься
	Он	пода́ст	подметёт	подни́мет	подни́мется
	Мы	подади́м	подметём	подни́мем	подни́мемся
	Вы	подади́те	подметёте	подни́мете	подни́метесь
	Они́	подаду́т	подмету́т	подни́мут	подни́мутся
명령형	Ты	пода́й	подмети́	подними́	подними́сь
	Вы	пода́йте	подмети́те	подними́те	подними́тесь
과거시제	Он	пода́л	подмёл	подня́л	подня́лся
	Она́	подала́	подмела́	подняла́	подняла́сь
	Оно́	пода́ло	подмело́	подня́ло	подня́лось
	Они́	пода́ли	подмели́	подня́ли	подня́лись

		подстри́чь I 자르다; 다듬다	**пое́хать** I (타고) 출발하다, 가다	**пойти́** I 출발하다, 가다	**поли́ть** I 물을 주다
미래시제	Я	подстригу́	пое́ду	пойду́	полью́
	Ты	подстрижёшь	пое́дешь	пойдёшь	польёшь
	Он	подстрижёт	пое́дет	пойдёт	польёт
	Мы	подстрижём	пое́дем	пойдём	польём
	Вы	подстрижёте	пое́дете	пойдёте	польёте
	Они́	подстригу́т	пое́дут	пойдём	полью́т
명령형	Ты	подстриги́	*поезжа́й	пойди́	поле́й
	Вы	подстриги́те	*поезжа́йте	пойди́те	поле́йте
과거시제	Он	подстри́г	пое́хал	пошёл	поли́л
	Она́	подстри́гла	пое́хала	пошла́	полила́
	Оно́	подстри́гло	пое́хало	пошло́	поли́ло
	Они́	подстри́гли	пое́хали	пошли́	поли́ли

* пое́хать는 명령형이 없으며 대신에 поезжа́й/поезжа́йте를 씁니다.

		помо́чь I 돕다	**поня́ть** I 이해하다	**препода́ть** I/II 가르치다	**прибы́ть** I 도착하다
미래시제	Я	помогу́	пойму́	препода́м	прибу́ду
	Ты	помо́жешь	поймёшь	препода́шь	прибу́дешь
	Он	помо́жет	поймёт	препода́ст	прибу́дет
	Мы	помо́жем	поймём	преподади́м	прибу́дем
	Вы	помо́жете	поймёте	преподади́те	прибу́дете
	Они́	помо́гут	пойму́т	преподаду́т	прибу́дут
명령형	Ты	помоги́	пойми́	препода́й	прибу́дь
	Вы	помоги́те	пойми́те	препода́йте	прибу́дьте
과거시제	Он	помо́г	по́нял	препода́л	при́был
	Она́	помогла́	поняла́	преподала́	прибыла́
	Оно́	помогло́	по́няло	препода́ло	при́было
	Они́	помогли́	по́няли	препода́ли	при́были

		привести́ I 데리고 오다; (어떤 상태로) 이끌다	привра́ть I 이야기에 거짓말을 섞다	прие́хать I (타고) 도착하다, 오다	принести́ I 가져오다
미래시제	Я	приведу́	приврý	прие́ду	принесу́
	Ты	приведёшь	приврёшь	прие́дешь	принесёшь
	Он	приведёт	приврёт	прие́дет	принесёт
	Мы	приведём	приврём	прие́дем	принесём
	Вы	приведёте	приврёте	прие́дете	принесёте
	Они́	приведу́т	привру́т	прие́дут	принесу́т
명령형	Ты	приведи́	приври́	*приезжа́й	принеси́
	Вы	приведи́те	приври́те	*приезжа́йте	принеси́те
과거시제	Он	привёл	привра́л	прие́хал	принёс
	Она́	привела́	приврала́	прие́хала	принесла́
	Оно́	привело́	привра́ло	прие́хало	принесло́
	Они́	привели́	привра́ли	прие́хали	принесли́

* прие́хать는 명령형이 없으며 대신에 приезжа́й/приезжа́йте를 씁니다.

		приня́ть I 받다, 받아들이다	прода́ть I/II 팔다	прое́хать I (타고) 통과하다, 지나가다	пропа́сть I 사라지다, 없어지다
미래시제	Я	приму́	прода́м	прое́ду	пропаду́
	Ты	при́мешь	прода́шь	прое́дешь	пропадёшь
	Он	при́мет	прода́ст	прое́дет	пропадёт
	Мы	при́мем	продади́м	прое́дем	пропадём
	Вы	при́мете	продади́те	прое́дете	пропадёте
	Они́	при́мут	продаду́т	прое́дут	пропаду́т
명령형	Ты	прими́	прода́й	*проезжа́й	пропади́
	Вы	прими́те	прода́йте	*проезжа́йте	пропади́те
과거시제	Он	при́нял	прода́л	прое́хал	пропа́л
	Она́	приняла́	продала́	прое́хала	пропа́ла
	Оно́	при́няло	прода́ло	прое́хало	пропа́ло
	Они́	при́няли	прода́ли	прое́хали	пропа́ли

* прое́хать는 명령형이 없으며 대신에 проезжа́й/проезжа́йте를 씁니다.

		развести́сь I 이혼하다	**развяза́ть** I (끈, 매듭을) 풀다	**ушиби́ть** I (무엇에) 타박상을 입히다	**ушиби́ться** I (누가) 타박상을 입다
미래시제	Я	разведу́сь	развяжу́	ушибу́	ушибу́сь
	Ты	разведёшься	развя́жешь	ушибёшь	ушибёшься
	Он	разведётся	развя́жет	ушибёт	ушибётся
	Мы	разведёмся	развя́жем	ушибём	ушибёмся
	Вы	разведётесь	развя́жете	ушибёте	ушибётесь
	Они́	разведу́тся	развя́жут	ушибу́т	ушибу́тся
명령형	Ты	разведи́сь	развяжи́	ушиби́	ушиби́сь
	Вы	разведи́тесь	развяжи́те	ушиби́те	ушиби́тесь
과거시제	Он	развёлся	развяза́л	уши́б	уши́бся
	Она́	развела́сь	развяза́ла	уши́бла	уши́блась
	Оно́	развело́сь	развяза́ло	уши́бло	уши́блось
	Они́	развели́сь	развяза́ли	уши́бли	уши́блись

		распрода́ть I/II 다 팔다, 매진하다	**расста́ться** I 헤어지다	**расцвести́** I 꽃이 피다
미래시제	Я	распрода́м	расста́нусь	расцвету́
	Ты	распрода́шь	расста́нешься	расцветёшь
	Он	распрода́ст	расста́нется	расцветёт
	Мы	распродади́м	расста́немся	расцветём
	Вы	распродади́те	расста́нетесь	расцветёте
	Они́	распродаду́т	расста́нутся	расцвету́т
명령형	Ты	распрода́й	расста́нься	расцвети́
	Вы	распрода́йте	расста́ньтесь	расцвети́те
과거시제	Он	распрода́л	расста́лся	расцвёл
	Она́	распродала́	расста́лась	расцвела́
	Оно́	распрода́ло	расста́лось	расцвело́
	Они́	распрода́ли	расста́лись	расцвели́

		сдать I/II 맡기다; (시험에) 합격하다	**сесть** I 앉다	**снять** I 벗다; (방을) 임차하다	**собра́ть** I 모으다, 수확하다	**спасти́** I 구하다, 구조하다
미래시제	Я	сдам	ся́ду	сниму́	соберу́	спасу́
	Ты	сдашь	ся́дешь	сни́мешь	соберёшь	спасёшь
	Он	сдаст	ся́дет	сни́мет	соберёт	спасёт
	Мы	сдади́м	ся́дем	сни́мем	соберём	спасём
	Вы	сдади́те	ся́дете	сни́мете	соберёте	спасёте
	Они́	сдаду́т	ся́дут	сни́мут	соберу́т	спасу́т
명령형	Ты	сдай	сядь	сними́	собери́	спаси́
	Вы	сда́йте	ся́дьте	сними́те	собери́те	спаси́те
과거시제	Он	сда́л	сел	снял	собра́л	спас
	Она́	сдала́	се́ла	сняла́	собрала́	спасла́
	Оно́	сда́ло	се́ло	сня́ло	собра́ло	спасло́
	Они́	сда́ли	се́ли	сня́ли	собра́ли	спасли́

		убра́ть I 치우다	**уе́хать** I (타고) 떠나다	**уйти́** I 떠나다	**упа́сть** I 넘어지다
미래시제	Я	уберу́	уе́ду	уйду́	упаду́
	Ты	уберёшь	уе́дешь	уйдёшь	упадёшь
	Он	уберёт	уе́дет	уйдёт	упадёт
	Мы	уберём	уе́дем	уйдём	упадём
	Вы	уберёте	уе́дете	уйдёте	упадёте
	Они́	уберу́т	уе́дут	уйду́т	упаду́т
명령형	Ты	убери́	*уезжа́й	уйди́	упади́
	Вы	убери́те	*уезжа́йте	уйди́те	упади́те
과거시제	Он	убра́л	уе́хал	ушёл	упа́л
	Она́	убрала́	уе́хала	ушла́	упа́ла
	Оно́	убра́ло	уе́хало	ушло́	упа́ло
	Они́	убра́ли	уе́хали	ушли́	упа́ли

* уе́хать는 명령형이 없으며 대신에 уезжа́й/уезжа́йте를 씁니다.

1. 알파벳순

A / a

Б / б

В / в

Г / г

Д / д

Е / е

Ж / ж

З / з

И / и

Й / й

К / к

Л / л

М / м

Н / н

О / о

П / п

Р / р

С / с

Т / т

У / у

Ф / ф

Х / х

Ц / ц

Ч / ч

Ш / ш

Щ / щ

Э / э

Ю / ю

Я / я

etc.

찾아보기

2. 가나다순

ㄴ

ㄷ

ㅅ

ㅇ

ㅈ

ㅌ

ㅍ

기타